동산도서관 소장 고문헌 번역총서 04

譯註 幽閒堂謝氏言行錄

초판 1쇄 인쇄　2022년 1월 10일
초판 1쇄 발행　2022년 1월 27일

옮 긴 이　김동욱
감 수 자　이종한
펴 낸 이　신일희
펴 낸 곳　계명대학교 출판부
출판등록　제347-1998-1호(1970. 9. 1)
주　　소　대구광역시 달서구 달구벌대로 1095
대표전화　053-580-6233
팩　　스　053-580-6235
홈페이지　www.kmupress.com

ISBN 979-11-6516-124-8　93810　정가 20,000원

"이 저서는 대한민국 교육부와 한국연구재단이 주관하는 2021학년도 대학혁신지원사업의 지원을 받아 수행된 연구임"

동산도서관 소장 고문헌 번역총서 04

譯註 幽閒堂謝氏言行錄

동산도서관 소장 고문헌 번역총서 04

譯註 幽閒堂謝氏言行錄

김동욱 옮김
이종한 감수

계명대학교 출판부

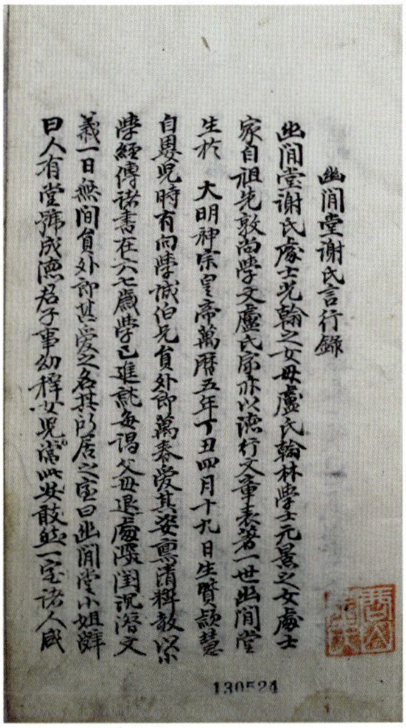

幽閒堂謝氏言行錄
幽閒堂謝氏處士光翰之女母盧氏翰林學士元晟之女處士
家自祖先敦尚學文盧氏家亦以德行文章素著一世幽閒堂
生於 大明神宗皇帝萬曆五年丁丑四月十九日生質穎慧
自嬰兒時有向學誠伯兄員外郎萬泰愛其姿禀淸粹教以
學經傳諸書在六七歲學已進就每謂父母退處深閨沉潛文
義一日無間員外郎甚愛之名其所居之室曰幽閒堂小姐辭
曰人有堂號成德君子事幼稚女兒當此安敢然一室諸人咸

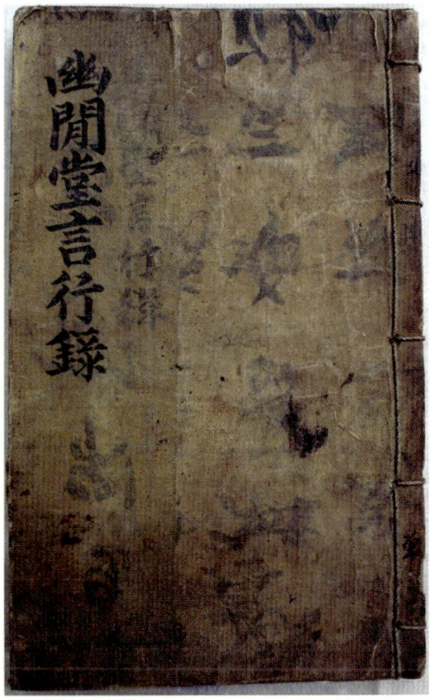

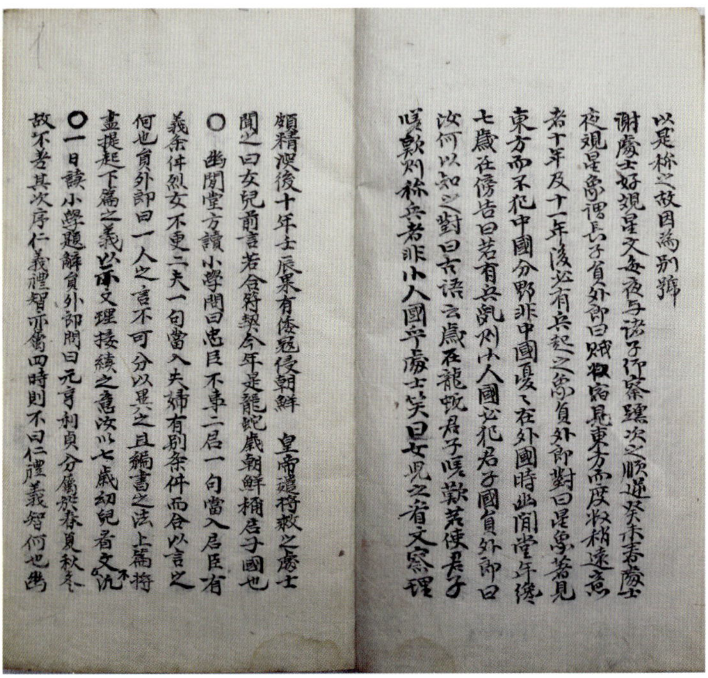

以是稱之故因爲別號
謝處士好觀星文每夜與諸子仰察躔次之順逆癸未春處士
夜觀星象謂長子員外郎曰賊星犯東方而度數稍遠意
者十年及十一年後必有兵起之象員外郎對曰星象若見
東方而不犯中國分野非中國憂憂在外國時幽閒堂年纔
七歲在傍告曰若有兵亂則小人國必犯君子國員外郎曰
汝何以知之對曰古語云歲在龍蛇君子嗟歎若使君子
嗟歎則稱兵者非小人國乎處士笑曰女兒之看文察理
頗精深後十年壬辰果有倭寇侵朝鮮 皇帝遣將救之處士
聞之曰女兒前言若合符契今年是龍蛇歲朝鮮稱君子國也
○幽閒堂方讀小學問曰忠臣不事二君一句當入君臣有
義條件烈女不更二夫一句當入夫婦有別條件而合以言之
何也員外郎曰一人之言不可分以異之且編書之法上篇將
盡提起下篇之義此亦文理接續之意汝以七歲幼兒看文沉
○一日讀小學題辭員外郎問曰元亨利貞分屬於春夏秋冬
故不差其次序仁義禮智亦屬四時則不曰仁禮義智何也幽

『幽閒堂謝氏言行錄』
계명대학교 동산도서관 소장

역자 서문

『譯註 幽閒堂謝氏言行錄』은 계명대학교 동산도서관 소장 고문헌 번역총서의 네 번째 결과물이다. 현재 국내에는 『유한당사씨언행록』의 이본 30여종이 존재하는데, 이 중에서 한문본은 계명대학교 동산도서관 소장본이 유일하다.

한문본도 한글본과 마찬가지로 허구의 여성 인물 유한당 사 씨를 주인공으로 삼아 양반 가문에서 꿈꾸었던 이상적인 여성상을 그려냈다. 작품이 유한당의 유년기로부터 시작해 마지막에 아들 일봉의 환갑잔치로 끝나는 것도 동일하고, 상당수의 일화도 내용이 비슷하다.

다만 다른 점도 있다. 후반부로 갈수록 삽화의 배치 순서가 차이를 보이고, 일부 초현실적인 내용이 강한 일화는 아예 삭제되기도 하였다. 전체적으로 서술이 간략한 편이지만, 한시가 수록된 부분만큼은 한문본이 훨씬 더 자세하다. 아직 모든 한글본 이본을 전수 조사한 것은 아니지만, 분량이 풍부한 편인 계명대 소장 한글본에서도 대다수 한시가 생략되어 있는 점을 감안하면, 이들 한시는 한문본에만 남아 있을 가능성이 있다. 이러한 점을 고려하면 한문본의 자료적 가치는 매우 높다고 할 수 있다. 한글본 역주 과정에서 한문본 덕분에 작품에 등장하는 인물의 이름이며 지명 등 수많은 고유명사의 표기에 큰 도움을 받기도 하였다.

이 자료의 성격에 대해서는 아직까지도 명확한 결론이 나지 않았다. 여러 선행 연구에서도 '윤리서', '문답식 백과사전', '규훈소설' 등으로 의견이 나뉘어 있다. 역자도 아직 뚜렷한 답은 없다. 다만 중세 후기에 성행했던 성자전(聖者傳)과 소설 장르에서 실마리를 찾아야 하지 않을까 생각한다. 『유한당사씨언행록』의 장르 문제에 대해 향후 지속적인 연구가 이루어질 필요가 있다.

『유한당사씨언행록』을 한글로 번역하고 주석을 달면서 역자의 능력이 부족하다는 점을 뼈저리게 느꼈다. 이 책에 조금이나마 잘 된 부분이 있다면 그것은 감수를 맡은 이종한 선생님의 공으로 돌려야 할 것이다. 이종한 선생님께서는 동산도서관장과 번역총서의 단장이라는 중책을 맡아 몹시 바쁘신 중에도 직접 감수를 맡아 각주 하나하나를 세심히 바로 잡고 부족한 내용은 보충해 주시기까지 하였다. 서문을 빌어 진심으로 감사드린다. 본문의 오류나 잘못된 점은 모두 부족한 상태에서 원고를 마무리 지은 역자의 책임이다.

2021년 12월

김동욱

일러두기

1 이 책은 계명대학교 동산도서관 벽오고문헌실 소장 『幽閒堂謝氏言行錄』(고 811.35 유한당사)을 저본으로 삼아 현대어 번역과 주석을 한 것으로, '동산도서관 소장 고문헌 번역총서' 제4권이다. 『幽閒堂謝氏言行錄』은 명나라 만력(萬曆, 1573-1620) 연간을 배경으로 허구의 여성 인물 유한당(幽閒堂) 사 씨(謝氏)를 주인공으로 하여 조선 시대의 이상적인 여성상을 그린 작품이다.

2 이 책은 현대어 번역 및 주석 부분을 앞에 배치하고, 원문은 뒤에 수록하였다. 원서는 1권 1책의 한문 필사본으로 차례는 없다. 이 책의 차례는 옮긴이가 임의로 붙인 것이다.

3 주석은 처음부터 끝까지 일련번호를 붙여 각주로 달았다. 인물, 서명, 주요 용어 및 어구의 출전, 관련 배경 지식 등을 주로 담았다. 다만 단어의 짤막한 뜻풀이는 본문의 괄호 속에 넣었다.

4 이 책에 쓰인 연월일은 특별한 경우를 제외하고는 모두 음력이다.

5 현대어 번역 및 주석에서 한자는 가급적 적게 쓰고 반복 사용을 피하려고 했지만, 의미 전달의 명확성을 높이기 위해 고유명사나 주요 용어를 중심으로 필요하다고 생각되는 경우에 괄호 속에 병기하였다.

6 원문에서 유한당의 한자 표기는 '幽閒堂'과 '幽閑堂'이 혼용되어 있는데, 역주본에서는 모두 '幽閒堂'으로 통일하였다. 그 밖에 속자, 이체자, 초서체 등은 가급적 지금 자주 쓰이는 해서체 정자로 바꾸어 표기하였다.

7 이 책에 쓰인 주요 문장 부호는 다음 원칙에 따랐다.
' ' 중요한 의미를 지닌 어구나 용어를 강조할 때
( ) 한자를 병기할 때
『 』 책 이름을 표기할 때
「 」 책의 편명, 단편 작품명 등을 표기할 때
○ 원문에 글자의 탈락이 있을 때

목차

권1

권1

유한당의 출생

유한당(幽閒堂) 사 씨(謝氏)는 처사 사광환(謝光翰)의 딸이다. 유한당의 어머니는 노 씨(盧氏)로, 한림학사(翰林學士) 노원경(盧元景)의 딸이다. 사 씨 집안은 대대로 학문을 숭상하였고, 노 씨 가문 또한 덕행과 문장으로 당대에 이름난 집안이었다.

유한당은 명 신종황제(神宗皇帝) 만력(萬曆) 5년인 정축년(丁丑年, 1577) 4월 19일에 태어났다. 타고난 자질이 총명하고 어릴 때부터 학문에 정성을 쏟으니, 유한당의 첫째 오라비인 원외랑(員外郎)[01] 사만춘(謝萬春)이 누이 동생의 타고난 자질과 성품이 맑고 빼어남을 사랑하여 『소학(小學)』과 경전 등 여러 서적을 가르쳐, 예닐곱 살에 공부가 이루어졌다. 유한당은 매일 부모님께 문안드리고 자기 방으로 물러나와 글 뜻을 파악하는데 침잠하여 하루도 쉬는 날이 없었다. 원외랑이 이를 매우 아껴 그 방의 이름을

---

01 원외랑(員外郎): 낭중(郎中)을 보좌하는 직책으로, 명대에는 종5품직이었다.

'유한당(幽閒堂)'이라고 지어 주었다. 소저(小姐)[02]가 사양하며 말하였다.

"당호(堂號)[03]는 수양하여 덕을 이룬 군자에게나 있는 것입니다. 나이 어린 여자아이가 어찌 감당할 만한 일이겠습니까."

그러나 집안사람들이 모두 유한당이라 일컬으니, 이로 인하여 유한당이 별호(別號)가 되었다.

임진왜란을 예측하다

사 처사는 별자리 보는 것을 좋아하여, 매일 밤 자녀들과 함께 별자리의 움직임을 살피었다. 계미년(癸未年, 1583) 봄날 밤에 처사가 별의 모습을 보고 맏아들인 원외랑에게 말하였다.

"적수(賊宿)가 하늘 동쪽에 나타났는데 도수(度數)[04]가 자못 멀다. 생각건대 십 년이나 십일 년 후에 반드시 병란이 일어날 형상이다."

원외랑이 대답하였다.

"별의 모습이 동쪽에 나타났고 중국 분야를 침범하지 않았으니, 중국의 근심이 아니라 외국의 일이겠습니다."

그때 유한당이 막 일곱 살이 되었는데, 옆에 있다가 말하였다.

02 소저(小姐): 아가씨. 여기서는 유한당을 가리킨다.
03 당호(堂號): 처소의 이름으로, 인명을 대신하여 사용하는 호칭.
04 도수(度數): 별이 위치한 자리.

"만약 병란이 있게 되면 반드시 소인의 나라가 군자의 나라를 침범할 것입니다."

원외랑이 말하였다.

"네가 그것을 어떻게 아느냐?"

"옛 글에 '세재용사(歲在龍蛇)하니 군자차탄(君子嗟歎)이라.'[05]라고 하였습니다. 만일 군자가 탄식하게 된다면 군대를 움직이는 쪽은 소인의 나라가 아니겠습니까."

처사가 웃으며 말하였다.

"딸아이의 글 보기와 사리 헤아리는 것이 자못 정밀하고 깊이가 있구나."

그로부터 10년 후인 임진년에 과연 일본이 조선(朝鮮)을 침범하니 명 황제가 장수를 보내어 구원하게 하였다. 처사공이 이를 듣고 말하였다.

"딸아이가 전에 말한 것이 딱 들어맞았구나. 올해가 바로 용과 뱀의 해요,[06] 조선은 군자의 나라로 일컬으니 말이다."

---

05 세재용사(歲在龍蛇)하니 군자차탄(君子嗟歎)이라: 용과 뱀의 해가 되니 군자가 탄식한다는 뜻. 『후한서(後漢書)』「정현전(鄭玄傳)」. "건안(建安) 5년 봄, 정현의 꿈에 공자가 나타나 말하였다. '일어나라, 일어나라! 올해는 용의 해이고, 내년은 뱀의 해이니라.' 꿈에서 깬 정현은 그 예언을 맞추어 보고 자신의 수명이 다하였음을 알았고, 얼마 후 병으로 눕게 되었다.(五年春, 夢孔子告之曰: '起, 起! 今年歲在辰, 來年歲在巳.' 既寤以讖合之, 知命當終, 有頃寢疾.)" 이에 대해 이현(李賢)의 주에서 북제(北齊) 유주(劉晝)의 『고재불우전(高才不遇傳)』을 인용해서, "진은 용이고 사는 뱀이다. 용과 뱀의 해가 되자 현인이 탄식하였으니, 정현이 예언을 맞추어 보았다는 말은 대개 이를 말한 것이다.(辰爲龍, 巳爲蛇. 歲至龍蛇賢人嗟, 玄以讖合之, 蓋謂此也.)"라고 하였다.

06 올해가 … 해요: 여기서 용의 해는 임진왜란이 일어난 임진년(壬辰年, 1592)이고, 뱀의 해는 그 이듬해인 계사년(癸巳年, 1593)이다.

『소학』 문답 ①

유한당이 『소학』을 읽다가 물었다.

"충신불사이군(忠臣不事二君)이라는 구절은 군신지의(君臣之義) 항목에 들어가는 것이 옳지만, 열녀불경이부(烈女不更二夫)라는 구절은 부부유별(夫婦有別) 항목에 들어가야 하는데, 군신지의 항목에 합쳐서 말한 것은 어째서입니까?"[07]

원외랑이 말하였다.

"이는 한 사람의 말이라서 둘로 나누어 놓을 수가 없어 그러하니라. 또 책의 차례를 엮는데 상편이 끝나려 할 때에 하편의 뜻을 제기해 두어서 글의 뜻을 연결해 놓음을 보여준 것이다. 네가 일곱 살 어린아이로서 글 보는 것이 범상하지 아니하구나."

---

07 "충신불사이군(忠臣不事二君)이라는 … 어째서입니까: 『소학(小學)』 「명륜(明倫)」. 연(燕)의 장수 악의(樂毅)가 제나라를 침공했을 때 제나라의 신하 왕촉(王蠋)이 어질다는 말을 듣고 항복을 권유하였다. 그러나 왕촉은 항복을 거부하며 "충신은 두 임금을 섬기지 않고, 열녀는 두 지아비를 바꾸지 않는다.(忠臣不事二君, 烈女不更二夫.)"라고 하였다.

『소학』 문답 ②

하루는 유한당이 「소학제사(小學題辭)」[08]를 읽는데 원외랑이 물었다.

"원형이정(元亨利貞)은 각각 춘하추동(春夏秋冬)에 대응되는 까닭에 그 순서에 차이가 없는데, 인의예지(仁義禮智)도 사계절에 대응되지만[09] '인예의지'라고 말하지 않는 것은 어째서냐?"

"이것은 별로 깊은 뜻이 아닙니다. 원형이정은 사계절에 대응되기에 사계절의 순서에 의거한 것이고, 인의예지는 사방(四方)에 나누어 대응되기에[10] 동서남북의 위치 일컫는 법에 의거하여 말한 것입니다."

원외랑이 손뼉을 치면서 탄복하였다.

"책 읽는 남자도 유행대대지리(流行待對之理)[11]를 아는 자가 드물거늘, 너는 어린아이 때부터 이를 판별하는구나."

---

08 「소학제사(小學題辭)」: 『소학』의 머리말에 해당하는 글로, 주희(朱熹)가 지었다. 「소학제사」의 첫 문장은 다음과 같다. "원형이정은 하늘 도리의 변치 않는 이치요, 인의예지는 인간 본성의 벼리이다.(元亨利貞, 天道之常, 仁義禮智, 人性之綱.)"

09 사계절에 대응되지만: 인(仁)은 봄에 속하고, 의(義)는 가을에 속하고, 예(禮)는 여름에 속하고, 지(智)는 겨울에 속한다.

10 사방(四方)에 대응되기에: 인은 동(東)에 속하고, 의는 서(西)에 속하고, 예는 남(南)에 속하고, 지는 북(北)에 속한다.

11 유행대대지리(流行待對之理): 유행(流行)은 시간의 차례대로 말하는 것이고, 대대(待對)는 대립되는 것을 짝지어 말하는 것이다.

『소학』 문답 ③

하루는 유한당이 『소학』 「입교(立教)」편을 읽다가 원외랑에게 물었다.

"'앉을 때 치우쳐 앉지 않고, 설 때 한 발로 서지 않고, 귀로는 음탕한 소리를 듣지 않고, 눈으로는 삿된 색을 보지 않는다.'[12]는 구절은 남자의 학문 공부이기도 하거늘 어찌 부인에게만 일컬었습니까? 그리고 비록 부녀자로 말하여도, 또한 평상시 잠시라도 소홀히 할 수 없는 것인데 어찌 임신한 때에만 일컬었습니까?"

"너의 질문이 참 정밀하고 중요하다. 남자건 부인이건 수신(修身) 공부에 뜻을 둔 자라면 언제나 그러하지 않겠느냐. 그러나 『열녀전(列女傳)』[13]에서 인용한 구절이 다만 부인이 임신하였을 때 태교하는 일에 대한 것이어서 그리하였다."

---

12 앉을 … 않는다: 『소학』 「입교(立教)」. "잘 때 옆으로 눕지 않고, 앉을 때 치우쳐 앉지 않고, 설 때 한 발로 서지 않고, 부정한 맛의 음식은 먹지 않고, 고기를 바르게 썰지 않으면 먹지 않고, 자리가 반듯하지 않으면 앉지 않고, 눈으로는 부정한 색을 보지 않고, 귀로는 부정한 소리를 듣지 않는다.(寢不側, 坐不邊, 立不蹕. 不食邪味, 割不正, 不食, 席不正, 不坐, 目不視邪色, 耳不聽淫聲.)" 원 출처는 『열녀전(列女傳)』 「주실삼모(周室三母)」이다.

13 『열녀전(列女傳)』: 전한(前漢)의 학자 유향(劉向)이 여성에게 모범과 경계가 될 만한 인물들의 일화를 모아 놓은 책이다.

문(門)을 일컬은 글

하루는 유한당이 마루문 옆에 서 있는데, 원외랑이 밖에서 들어오며 물었다.

"왜 문 옆에 서 있느냐?"

"오라버니께서 늘 '부모님께서 살아 계시거든 길 가운데로 다니지 마라.'[14]라고 말씀하시어서, 제가 오늘 문 가운데 서지 않는다는 가르침을 삼가 실천해 보고 싶었습니다."

원외랑이 웃으며 말하였다.

"네가 이미 '문'으로 말을 시작하였으니, 옛 사람의 말 가운데 '문'을 일컬은 것을 들어서 대답할 수 있겠느냐?"

"행불리역(行不履閾)[15]이라는 말과, 출입문호(出入門戶)에 필후장자(必後長者)[16]라는 말, 그리고 호개역개(戶開亦開)하고 호합역합(戶闔亦闔)[17]이라는 말

14 부모님께서 … 마라: 『소학』「명륜」. "부모께서 살아 계시거든 거처할 때 어른 앉는 곳에 거처하지 않고, 앉을 때 자리 가운데 앉지 않으며, 길을 갈 때 가운데로 가지 않고, 서 있을 때 문 가운데 서지 않는다.(爲人子者, 居不主奧, 坐不中席, 行不中道, 立不中門.)" 원 출처는 『예기(禮記)』「곡례(曲禮)」이다.

15 행불리역(行不履閾): 『논어』「향당(鄕黨)」. "공자께서는 문 가운데 서지 않으셨고, 문턱을 밟지 않으셨다.(立不中門, 行不履閾.)"

16 출입문호(出入門戶)에 필후장자(必後長者)라: 『소학』「입교」. "여덟 살이 되면 문을 드나들고 음식 먹을 때 반드시 연장자보다 뒤에 하도록 하여 처음으로 겸양을 가르친다.(八年, 出入門戶, 及卽席飮食, 必後長者, 始敎之讓.)"

17 호개역개(戶開亦開)하고 호합역합(戶闔亦闔)이라: 『소학』「경신(敬身)」. "문을 들어가려 할 때는 시선을 반드시 아래로 하며, 문고리가 있는 부분을 두 손으로 받들며, 시선을 돌리지 않는다. 문이 열려 있었으면 나도 열어 두고, 문이 닫혀 있었으면 나도 닫아 두되, 뒤에 들어오는 자가 있으면 닫을 때 완전히 닫지 말아야 한다.(將入戶, 視必下, 入戶奉扃, 視瞻毋回, 戶開亦開, 戶闔亦闔, 有後入者, 闔而勿遂.)"

이 옛 사람의 가르침 중에서 모두 본받아 행할 만합니다."

"『사기(史記)』에 문 일컬은 글도 네가 말해볼 수 있겠느냐?"

"『사기』에는 문을 일컬은 글이 수없이 많으니 어떻게 다 말하겠습니까. 그렇지만 왕손가(王孫賈)의 노모가 문에 기대던 것[18]과 도연명(陶淵明)의 어린아이가 문에 기다리던 것[19]이 각각 어머니 되어 자애로움에 그치고 자식이 되어 효에 그친 것이니,[20] 이 두 문이 그저 사립문에 불과하겠지만 어머니의 사랑과 아들의 효성으로 말미암아 후세에 이름을 전하니 어찌 아름답지 않습니까."

원외랑이 크게 칭찬하며 말하였다.

"너는 비록 평범한 문답에도 반드시 인륜을 의거하여 증거로 삼으니, 품행의 돈독함을 가히 알 수 있겠다."

18 왕손가(王孫賈)의 … 기대던 것: 『소학』 「계고(稽古)」. 왕손가는 제 민왕(齊閔王)을 섬겼는데, 왕이 패하여 도망가자 왕손가는 집으로 돌아왔다. 그러자 왕손가의 어머니는 다음과 같이 말하였다. "네가 아침에 나가서 늦게 돌아오면 나는 집 문에 기대어 너를 기다렸고, 네가 저녁에 나가서 돌아오지 않으면 나는 마을 문에 기대어 너를 기다렸다. 너는 지금 섬기는 임금이 도망가 어디 계신지 모르면서, 어찌 돌아왔느냐?(女朝出而晩來, 則吾倚門而望, 女暮出而不還, 則吾倚閭而望. 女今事王, 王出走, 女不知其處, 女尙何歸?)" 원 출처는 『전국책(戰國策)』 「제책(齊策)」이다.

19 도연명(陶淵明)의 … 나오던 것: 도연명의 「귀거래사(歸去來辭)」에 그가 벼슬을 버리고 낙향해 집에 도착하니, "어린 자식들이 문에서 기다리고 있네.(稚子候門.)" 하는 구절이 있다.

20 어머니 … 것이니: 『대학(大學)』. 주 문왕(周文王)의 덕을 찬미하는 글에 "자식이 되어서는 효에 그쳤고, 아버지가 되어서는 자애로움에 그쳤다.(爲人子止於孝, 爲人父止於慈.)"라고 하였다.

속저(屬猪)의 유래

원외랑의 셋째 동생이 책을 읽는데, 원외랑이 '속저(屬猪: 송나라의 별칭)'의 출처를 물으니 대답을 못하였다. 원외랑이 곧바로 심하게 화를 내며 지나치게 꾸짖자, 유한당이 말하였다.

"형이 아우를 깊이 사랑하는 까닭에 심하게 꾸짖는 것이지만, 말과 낯빛을 급작스럽게 하는 것은 군자의 학문이 아닙니다. 그리고 화부터 심하게 내는 것은 어린아이 가르치는 도리가 아니옵니다."

원외랑이 사과하였다.

"속저가 그리 깊은 뜻이 있는 문자가 아닌데, 아우가 모른다고 하여 몹시 꾸짖느라 나도 모르는 사이에 말과 표정을 삼가지 못하였다. 지금 네가 사리에 맞게 말하니, 도리어 후회스럽구나."

유한당이 물었다.

"속저는 어느 책에 있으며 무슨 뜻인가요?"

"『송사(宋史)』에 있는데, 나도 그 뜻은 모르겠구나."

유한당이 입을 가리고 미소 지으니, 원외랑이 괴이하게 여겨 물었다. 유한당이 대답하였다.

"옛날 송 태조(宋太祖) 조광윤(趙匡胤)이 정해년(丁亥年, 927)에 태어나니, 해(亥)는 돼지를 의미하는 까닭에 속저라 일컬었습니다."[21]

---

21 속저(屬猪): 돼지띠. 송 태조(宋太祖) 조광윤(趙匡胤, 927~976)이 정해년(丁亥年)에 태어났고, 송

원외랑이 크게 기뻐하였다.

"아우가 속저의 출처를 몰라서 나에게 꾸지람을 들었는데, 나는 지금 속저의 뜻을 몰랐으니 너에게 꾸지람 듣기를 면하기 어렵겠다."

10월 16일

10월 16일이 되자, 소나무 처마에 달이 들고 국화주가 마침 잘 익었다. 처사가 아이들을 데리고 술을 마시며 글을 담론하는데, 원외랑이 유한당에게 물었다.

"옛날 소동파(蘇東坡)가 적벽(赤壁)에서 놀던 것이 곧 오늘이니라."[22]

"오라버니는 문장을 숭상하시기에 소동파의 풍류를 돌이켜 생각하시거니와, 저는 오라버니의 생각과 다릅니다."

"그것도 나쁠 것이 없지. 각자의 생각을 말하여 보자."

"주회암(朱晦庵) 선생께서 달이 뜬 밤 시냇가에 허진지(許進之)와 더불어 거문고를 연주하게 하고 「초은조(招隱操)」 지으신 날이 10월 16일 아닙니까.[23] 오라버니가 적벽의 놀이를 말씀하셨으니, 제가 마땅히 잔을 씻고

태종(宋太宗) 조경(趙炅, 939~997)도 기해년(己亥年)에 태어나 '속저'가 송나라의 별칭으로 쓰이게 되었다.

22 소동파(蘇東坡)가 … 오늘이니라: 소식(蘇軾, 1037~1101)은 북송의 문인으로 동파(東坡)는 그의 호이다. 1082년 7월 16일, 유배 중이던 소동파는 양자강 상류에 있는 적벽에서 노닐며 「전적벽부」를 지었고, 같은 해 10월 보름에 「후적벽부」를 지었다.

23 주회암 … 아닙니까: 주회암은 주희(朱熹, 1130~1200). 남송의 유학자로 회암(晦庵)은 그의 호

다시 술을 드리오리다."

그리고 국화주 한 잔을 따라 올렸다. 원외랑이 크게 기뻐하며 말하였다.

"10월 16일에 놀던 이가 또 하나 생각난다. 오룡한(吳龍翰)이 황산(黃山)에서 놀던 날[24]이 오늘 아니냐?"

유한당이 웃고 말하였다.

"오라버니의 생각은 오직 문장 짓는 선비에만 있군요. 저도 또 생각나는 것이 있습니다. 안약우(顏若愚)가 여러 학자들과 함께 『심경(心經)』을 강론하던 날이 또한 10월 16일입니다."[25]

원외랑이 말하였다.

"너는 생각하는 바가 모두 현인과 군자이니 이것은 내가 너를 따라갈 수 없겠다. 그런데 소동파가 「전적벽부(前赤壁賦)」를 7월 16일에 지었지. 너도 옛 현인들 중에 7월 16일에 무언가를 한 사람을 기억해 낼 수 있겠느냐?"

"오라버니가 「전적벽부」와 「후적벽부」로 물으셨으니, 저 또한 『심경』으로 대답하오리이다. 정민정(程敏政)이 7월 보름에 『심경』을 지었습니다."[26]

이다. 주자(朱子)로 높여 부르기도 한다. 『회암집(晦庵集)』 「초은조(招隱操)」에 의하면, 10월 16일 밤 허진지가 거문고를 끼고 찾아와 연주하니 주희가 「초은조」를 지었다.

24 오룡한(吳龍翰)이 … 놀던 것: 오룡한(1233~1293)은 송의 문인이다. 그의 문집 『고매유고(古梅遺稿)』 「황산기유(黃山紀遊)」에 의하면, 1268년 10월 16일 오룡한은 포운룡(鮑雲龍), 송복일(宋復一)과 함께 황산을 유람하였다.

25 안약우(顏若愚)가 … 16일입니다: 『심경부주(心經附註)』 「심경찬(心經贊)」. 1234년 10월 16일 안약우가 『심경』을 새로 판각하고 「심경찬」을 썼다.

26 정민정(程敏政)이 … 지었습니다: 정민정(1446~1499)은 명의 문인이다. 1492년 7월 보름 정민

원외랑이 탄복하며 말하였다.

"너의 총명은 참으로 뛰어나니, 오늘 밤이 새도록 문답을 하여도 당할 수 없겠다."

술 끊는 공부

원외랑이 술을 좋아하여 매양 날이 좋으면 친구들과 모여 술을 마셔 대취하여 실수한 적이 여러 번이니 처사가 이를 매우 근심하였다. 유한당도 간하였다.

"오라버니께서 『주역(周易)』을 즐겨 읽으면서 어찌 '절음식(節飮食)'[27]의 뜻을 행하지 못하십니까. 공자(孔子) 말씀에, '부모는 오직 자식이 병들지 않을까 그것만을 걱정한다.'[28]라고 하였으니, 만약 술을 절제하지 못하여서 병이라도 들게 되면 곧 부모에게 얼마나 걱정을 끼치게 되겠습니까."

원외랑이 사과하였다.

"네 말이 참으로 옳으니, 내 마땅히 술을 끊으리라."

인하여 「계주잠(戒酒箴)」 한 편을 지어 벽 위에 붙이고 술을 완전히 끊

정이 『심경부주』를 편찬하고 서문을 썼다.

27 절음식(節飮食): 『주역』 「이괘(頤卦)」. "산(山) 아래에 우레가 있는 것이니, 군자가 이를 보고 언어를 삼가며 음식을 절제한다.(山下有雷, 君子以愼言語, 節飮食.)"

28 부모는 … 걱정한다: 『논어』 「위정(爲政)」. "맹무백(孟武伯)이 효를 묻자, 공자께서 말씀하셨다. '부모는 오직 자식이 병들지는 않을까 그것만을 걱정한다.'(孟武伯問孝, 子曰: '父母唯其疾之憂.')"

어 입에 대지 않은 지 오래되었다. 유한당이 물었다.

"오라버니, 술 생각이 다시 나지 않으세요?"

"내가 이미 맹세하였는데, 다시 무슨 술 생각이 있겠느냐."

유한당이 웃으며 말하였다.

"어찌 그리 쉽게 말씀하세요. 술 생각이 마음속에 숨어 있으니, 예측할 수 없지요."

그 후에 원외랑이 친구들과의 모임으로부터 돌아와 유한당에게 말하였다.

"오늘 잔치 자리에 맛난 술이 술독에 가득하여 좋은 향이 누대에 가득하니, 술 생각이 일어나지 않을 수가 없더라."

"참으로 그렇습니다. 옛적에 정명도(程明道)[29] 선생이 '내가 열여섯 살 때에 사냥을 좋아하였는데, 한 번 마음을 다스린 후 다시는 그 마음이 없다.'라고 하였습니다. 주렴계(周濂溪)[30] 선생이 '어찌 말을 그리 쉽게 하느냐. 그 마음이 가만히 숨어 있다가 기회를 만나면 쉽게 일어날 것이니, 그렇게 되면 다시 처음과 같아진다.'라고 하였습니다. 그리고 십여 년 뒤에 정명도 선생이 저물녘에 밭두둑을 지나가는데, 농부가 사냥하는 모습을 보고 자신도 모르는 사이에 기쁜 마음이 들면서 주렴계 선생이 이전에 한 말을 생각하였다고 합니다.[31] 오라버니의 술에 대한 경계가 거의 정명도

---

29 정명도(程明道): 정호(程顥, 1032~1085). 송의 유학자로 명도(明道)는 그의 호이다. 아우 이천(伊川)과 함께 이정(二程)으로 일컬어진다.

30 주렴계(周濂溪): 주돈이(周敦頤, 1017~1073). 송의 유학자로 염계(濂溪)는 그의 호이다. 『태극도설(太極圖說)』을 지었다.

31 옛적에 … 생겨났습니다: 『심경부주』 「천선개과(遷善改過)」. 정명도가 나이 16, 7세 때에 사냥을 좋아하였다가 끊고 그 마음이 없다고 하니, 주렴계가 그 마음이 단지 숨어 있을 뿐이라고 하였다.

선생의 사냥에 가깝지 않습니까. 제 생각에 정명도 선생이 사냥 즐기는 마음을 다시 내지 않으셨으니, 오라버니도 술 끊는 경계를 굳게 지키어서 좋은 술을 대해도 마실 생각이 다시 나지 않는다면 학자의 공부를 또한 음식과 같은 한 가지 일에서도 가히 볼 수 있을 것입니다."

"네 말이 절실하니, 내 마땅히 명심하겠다."

글 짓는 법

처사가 어릴 적에 책을 읽으면서 옛 성현의 '어질 인(仁)' 일컬은 말을 모아 『자인록(資仁錄)』이라는 제목의 책 두 권을 만들었다. 그리고 자식들에게 서문을 지어오게 하고, 지어오자 그 글을 유한당에게 보여주었다. 유한당이 글의 처음과 끝을 두루 살펴보고는 아뢰었다.

"잘 지은 글입니다만 아랫부분은 윗부분에 못 미칠 뿐 아니라, '상하관쇄(上下關鎖)'[32]하는 뜻이 없습니다."

처사가 웃으며 말하였다.

"무엇을 상하관쇄라고 하느냐?"

"문장에 관쇄가 없으면 한 편의 완성된 글을 이루지 못합니다. 「소학

12년 후 들판에서 사냥하는 모습을 보았더니, 과연 기뻐하는 마음이 일어났다는 정명도의 말이 있다.

32 상하관쇄(上下關鎖): 글의 처음과 끝을 서로 이어 연결되도록 짓는 법.

제사」로 보아도 위에는 '범차궐초(凡此厥初)'[33]가 있고 아래는 '내복기초(乃復其初)'[34]가 있으니, '초(初)' 자 하나로써 연결한 것입니다. 그리고 위에는 '시왈병이(是曰秉彝)'[35]가 있고 아래는 '행자병이(幸玆秉彝)'[36]가 있으니, 이는 '병이(秉彝)' 두 글자로 연결한 것입니다. 이 한 편의 글을 보면 문장을 짓는 방법을 알 수 있을 것입니다."

처사가 원외랑을 불러 유한당의 말을 전하니, 원외랑이 답하였다.

"실로 그러합니다. 서문을 다 짓지 못하였는데 둘째가 이어서 그 아래를 짓겠다고 하여 완성하게 하였더니, 서문 짓는 법식을 몰라서 이와 같이 거칠고 누락이 된 것입니다."

왕여어(王餘魚)

하루는 원외랑이 동생들과 더불어 후원에서 꽃을 감상하는데 유한당이 물고기 회를 가져오면서 물었다.

---

33 범차궐초(凡此厥初): 『소학』「소학제사」. "무릇 인성(人性)은 그 시초가 착하지 않음이 없으니, 가득한 네 가지 마음씨가 느끼는 바에 따라 드러난다.(凡此厥初, 無有不善, 藹然四端, 隨感而見.)"

34 내복기초(乃復其初): 『소학』「소학제사」. "명명(明命: 하늘이 사람에게 부여한 본성)이 환하여 안과 밖이 따로 있지 않으니, 덕이 높이 쌓이고 업이 널리 베풀어지면 그 본성의 시초를 회복하게 된다.(明命赫然, 罔有內外, 德崇業廣, 乃復其初.)"

35 시왈병이(是曰秉彝): 『소학』「소학제사」. "어버이를 사랑하고 형을 공경하며, 임금에게 충성하고 어른에게 공손함을 병이(秉彝: 사람의 변치 않는 본성)라 한다.(愛親敬兄, 忠君弟長, 是曰秉彝)"

36 행자병이(幸玆秉彝): 『소학』「소학제사」. "다행하게도 병이(秉彝)는 천지가 다하도록 떨어짐이 없다.(幸玆秉彝, 極天罔墜.)"

"오라버니, 이 물고기 이름을 아세요?"

원외랑이 말하였다.

"반면어(半面魚)라고도 하고, 비목어(比目魚)라고도 한다."[37]

유한당이 말하였다.

"이름이 하나 더 있으니, '왕여어(王餘魚)'[38]라고도 합니다."

"왜 왕여어라고 하느냐?"

"옛적에 월나라 왕이 전당호(錢塘湖)[39]에서 물고기를 잡아 절반을 회로 먹고 나머지 절반을 물에 버리니, 그 고기가 되살아났는데 몸이 절반만 있는 까닭에 '왕여어'라 부르게 되었습니다."

여러 형제들이 크게 웃으며 말하였다.

"세상 사람들이 우리 형제들을 책 많이 읽었다 일컫지만 이것은 몰랐으니, 오늘 누이동생을 당할 수 없음을 알겠다. 너의 총명한 재주를 볼 때마다 남자로 태어나지 못한 것이 한스럽다."

"비록 남자라도 행실을 숭상하지 않고 오직 책 많이 읽는 것으로만 이름이 있다면 귀할 것이 어디 있겠습니까. 하물며 여자라면 규방의 도리나 범절을 조심스럽게 지켜야지 어찌 책 많이 읽는 것을 숭상하겠습니까. 마침 물고기를 회 치다가 우연히 전에 들은 것이 기억나고, 또 자리에 바

---

37 반면어(半面魚)라고도 … 한다: 반면어와 비목어는 가자미, 넙치와 같이 눈이 한 쪽으로 쏠려 있는 물고기 종류를 말한다.

38 왕여어(王餘魚): 송 고승(高承)의 『사물기원(事物紀原)』「회잔(膾殘)」. "월나라 왕 구천이 회계를 지키고 있을 때였다. 막 물고기를 쳐 회를 만들었는데, 오나라 군대가 있다는 말을 듣고 그 나머지를 강에 버리니, 변해 물고기가 되었다. 그런데 회의 모습을 하고 있는 까닭에 '회잔'이라 하였다. 또는 '왕여어'라고도 한다.(越王句踐之保會稽也, 方斫魚爲膾, 聞有吳兵, 棄其餘於江, 化而爲魚. 猶作膾形, 故名膾殘. 亦曰王餘魚.)"

39 전당호: 중국 절강성(浙江省) 항주(杭州) 서쪽에 있는 서호(西湖).

깥사람이 없기에 한 말입니다. 여러 오라버니들께서 책 많이 읽었다고 일컫는 말씀을 들으니 부끄러움을 이길 수 없습니다."

며칠 후, 황제가 후원에서 봄 경치를 구경하며 태액지(太液池)[40]에서 물고기를 낚다가 선비들을 모아 과거를 시행하였는데, 과거의 글제를 '왕여어'로 하였다. 뜰에 가득 찬 선비들 중에 이를 아는 사람은 한 명도 없었는데, 유한당의 셋째 오빠는 유한당에게서 들은 것을 주된 요지로 삼아 글을 지어 바쳤더니 장원이 되었다. 황제에게 사은할 때 황제가 왕여어의 출처를 물었다. 장원이 달리 대답하지 못하고 누이동생에게 들었다고 사실대로 아뢰니 황제가 감탄하였다.

"네 형제들이 다 문장과 학문으로 이름 있는데, 네 누이 또한 이와 같으니, 가히 그 오빠에 그 누이라 할 만하다."

장원이 집에 돌아와 황제와의 문답을 전하니 집안사람들이 그 영광을 칭송하지 않는 사람이 없는데, 오직 유한당은 기뻐하지 않으며 이렇게 말하였다.

"『예기(禮記)』에 이르기를, '공무를 보는 곳에서는 부녀자에 관한 일을 말하지 않는다.'[41]라 하였습니다. 셋째 오라버니께서 입신하는 처음부터 행실이 『예기』에 어긋나니 어찌 안타깝지 않습니까. 저는 저에 관한 말이 문 밖에 나는 것도 두려운데, 하물며 조정에까지 소문이 난단 말입니까."

그리고 며칠 동안 탄식하였다.

---

40 태액지(太液池): 궁궐 안 연못의 이름.

41 공무를 … 말하지 않는다.: 『예기』「곡례 하」. "공무를 보는 곳에서는 부녀자에 관한 일을 말하지 않는다.(公庭, 不言婦女.)"

여자로 태어난 한스러움

하루는 형제들이 부모님께 문안드리고 유한당의 서실에 가 보니, 유한당이 책상 앞에 앉아 글을 읽지 않고 말없이 슬픈 기색으로 앉아 있는 것이었다. 형제들이 물었다.

"무슨 걱정이라도 있느냐?"

소저가 탄식하고 말하였다.

"세상에 태어나서 천하의 이름난 산천을 두루 보아 마음에 담아두는 것이 첫 번째 쾌한 일입니다. 기문벽서(奇文僻書: 기이한 글과 책)를 책상 위에 쌓아두고 기화이초(奇花異草)를 동산에 줄지어 심어둔 다음 그 사이를 오가면서 문장력을 기르는 것이 두 번째 쾌한 일입니다. 젊은 나이로 과거에 급제하여 경륜을 펼쳐 위로는 천자를 보좌하여 태평성세를 이루고 아래로는 가문의 명성을 지켜 집안의 영광을 빛내는 것이 세 번째 쾌한 일입니다. 저는 여자로 태어나서 이 세 가지 쾌한 일을 하지 못하고 규중심처에 틀어박혀 발걸음이 대청 아래를 내려갈까 두려워하고, 말이 발[簾] 바깥에 날까 염려하며, 경륜은 불과 길쌈과 바느질에 불과하고, 사업은 음식 장만하는 일에 지나지 않습니다. 비록 지혜가 있어도 나랏일이나 집안일에 참여할 수 없으니, 어찌 평생의 지극한 한이 되지 않겠습니까."

원외랑이 답하였다.

"문장과 사업은 사람마다 능히 할 수 있는 바가 아니다. 비록 남자 중에서도 용렬하여 살아 있어도 세상에 무익하고 죽어서는 후세에 이름을 남기지 못하는 자를 어찌 기릴 수 있겠느냐. 다만 문장과 사업 이외에 별도로 제일가는 공부가 있으니 비록 부녀자라도 학문 공부를 독실하게 하여서, 몸을 삼가고 경계하며 경전에 밝고 행실이 닦여서 타고난 성품을 잃지 않으면 세상에 현철한 부인으로 일컬어지니, 이런즉 어찌 세간의 용렬한 남자를 부러워하겠느냐. 너의 타고난 자질과 성품이 도에 가까워 집안에서 학문에 힘쓰면 여중군자(女中君子)가 될 것이니, 그리하면 어찌 아름답지 않겠느냐. 부모님과 우리들이 매번 너의 지혜가 특출하고 글재주가 뛰어난 것을 볼 때마다 일찍이 애달파하지 않은 적이 없었다. 지금 네 말을 들으니 더욱 한스럽구나."

사당 문 앞에 서 있는 이유

유한당이 아홉 살 때에 집에서 불이 났다. 집안사람들이 놀라 불을 끄느라 분주한데, 유한당은 사당 중문을 열고 중문 안에 홀로 서 있는 것이었다. 그 까닭을 물으니 유한당이 말하였다.

"온 집안사람들이 불을 끄느라 바쁜데 저는 어린아이라서 도울 수가 없습니다. 그런데 만일 불이 사당 가까이 번지게 되면 창졸간에 문을 열기 어려울까 싶어서 미리 문을 열어 두었고, 이미 연 후에는 비워둘 수 없어서 지키고 있었습니다."

처사가 듣고 탄식하였다.

"딸아이의 생각은 매사에 이와 같이 뛰어나니, 남자로 태어나지 못한 것이 참으로 한스럽다."

유한당의 혼인

유한당이 비녀를 꽂을 나이가 되자 당대의 부귀한 집에서 구혼하는 자가 많았다. 처사가 다 거절하고 맏아들 원외랑 만춘에게 말하였다.

"상서(尙書) 두원용(杜元庸)은 집안이 효성스럽고 우애가 있으며, 대대로 행실이 도타웠다. 또 장자 천복(天復)이 그 아버지를 빼닮았다고 하니 진실로 나의 마음에 꼭 부합한다."

"누이동생은 천성이 인후하고 기상이 온순하니, 참으로 복을 받을 그릇입니다. 두 상서 집안의 가풍도 효도와 우애를 숭상하여 후손이 매우 번성할 것입니다. 양가의 혼인은 참으로 흡족한 일입니다."

그리하여 두 상서 집에 중매를 보내어 통혼하니 두 상서가 크게 기뻐하며 말하였다.

"나와 사 처사는 교분이 깊을 뿐 아니라 내가 사 처사의 검박한 품행을 아름답게 여겨 사모한 지 오래였다. 이제 두 집이 혼사를 맺음이 어찌 우연한 일이겠는가."

그리고는 즉시 청혼을 받아들이는 서찰을 보내왔다.

혼수는 검박하게

처사 부인이 혼수(婚需)를 풍성하고 사치스럽게 차리고자 하니 처사가 말하였다.

"자녀를 혼인시키는데 부모의 마음에 어찌 혼수를 아끼고 싶겠소. 그러나 사치는 화를 불러오기 쉽고, 검소함으로 복을 받는다고 하였소. 지금 세간의 사대부 집안에서 사치하고 화려함을 따르다가 재앙을 받는 것을 내가 많이 보았소. 하물며 우리 집은 청빈하고 검소함으로 이름이 났으니, 어찌 집안 법도를 떨어뜨릴 수 있겠소."

원외랑이 말하였다.

"두 상서 집안 또한 검박한 덕을 숭상합니다. 그리고 또 장자 천복이 열 살 이전부터 효성이 뛰어나 원근에서 '두효자'로 일컫는다고 합니다. 예법을 삼가 닦고 평소에 청아(淸雅)한 기품을 지키니, 반드시 화려한 것을 아름답게 여기지 않을 것입니다. 또 나이 어린 사람을 가르치는 도리에 비추어 보아도, 사치함으로 인도할 수는 없는 법입니다."

비단을 돌려보내다

예전에 처사의 친구 진 사인(舍人)[42]이 부모의 상을 당하였는데, 가난하여 장사를 못 지내고 있었다. 처사가 백금(白金) 수백 냥으로 부의를 하여 장례를 지내게 하였다. 그리고 진 사인이 촉군 태수(蜀郡太守)[43]가 되었을 때에 사 처사가 딸을 시집보낸다는 말을 듣고는 비단 오십 필을 보내왔다. 처사가 편지로 사양하는 글을 써서 돌려보내고 내당에 들어와 부인에게 말하였다.

"진 태수가 비단을 보내 딸의 혼수를 돕겠다고 하오."

"이미 비단을 안 쓰기로 하였는데, 어찌 남이 보낸 것을 받을 수 있겠습니까. 군자가 물건을 사양하고 받아들이거나 주고받는 것은 조심하지 않을 수 없습니다."

처사가 웃으며 말하였다.

"이미 돌려보냈소. 부인 의견을 듣고자 물어보았는데, 대답이 이와 같으니 참으로 우리 집 부인이구려."

진 태수는 처사가 자신의 비단을 사양하고 돌려보낸 것을 보고는 탄복하여 말하였다.

"이 사람의 청렴함은 내가 깊이 흠모하는 바이나, 다만 고결함이 너

---

42 사인(舍人): 정4품 관직.
43 촉군 태수(蜀郡太守): 촉군은 지금의 사천성(四川省)에 해당하는 지역으로, 예로부터 비단이 유명하였다.

무 지나쳐 단점이 될 정도로구나."

어머니의 당부

두효자가 친영례(親迎禮)를 치르고, 유한당이 시가에 가려 할 때 어머니 노 씨가 문 앞에서 유한당에게 경계하였다.

"네가 시가에 가면 반드시 공경하고 조심하며, 이른 아침과 늦은 밤이라도 어김이 없도록 하여라. 세상 부녀자들이 시부모 섬기기를 자기 부모처럼 하지 못하는 이가 많으니 참으로 개탄스럽더라. 부모가 딸을 길러 가르치는 것은 남의 집에 보내 부모에게 근심을 끼칠 일이 없기를 헤아리는 데 불과할 따름이다. 그러나 시부모가 며느리를 새로 맞아들이면 그 기대하는 바가 참으로 크다. 집안의 계책과 자손의 의탁이 전부 며느리에게 달려 있으니, 그 총애하는 마음이 어찌 부모의 아래이겠느냐. 며느리가 된 자는 이 마음을 몸에 새겨 반드시 공경하고 삼가서, 며느리 된 도리를 다 하여서 터럭만큼이라도 혹시 어김이 있을지 두려워하고, 한 마디 말, 한 가지 일이라도 반드시 어른에게 아뢰어 행하여라. 그러면 시부모에게는 어진 며느리가 될 것이고, 남편에게는 어진 아내가 될 것이며, 아들과 딸을 낳아 의리로 가르치면 자녀들에게 또한 어진 어머니가 될 것이니, 이 세 가지가 너의 직책이니라. 자손이 번창하고 편안함과 복록을 누리는 일은 오직 자기 마음의 어질고 착하기에 달렸다. 효제(孝悌)를 힘써

행하고 예의를 숭상하면 하늘이 복을 내리실 것이니, 인간의 길흉과 화복이 다 제 몸으로부터 나오지 않음이 없다. 이러하거늘 가히 조심하지 않을 수 있겠느냐.

그리고 누가 시부모 섬김에 정성을 다하고 싶지 않겠느냐. 다만 세상의 부녀자들이 정성과 공경에 대한 공부가 적고 의리의 학문에 어두운 까닭에 며느리의 도리를 다할 수 있는 자가 드물다. 너는 집에서 듣고 본 것이 남의 집 무식한 자와 다르고, 너의 타고난 자질과 성품이 어질고 효성스러우며 총명한 재주가 남보다 뛰어나니, 우리가 네게 기울인 마음은 자애로 사랑할 뿐 아니라 실로 기대하는 바가 있었느니라. 시부모를 내 부모 섬기듯이 섬기고, 시댁 친척들을 우리 집 친척들에게 하듯이 대접하며, 남편의 형제와 자매를 우리 형제와 자매처럼 사랑하여, 온 집안에 화순한 덕행이 누락된 곳이 없어야 부모의 가르친 지극한 뜻을 저버리지 않게 될 것이다."

소저가 머리를 숙여 공손히 말씀을 듣고 두 번 절하여 말하였다.

"감당할 수 없을까 두렵습니다만, 말씀하신 명을 감히 잊지 않겠습니다."

유한당의 관상

유한당이 현구고례(見舅姑禮)[44]를 행하는데 행동거지가 절로 법도에 들어맞고 나아가고 물러나는 동작이 자연스레 절도가 있었다. 두 상서가 크게 기뻐하며 부인 원 씨에게 말하였다.

"신부의 타고난 자질과 성품이 어질고 착하다는 소문은 이미 들었거니와, 지금 보니 눈썹과 눈이 또렷하고 용모와 거동이 매우 중후하니 반드시 복록을 누리겠구려. 우리 가문의 경사가 여기에서 더할 일이 있겠소."

부인이 말하였다.

"집안에서 부모의 가르침도 극진히 받았을 뿐 아니라, 타고난 기품도 탁월한 까닭입니다."

마침 상서의 이종사촌 주 씨(朱氏)는 이부 시랑(吏部侍郎) 하문중(賀文中)의 부인이었는데, 혼인 잔치에 와 있었다. 주 부인은 어렸을 때부터 관상 보는 법을 해득하였으나, 부녀자의 일이 아니라고 하여 입 밖에 낸 적이 없었다. 상서가 주 부인에게 말하였다.

"제가 평소 관상 보는 것을 잡술이라 여겼기에 누님과 함께 관상을 논한 적이 없었습니다. 오늘은 누님께서 파계하고 저를 위해 신부의 관상을 말씀해 주셨으면 합니다."

---

44 현구고례(見舅姑禮): 혼례를 마친 신부가 시부모를 처음 뵙는 의례.

주 부인이 웃으며 말하였다.

"전에는 매번 나더러 관상을 본다고 경계하더니, 오늘은 신부를 위해 말을 꺼내는군요. 공의 며느리가 내 며느리와 어찌 다르겠소. 다만 신부는 집안에서 학문을 숭상하던 사람이니, 속으로 비웃는 마음이 있지 않을까요?"

상서가 말하였다.

"옛적에 공자의 외할아버지가 숙량흘(叔梁紇)[45]의 관상을 보았고, 여공(呂公)이 한 고조(漢高祖)의 관상을 보았으니[46] 옛 사람들도 또한 관상을 논하는 법이 있었습니다."

주 씨가 이에 말하였다.

"대저 관상 보는 법은 마음을 보는 것이 상책이요 외모를 보는 것은 하책이며, 행동거지를 보는 것이 먼저요 얼굴을 보는 것은 나중이라. 지금 신부의 관상을 보면 동작이 진중하고 걸음걸이가 편안하여 거북의 격을 크게 얻었으니 지극히 귀한 관상입니다. 분명히 장수할 것이고 자손도 번창하겠습니다. 그리고 얼굴을 의논하자면 눈과 눈썹이 수려하니 가히 마음이 어질고 착함을 알겠습니다. 코는 단정한데다가 길한 기운을 띠었고, 뺨은 풍만하고, 입술은 다물어져 있으니 재물이 풍족하고 만 종(鍾)이나 되는 많은 녹을 먹는 격입니다. 마주 앉았을 때 귀가 보이지 않으니 이름이 천하에 알려질 격입니다. 내 일찍이 친척 부녀자의 상을 많이 보았는데,

---

45 숙량흘(叔梁紇): 공자의 아버지. 『사기』「공자세가(孔子世家)」. "숙량흘이 안씨(顔氏)의 딸과 야합하여 공자를 낳았다.(紇與顔氏女, 野合而生孔子.)"

46 여공(呂公)이 … 보았으니: 『사기』「고조본기(高祖本紀)」에 의하면 여공은 사람의 관상을 잘 보았는데 한 고조의 관상을 보고 사위로 삼았다고 한다.

이 신부같이 여러 귀한 격을 겸하여 가진 사람은 본 적이 없습니다. 어찌 경하하지 않을 수 있겠습니까."

상서가 크게 기뻐하며 말하였다.

"누님의 말씀이 확실하니, 실로 우리 집의 큰 경사입니다. 제가 평소 술을 즐기지 않지만, 오늘은 축하주를 마셔야 하겠습니다."

그리고 신부를 명하여 잔을 올리게 하여 세 잔을 연거푸 마셨다.

시어머니의 병환을 살피다

유한당이 시가에 온 이후 효성스럽게 시부모를 섬기고 남편에게 공손하며, 형제자매와 우애가 두텁고 친척과 비복을 후대하니 칭송하는 소리가 이웃에 자자하였다.

원 부인이 병환이 있어 유한당이 밤낮으로 정성을 다해 약을 친히 맛보고 잠시도 곁을 떠나지 아니하니, 보는 이가 탄복하지 않는 자가 없었다. 상서가 기특하게 여겨 부인에게 말하였다.

"신부의 행동이 나이 어린 부녀자가 미칠 바 아니니, 태어나면서부터 사리를 안[47] 자질이 아니면 어찌 능히 이렇겠소."

47 태어나면서부터 사리를 안: 『논어』 「술이(述而)」. "나는 태어나면서부터 사리를 알았던 사람이 아니라 옛것을 좋아하고 민첩하게 추구한 사람이다.(我非生而知之者, 好古敏以求之者也.)"

부인이 말하였다.

"병을 보살핌에 조금도 소홀함이 없어 차와 죽을 끓일 때에 반드시 몸소 하고, 앉고 누울 때에도 반드시 직접 부축하였습니다. 몸을 편하게 하는 도리를 극진히 힘써 병든 사람을 극히 편안하게 한 덕분에 제 병이 쉽게 나을 수 있었습니다."

시아버지의 조복을 짓다

원 부인이 상서의 조복(朝服)[48]을 지으려 하는데, 유한당이 대신 짓기를 청하니 부인이 말하였다.

"조복은 여느 의복과 달라 바느질을 꼼꼼히 하여야 하니 내 앞에서 짓도록 하여라."

유한당이 자와 가위를 손에 잡고 시누이와 의논하여 옷을 짓는데, 손놀림이 신속하여 날이 저물기 전에 완성이 되니 부인이 몹시 신기하게 여기었다. 다음 날 상서가 아침 조회(朝會)[49] 때 입으니 몸에 매우 잘 맞았다. 이후로부터 유한당이 상서의 사계절 의복을 미리 지어 대령하니, 옷 때문에 군색할 일이 없었다.

48 조복(朝服): 신하가 조정(朝廷)에 나아갈 때 입는 관복.
49 조회(朝會): 신하들이 아침에 나아가 임금을 뵙는 일.

『시경』 문답

유한당이 새벽에 일어나 글을 읽으니 두효자도 잠이 깨어 물었다.

"무슨 책을 읽으시오?"

"『시경(詩經)』입니다."

말이 끝나기 전에 닭이 처음 울었다. 유한당이 말하였다.

"『시경』「정풍(鄭風)」에 '여자는 닭이 울었다고 말하고 남자는 아침이 희미하게 밝았다고 말하네.'[50]라는 시의 부인은 극히 현철하고, '비바람이 사납거늘 닭은 꼬꼬하고 울도다.'[51]라는 시의 여자는 극히 음란합니다. 다 같이 정나라 사람의 시요, 정나라 닭인데, 사람의 선악이 판이하게 다름은 어째서일까요?"

"맹자(孟子) 말씀에 '닭이 울면 일어나서 부지런히 착한 일 하는 자는 순(舜)임금의 무리요, 닭이 울면 일어나서 부지런히 이익을 위한 행위를 하는 자는 도척(盜蹠)의 무리이다.'[52]라고 하였습니다. 부인의 말이 참으로 이 가르침과 같습니다."

---

50 여자는 … 말하네: 『시경』「정풍」「여왈계명(女曰鷄鳴)」. "여자는 닭이 울었다고 하고 남자는 아침이 희미하게 밝았다고 하네. 일어나 밤하늘을 보면 샛별이 밝게 빛나고 있으리니, 날아오를 오리와 기러기를 주살로 잡아오소서.(女曰鷄鳴, 士曰昧旦. 子興視夜, 明星有爛, 將翶將翔, 弋鳧與雁.)"

51 비바람이 … 울도다: 『시경』「정풍」「풍우(風雨)」. "비바람은 몰아치고 닭은 꼬꼬 우네. 이미 그대를 만나보았으니 어찌 병이 낫지 않으리오.(風雨瀟瀟, 鷄鳴膠膠. 旣見君子, 云胡不瘳.)"

52 닭이 … 무리이다: 『맹자(孟子)』「진심 상(盡心上)」. "맹자께서 말씀하셨다. 닭이 울면 일어나 부지런히 착한 일을 하는 자는 순 임금의 무리이고, 닭이 울면 일어나 부지런히 이익을 추구하는 자는 도척의 무리이다.(孟子曰: '鷄鳴而起, 孶孶爲善者, 舜之徒也, 鷄鳴而起, 孶孶爲利者, 蹠之徒也.')"

"사람의 선악은 진실로 큰일에서 판별할 수 없는 것입니다. 닭이 처음 울 때에 잠깐 한 생각이 싹트는 것을 말미암아 선악의 나뉨이 생깁니다. 학자의 공부는 생각이 처음 싹틀 때를 조심하지 않을 수 없습니다. 그런 까닭에 남당(南塘) 진백(陳栢)의 「숙흥야매잠(夙興夜寐箴)」에서, '닭이 울어 깨어나면 생각이 점차 일어나게 되니, 어찌 그 사이에 마음을 고요히 정돈하지 않을 수 있겠는가.'[53]라고 하였으니, 경계하는 뜻을 보임이 참으로 절실합니다."

일곱 아들의 출생

하루는 상서의 벗 장 도사가 상서를 찾아와 말하였다.

"공의 집 선산(先山)이 천하에 드문 길지니 자손이 번성할 뿐 아니라 자손 중에 현인과 군자가 많이 태어날 것일세. 그리고 안산(案山)[54]에 일곱 봉우리가 마주 서 있는데, 첫째 봉우리가 가장 수려하네. 맏아들에게서 응당 일곱 아들이 태어날 것이요, 맏손자가 마땅히 군자일 것이네. 내가 일찍이 이 산을 논하면서 삼십 년 후에 반드시 길운이 돌아오리라 하였는

---

53 닭이 … 있겠는가: 「숙흥야매잠(夙興夜寐箴)」은 송의 학자 진백(陳栢)이 새벽부터 밤까지 힘써야 할 일과 마음가짐에 대해 4언 48구로 적은 잠으로 『준생팔전(遵生八牋)』, 『독서분년일정(讀書分年日程)』 권 수(卷首) 등에 실려 있다. "닭이 울어 깨어나면, 생각이 점차 일어나게 된다.(鷄鳴而寤, 思慮漸馳.)"

54 안산(案山): 풍수지리학의 용어로, 마치 앉아 있을 때 놓인 책상처럼 혈(穴) 앞에 놓인 낮고 작은 산을 말한다.

데, 올해가 삼십 년 째라네. 올해 공이 손자를 얻는 경사가 있었는가?"

"없었네."

"길운이 돌아오는 곳에 반드시 응함이 있으니, 내 말이 허튼 소리가 아닐세."

상서가 내당에 들어가 부인에게 물었다.

"며느리 중 잉태한 이가 있소?"

"맏며느리 사 씨가 잉태한 지 이미 다섯 달입니다."

상서가 크게 기뻐하여 나와 도사에게 말하였다.

"맏며느리가 임신하여 이미 다섯 달이 지났다 하니, 올해 태어날 듯하네."

도사가 축하하며 말하였다.

"옛적 채구봉(蔡九峰)[55] 선생의 선산에 안산이 아홉 봉우리요, 중봉이 가장 빼어났다네. 그러한 까닭에 채구봉 형제 아홉이 태어났는데, 채구봉의 학문이 고명하니 사람들이 '중봉의 정기를 받았다.'라고 하여 채 선생의 호를 '구봉'이라 일컫게 된 것이네. 지금 공의 집 선산도 일곱 봉우리가 솟아 있으니 응당 일곱 아들이 태어날 것이고, 글재주가 빼어날 것이니 각기 그 응함이 있기 때문이라네."

이후 햇수를 헤아리며 의논을 하였다. 그 후에 과연 도사의 말대로 일곱 아들이 연달아 태어나니, 상서는 손자들의 이름을 일봉, 이봉, 삼봉,

55 채구봉(蔡九峰): 송의 학자 채침(蔡沈, 1167~1230), 구봉(九峰)은 호이다. 『서경(書經)』과 상수학에 조예가 있었다고 한다.

사봉, 오봉, 육봉, 칠봉이라고 지었다.

시어머니의 태교 당부

유한당이 잉태한 후 원 부인이 행동거지와 음식 등을 경계하여 말하였다.

"부인이 임신하였을 때 설 때에는 한 쪽 발로 서지 않고, 앉을 때에는 치우쳐 앉지 않으며, 눈으로 부정한 색을 보지 않고, 귀로는 부정한 소리를 듣지 않는다는 등의 일은 이미 『열녀전』에 보이거니와,[56] 의서(醫書)에도 음식 금기하는 것이 여러 가지니라. 개고기, 돼지고기, 비늘 없는 물고기,[57] 게, 조개, 율무, 엿기름, 메밀, 비름나물, 잡버섯, 겨자, 생강, 마늘, 산초 등을 금하고,[58] 지나치게 따뜻하게 하지 말고 지나치게 차게 하지 말며, 지나치게 배부르게 먹지 말고 지나치게 굶주리지 말며 심하게 취하지 말고, 높은 데 오르지 말고 깊은 곳에 임하지 말며, 무거운 것 들지 말고 지나

56 설 때에는 … 보이거니와: 주석 12 참조.

57 비늘이 없는 물고기: 뱀장어나 미꾸라지, 오징어 등을 말한다.

58 개고기 … 금하고: 『동의보감(東醫寶鑑)』「잡병(雜病)」. "임산부가 개고기를 먹으면 아이가 소리를 내지 못하고, 토끼고기를 먹으면 언청이가 되며, 비늘 없는 고기를 먹으면 난산하고, 게를 먹으면 횡산(橫産)한다. … 생강 싹을 먹으면 손가락이 더 생기고, 율무를 먹으면 낙태하며, 엿기름을 먹으면 태아를 자라게 하는 기운이 줄어들고, 비름나물을 먹으면 낙태하며, 마늘을 먹으면 태아를 자라게 하는 기운이 줄어든다. … 여러 가지 버섯을 먹으면 아이가 경풍으로 요절한다.(食犬肉, 令子無聲, 食兎肉, 令子缺脣. 食無鱗魚, 難産, 食螃蟹, 令子橫生. … 食薑芽, 令子多指. 食薏苡, 墮胎. 食麥芽, 消胎氣. 食莧菜, 墮胎. 食蒜, 消胎氣. … 食諸般菌蕈, 令子驚風而夭.)" 원 출처는 명대의 의사 이천(李梴)의 『의학입문(醫學入門)』이다.

치게 수고하지 말며, 산달이 되면 머리 감지 말고 자주 머리 빗지 말며 지나치게 크게 소리 내어 말하지 말라고 경계하였다.[59] 이 말이 다 옛적 명의들이 천지조화의 이치와 세상 운수의 성쇠를 밝게 살펴 조심하도록 이른 말이니, 어찌 조금이라도 소홀하겠느냐. 혹 금기를 범하게 되면 그 해는 태(胎)로 들어가니, 태는 비록 뱃속에 있을지라도 이미 나의 자식이니, 어미로서 어찌 한 순간의 욕심을 참지 못하여 자식을 해치는 일을 범할 수 있겠느냐.

사람이 어려서 병든 것은 자란 후 병든 것과 달라서 참으로 고치기 어렵거늘, 하물며 태중에 병든 것이랴. 아이들이 저희들끼리 장난치다가 다쳐도 부모의 마음에 안타까움을 이길 수 없거늘, 자기 몸을 삼가지 않아 자식에게 해를 돌아가게 하겠느냐. 세속 부녀자들이 단지 자식을 낳은 후에 사랑하는 정만 알고 뱃속에 있을 때 조심하는 법은 알지 못하여 금기를 많이 범하니 참으로 개탄스럽다."

유한당이 답하였다.

"'설 때 한 쪽 발로 서지 않고, 앉을 때 치우쳐 앉지 않는다.'라는 것은 비단 임신한 부녀자뿐 아니라 남자의 수신 공부도 그러한 것입니다. '눈으로 부정한 색을 보지 않고, 귀로는 부정한 소리를 듣지 않는다.'라는 것은 『열녀전』에만 일컬은 것이 아니라, '군자는 간사한 소리와 난잡한

59 지나치게 … 경계하였다: 『언해태산집요(諺解胎産集要)』. "『부인대전(婦人大全)』에 이르기를, 임신한 부인은 옷을 너무 덥게 입지 말고, 너무 배불리 먹지 말고, 너무 취하게 마시지 말고, 탕약을 함부로 복용하지 말고, 침과 뜸을 함부로 쓰지 말고, 무거운 것을 들거나 높은 곳에 오르거나 험한 곳에 가지 말고, 너무 오래 자거나 누워있지 말라. 모름지기 때때로 거닐고, 산달이 되면 머리를 감으면 안 된다.(婦人大全曰: '衣毋太溫, 食毋太飽, 飮毋大醉, 勿妄服湯藥, 勿妄用鍼灸, 勿擧重登高涉險, 勿多睡臥. 須時時行步, 臨月不可洗頭.')"

색을 귀와 눈에 머물지 않는다.’[60]라는 말씀이 『예기』에 두루 실려 있습니다. ‘높은 데 올라가지 말고 깊은 데 임하지 말라.’[61]는 말씀은 자식으로서 부모를 섬기는 도리입니다. ‘음식을 지나치게 먹지 말라.’[62]는 군자의 학문 공부입니다. 이미 옛 성인의 가르침이 있고, 명의 또한 경계함이 있으며, 주자(朱子)께서 아이가 태중일 때 병 얻은 것을 비유한 말씀이 있습니다.[63] 성현의 교훈과 어머님의 가르침을 몸소 받들어 행하겠습니다.”

의고 설치

두효자와 유한당은 서로를 극진히 공경하여 손님같이 대하며, 함부로 희롱하는 말이 없었다. 규방 안에서는 화기애애하였으며, 서로 의논하는 바는 오직 부모를 모시고 집안을 다스리는 도리에 대한 것이었다. 하

---

60 군자는 … 않는다: 『소학』「경신」. “군자는 간사한 소리와 난잡한 색을 보고 듣는 것을 마음에 두지 않는다.”(君子, 姦聲亂色, 不留聰明.)” 원 출처는 『예기』「악기(樂記)」이다.

61 높은 데 … 말라: 『소학』「명륜」. “(부모님께서 살아 계시거든 자식은) 높은 데 올라가지 말고, 깊은 곳에 임하지 말며, 구차히 꾸짖지 말고, 구차히 웃지 마라.(不登高, 不臨深, 不苟訾, 不苟笑.)” 원 출처는 『예기』「곡례 상」이다.

62 음식을 … 말라: 『논어』「학이(學而)」. “공자께서 말씀하셨다. 군자가 식사를 함에 배불리 먹기를 구하지 않고, 거처함에 편안함을 구하지 않으며, 일을 민첩히 하고 말을 신중히 하며, 도를 갖춘 사람에게 나아가 자신의 잘못을 바로잡는다면 배움을 좋아한다고 이를 만하다.(子曰: ‘君子, 食無求飽, 居無求安, 敏於事而愼於言, 就有道而正焉, 可謂好學也已.’)”

63 주자(朱子)께서 … 있습니다: 『주자어류(朱子語類)』「정자문인(程子門人)」. “학자는 기질로 인한 병통이 가장 고치기 어렵다. … 예전에 인위를 가하지 않는 한 의사를 보았더니 침을 잘 놓았는데, 일찍이 이렇게 말한 적이 있다. ‘이 병은 침으로 고칠 수 있지만, 오직 태아일 때 걸린 병은 고치기 어렵습니다’라고 하였다.(學者氣質上病最難救. … 向見無爲一醫者, 善用鍼, 嘗云, ‘是病可以鍼而愈, 惟胎病爲難治.’)”

루는 유한당이 두효자에게 말하였다.

“자식으로서 부모께 효도하고 봉양하는 도리는 의복과 음식 받들기에만 있는 것이 아닙니다. 뜻을 봉양하는[64] 일이 어렵기에 공자께서 증자(曾子)에게 ‘수신절용(修身節用)’하여 부모를 봉양하라고 하셨으니 공자와 같은 성인께서 증자와 같은 성인에게 말씀하신 것이 ‘수신절용’ 네 글자에서 벗어나지 아니합니다. 부모를 섬기는 도리는 의당 성인의 가르침을 체화하여 행하여야 할 것입니다. 부모님께서는 천성이 인자하시어 친척과 벗들에게 두루 베풀어 주시기를 좋아하십니다. 지금 집안의 재산이 비록 봉양하기는 족하지만 베풀기에는 부족함이 있습니다. 가산을 별도로 변통하여 부모님께서 베푸시는 데 보태게 하면 또한 뜻을 봉양하는 한 실마리가 되지 않겠습니까.”

“나도 그러한 뜻이 있었으나 이루지는 못하였소. 이제 부인 말씀을 들으니 과연 나의 마음과 같소. 어떻게 하여야 좋을지 나를 위해 잘 나누어 계획해 보오.”

“남곽(南郭) 황운평(黃雲坪)에서 일 년에 거두는 것이 삼천 금인데, 집안사람들의 의식에 쓰이지 못하고 이런저런 비용으로 흩어집니다. 지금부터 집안사람들이 절약하여 쓰기로 약조하면 황운평 수입은 절로 남을 것이

---

64 뜻을 받드는: 『맹자』 「이루 상(離婁上)」. “증자가 아버지 증석(曾晳)을 봉양하였는데 반드시 술과 고기가 있었다. 상을 치우려 할 때 증자는 반드시 남은 음식을 누구에게 주겠냐고 여쭈었고, 남은 것이 있냐고 물으면 반드시 있다고 대답하였다. 증석이 죽고 증원(曾元)이 증자를 봉양하였는데 반드시 술과 고기가 있었다. 그러나 상을 치우려 할 때 누구에게 주겠냐고 여쭙지 않았으며, 남은 것이 있냐고 물으면 반드시 없다고 하였으니 그 음식을 다시 올리려고 해서였다. 이것은 이른바 입과 몸만을 봉양하는 것이다. 증자와 같이 한다면 ‘뜻을 봉양한다.’고 이를 만하다.(曾子養曾晳, 必有酒肉, 將徹, 必請所與, 問有餘, 必曰有. 曾晳死, 曾元養曾子, 必有酒肉, 將徹, 不請所與, 問有餘, 曰亡矣, 將以復進也. 此所謂養口體者也, 若曾子, 則可謂養志也.)”

니, 삼 년을 계획하면 거의 일만 금이 될 것입니다. 또 홍운평(紅雲坪)을 사들이면 또한 수입이 삼천 금에 부족하지 않을 것이니, 두 곳의 수입을 합하여 집안에 들여 쓰지 말고 별도로 모아 의고(義庫)를 운영하여 부모님 베푸시는 재물로 쓰게 하시면 가히 뜻을 봉양하는 도리가 될 것입니다."

두효자가 찬탄하였다.

"부인의 경륜이 참으로 주도면밀하오. 옛 사람들의 의창(義倉) 짓던 규례[65]가 있으니, 그것으로 행하면 어떨까 하오."

"두 곳에서 거두어들이는 것이 매년 육천 금에 불과하여 널리 베풀기에는 자못 부족할까 합니다. 다만 재물 쓰는 도리는 처음에 규칙을 정하여야 나중에 어지러워지지 않는 법이니 그 규정을 상세히 정하여야 할 것입니다."

"이 계획은 실로 부인의 경륜에서 나온 것이니, 자세한 규정도 부인이 정하오."

"재물이 생기는 데에는 한계가 있으며, 재물을 쓰는 데에는 끝이 없으니, 수입을 헤아려 지출을 정할 수밖에 없습니다. 의고 재물을 베풀어 주는 것은 마땅히 다섯 등급을 마련하여 친척이나 친구 중에서 심하게 빈궁한 이가 길흉 대사를 당하거든 일등급에 해당하는 재물을 주고, 그 나머지는 다음 등급으로 하여, 이등급, 삼등급, 사등급, 오등급으로 차차 줄여 주면 일 년에 육천 금으로도 근근이 감당할 수 있을 것입니다. 그리

65 의창(義倉) 짓던 규례: 주희가 운영한 사창(社倉)이 대표적이다. 규례는 『회암집』 「사창사목(社倉事目)」에 자세하다.

고 장차 보태어 거의 만 금이 되면 아마도 널리 베풀 수 있을 것입니다. 재물을 보태는 도리는, 집안에 남자로서 조정의 관직에 있는 사람들은 내직과 외직을 가리지 말고 월급의 남은 것을 자손들의 재산 증식에 쓰지 말고 모두 거두어 의고에 넣는다면 풍족해질 것입니다. 의고 재물이 풍족해진 연후에는 나누어 주는 수를 점차 늘려 주고, 친척과 친구들뿐 아니라 비록 길 가는 초면의 사람들에게도 또한 널리 구제할 수 있을 것이요, 비단 오늘 부모님을 받드는 방도일 뿐 아니라 아마도 훗날 자손들이 의롭고 선한 일을 행하는 밑천을 만들어 줄 수 있을 것입니다."

효자가 크게 기뻐하여 말하였다.

"생각건대 부인의 경륜은 세속 부녀자가 미칠 바가 아니오. 이전에 장인어른께서 매양 의창법이 좋다고 일컫는 말씀을 들었더니, 오늘 부인의 계획이 집안에서 보고 들은 데에서 나왔군요."

그리하여 그 말에 따라 행하였다. 그 후 과연 그 계획과 같이 되어, 의고의 재물이 거의 만 금에 달하게 되었다. 시부모가 베풀고자 하는 바가 있으면 두효자가 아뢰어 행하니, 이후로는 친척과 벗들이 의고의 재물을 마치 자신의 재물인 것처럼 여기게 되었다.

과거를 그만둔 두효자

두효자의 두 아우가 모두 문과에 급제하여, 가문의 명성이 드러났다.

유한당이 두효자에게 말하였다.

“아버님 벼슬이 예부 상서(禮部尙書)에 이르시고, 두 아드님이 모두 우수한 성적으로 합격하여 한 명은 백호관(白虎觀)[66] 사인(舍人)이고, 한 명은 한림원(翰林院) 편수관(編修官)이니 문호의 영광이 지극히 성대합니다. 부귀를 탐할 줄만 알고 넘치는 것을 경계할 줄은 모르는 자가 나중에 패망하지 않는 경우가 드뭅니다. 우리 집은 선대로부터 학식 있는 집으로 일컬어졌는데, 어찌 오늘날 넘치면 손해를 부르고 겸손하면 이익을 받는[67] 이치를 유념하지 않겠습니까. 바라건대 지금부터 과거 공부를 그치시고 학문에 전념하시어 여러 아들과 조카들에게 돈독하게 의로움을 행하도록 가르치시면 인간 세상의 지극한 즐거움이 여기에서 더할 나위가 있겠습니까.”

“나 또한 과거 공부를 그치고자 하는 이유는 단지 넘침을 두려워할 뿐 아니라, 두 아우가 입신하여 벼슬자리로 분주하게 되었으니 우리 부모를 좌우에서 모실 사람이 나 하나뿐이오. 내 어찌 잠시인들 벼슬자리를 그리워하여 부모 곁을 떠나는 것을 돌아보지 않을 수 있겠소. 옛 사람이 이르되, ‘부모를 하루 동안 봉양하는 것을 삼공의 벼슬자리와 바꾸지 않는다.’라고 하였소. 내가 앞으로 과거 공부를 폐하면 아침저녁으로 부모님의 기거와 차고 더운 것을 살필 것이오. 이제 부인 말씀이 실로 나의 뜻에 합당하오. 부인이 『주역』을 공부하더니 겸괘(謙卦)[68]의 의미를 통달하였구려.”

---

66 백호관(白虎觀): 한(漢)나라 장제(章帝)가 학사들을 모아 오경(五經)을 강론하였던 곳이다.

67 넘치면 … 받는다는: 『서경』「대우모(大禹謨)」. “넘치면(교만하면) 손해를 부르고 겸손하면 이익을 받는다.(滿招損, 謙受益.)”

68 겸괘(謙卦): 『주역』「겸괘」. “이미 큰 것을 소유하였으면 가득함에 이르러서는 아니 되고, 반드시

"제가 부녀자로서 간혹 『주역』을 보았지만 무슨 공부가 있다고 이르며, 겨우 무식함을 면하였지만 어찌 그만한 생각이야 없겠습니까?"

두효자가 이로부터 과거 준비를 그만두었다.

어렸을 때 지은 시

유한당의 시누이가 시 지은 것을 보여 달라고 청하니, 유한당이 말하였다.

"우리 첫째 오라버니가 아우들과 독서할 때 나도 곁에 있으면서 얻어들은 것이 있지만 글재주가 매우 노둔하니 어찌 지은 시가 있겠어요. 설령 시 지을 재주가 있다고 하더라도 시는 부녀자의 일이 아니기에 지은 시가 정말 없어요."

그 이후 칠석날에 의복을 볕에 쬘 때에 시누이가 와 보다가 옷상자 사이에서 작은 종이를 발견하여 펼쳐 보니 다음과 같은 시가 있었다.

我是儒家女　내 선비 집 딸로

年方小學時　나이 바야흐로 『소학』 배우는 때라

겸손한 데 있어야 한다. 그런 까닭에 대유괘의 뒤를 겸괘로 받은 것이다.(其有旣大, 不可至於盈滿, 必在謙損, 故大有之後, 受之以謙也.)"

詩書元世業　시서(詩書)는 본래 대대로 내려오는 가업이요

任姒卽吳師　태임(太妊)[69]과 태사(太姒)[70]는 내 스승이라

修己宜三省　몸 닦기는 세 가지로 살핌[71]이 마땅하고

治心在九思　마음 다스리기는 아홉 가지 생각[72]에 있네

童蒙須養正　어린아이 모름지기 바른 기운을 기를 것이니

日誦晦庵詩　날마다 주자의 시를 외우네

시누이가 이 시를 보고 기뻐하여 말하였다.

"오늘에야 유한당의 시를 얻었구나."

그리고 시를 들고 가 원 부인에게 말하였다.

"유한당이 매양 시를 안 지었다고 말하더니, 이제야 시 지은 것을 얻었습니다."

원 부인이 보고 감탄하였다.

"과연 학문 공부를 일찍부터 시작하였던가 보다."

"어찌 아십니까?"

"'나이 바야흐로 『소학』 배우는 때라', '어린아이 모름지기 바른 기운

---

69 태임(太妊): 주 문왕의 어머니.

70 태사(太姒): 주 문왕의 부인.

71 세 가지로 살핌: 『논어』「학이」. "증자께서 말씀하셨다. 나는 날마다 다음의 세 가지로 나 자신을 반성한다. 남을 위하여 일을 도모하면서 충실하지 않았는가? 벗과 사귀면서 미덥지 않았는가? 스스로 익숙하지 않은 지식을 전수하지 않았는가?(曾子曰: '吾日三省吾身. 爲人謀而不忠乎? 與朋友交而不信乎? 傳不習乎?')"

72 아홉 가지 생각: 『논어』「계씨」. "공자께서 말씀하셨다. 군자에게는 생각할 일이 아홉 가지 있다. 볼 때는 분명함을 생각하고, 들을 때는 명료함을 생각하고, 안색은 온화함을 생각하고, 용모는 공손함을 생각하고, 말은 충실함을 생각하고, 일은 조심스러움을 생각하고, 의심이 날 때는 물을 것을 생각하고, 화가 날 때는 어려움을 생각하고, 이득을 보면 의로움을 생각한다.(孔子曰: '君子有九思. 視思明, 聽思聰, 色思溫, 貌思恭, 言思忠, 事思敬, 疑思問, 忿思難, 見得思義.")

을 기를 것이니'라고 하였으니 필시 여덟아홉 살 때 지은 것이다."

시누이가 유한당에게 물었다.

"이 시를 언제 지었어요?"

"열 살 이후에는 한 구절도 시를 지은 적이 없으니, 아마도 열 살 이전일 거예요."

시누이가 말하였다.

"옛사람은 일곱 살 때에 「송형(送兄)」[73]시 한 수를 지었고, 백리해(百里奚) 처는 「염이가(扊扅歌)」[74] 하나를 지었지요. 이 시 한 수면 유한당이 학문 공부를 일찍 이루었음을 알 수 있으니, 여러 수 지을 것이 있겠어요?"

제사 음식은 정결함이 으뜸

유한당은 제사를 받들 때 더욱 조심하여서, 삼 일 전부터 집안을 청소하고, 의복을 깨끗이 빨고, 제사에 쓰는 그릇과 기물을 반드시 부지런히 씻어 놓고 술과 국, 절임과 젓갈 등을 정결히 하는 데 힘쓰면서 집안

73 「송형(送兄)」: 『당음(唐音)』「송형」. "헤어지는 길엔 구름이 막 일어나고 이별하는 정자에는 나뭇잎이 한창 흩날리네. 탄식하노라, 사람은 기러기와 달라 한 줄로 나란히 날아갈 수 없구나.(別路雲初起, 離亭葉正飛. 所嗟人異雁, 不作一行歸.)" 이 시는 남해여자(南海女子)로 알려진 일곱 살 소녀가 지었다.

74 「염이가(扊扅歌)」: 백리해는 춘추 시대 사람으로, 초(楚)에 붙잡혀 있을 때 진목공(秦穆公)이 검은 양가죽 다섯 장으로 데려와 재상이 되었다. 그가 떠돌이 생활을 할 때 아내가 닭을 잡고 염이(扊扅: 문빗장)로 불을 땐 적이 있었는데, 나중에 백리해가 재상이 되고 나서 어느 빨래하는 아낙이 찾아와 그 일을 노래하여 부부가 재회하였다.

사람들에게 말하였다.

"잔치 음식은 정결히도 하려니와 맛을 숭상하는 것을 위주로 하는 까닭에 가짓수를 많이 하여 풍성하기를 힘쓰지만 제사 음식은 그렇지 않다. 하나라도 정성을 다하지 않으면 정결하지 않게 되기 쉽고, 정결하지 않으면 신이 흠향하지 않으니 두려워하지 않을 수 있겠는가."

그러하여 제사를 앞두고 삼 일 동안 제사 준비에 게으르지 않았다.

종을 부리는 도리

원 부인의 친질녀가 유한당에게 물었다.

"부인의 여러 가지 처사는 지극히 선하지 않은 것이 없으니 태어나면서부터 사리를 안 자질이라고 이를 만합니다만 저 같은 사람은 타고난 성품과 자질이 천박하고 학식이 노둔하니 진실로 배울 길이 없네요. 지금 남녀 종 부리시는 것을 보니 비록 산새들이나 들짐승 같은 무리라 하더라도 형님이 부리시면 충성을 다하지 않음이 없으니, 무슨 좋은 방도가 있어 그러한 것인가요?"

"종을 부리는 도리는 별다른 이치가 없어요. 먼저 자기 부모에게 효도하고 형제간 우애하는 도리를 가르치면, 저들이 비록 천하지만 의리에 맞는 말은 더러 믿고 따르는 것이니, 그런 후에야 주인 섬길 도리를 알 수 있는 것이지요. 무릇 자기들 부모를 위한 일이거든 너그러이 들어 주고, 부모 없는 종은 마음을 더해 돌봐주면 위아래의 마음이 자연히 서로 신뢰하게 되어요. 은혜를 먼저 하고 위엄을 나중에 하며, 대접을 두터이 하고 책망을 가벼이 하는 것은, 제왕의 신하 부리기나 장수의 군사 부리는 것만 아니라 개인 집에서 종 부리는 일에도 또한 쓸 수 있는 도리이지요. 사람에게는 굶주림과 추위가 가장 절박한 까닭에 옛사람이 임금께 고한 말에, '성군은 자기 배가 고프지 않아도 남이 배고파하는 줄 알고, 자기 몸이 춥지 않아도 남이 추워하는 줄 안다. 중등의 군주는 자기가 배고픈 후에 남의 배고픔을 알고, 자기 몸이 추운 후에 남이 추운 줄 한다. 용렬한 군주는 자기 배가 고파도 남의 굶주림을 모르고, 자기가 추워도 남이 추운 것은 모른다.'[75]라고 하였어요. 능히 굶주리고 추운 것을 알아 절박한 상황이 없게 하여 주니, 저들도 나무나 돌이 아니거든 어찌 감화되지 아니하겠어요. 이는 비단 집안의 종에게만 쓰는 것이 아니라, 군자가 사람과 사물 대하는 도리도 마땅히 이와 같아요. 옛날 진(晉)의 도연명이 아들에게 종 한 사람을 보낼 때 경계한 편지에도 '그도 사람의 자식이니 잘 대해 주어라.'[76]라고 하였어요. 도연명은 절의를 갖추고 학식이 많이 있는 분이건만 사람을 대하는 도리는 '선우(善遇: 잘 대해 줌)' 두 글자만

75 성군은 … 모른다: 『안자춘추(晏子春秋)』「간상 제일(諫上 第一)」. "안영이 아뢰기를, '제가 들으니 옛날 어진 임금은 배가 불러도 남의 굶주림을 알고, 몸이 따뜻해도 남의 추움을 알고, 한가해도 남의 수고로움을 안다고 하였는데, 지금 군주께서는 모르고 계십니다.(晏子日: '嬰聞古之賢君, 飽而知人之饑, 温而知人之寒, 逸而知人之勞, 今君不知也.')"

76 그도 … 주거라: 『소학』「선행」. "도연명이 팽택령(彭澤令)이 되었는데 가족과 함께 가지 않고 노복 한 명을 보내어 아들에게 주며 편지로 말하였다. '네가 일용할 생활비를 스스로 대기 어려우므로, 이제 이 노복을 보내어 너의 물 긷고 땔나무 하는 수고를 돕게 한다. 그도 사람의 자식이니 잘 대해 주어라.'(陶淵明爲彭澤令, 不以家累自隨, 送一力, 給其子, 書日: '汝旦夕之費, 自給爲難, 今遣此力, 助汝薪水之勞. 此亦人子也, 可善遇之.')"

말씀하였으니, 부녀자가 집안에서 얼마간의 종을 부리는 일이 어찌 '선우' 두 글자에서 벗어날 것이 있겠어요."

원 소저가 좋은 말이라고 칭송해 마지않았다.

학문에 힘써라

유한당이 여러 아이들을 가르치며 어렸을 때부터 오직 학문에 힘쓰라고 말하였다.

"'학(學)'이라 하는 글자는 『서경(書經)』「열명(說命)」편에 비로소 보이는데,[77] 무언가 유별난 일이 아니라 그저 인륜 중에서 날마다 늘 행하는 일에 지나지 않는다. 사람의 행실이 효제충신(孝悌忠信)[78]에 어긋나게 되면 무슨 낯으로 천지 사이에 설까 싶으냐. '학'이라 하는 글자는 '본받는다'는 말이니, 전에 몰랐던 것을 본받아 아는 것을 말한다. 천하의 백기천공(百技千工)[79]이 학문 아닌 것이 없으니, 활 만드는 장인이 활을 만들고, 화살 만드는 장인이 화살을 만드는 것이 모두 나중에 안 자가 먼저 안 자를 따르게 하는 것이니, 학문이 어찌 유독 군자에게만 일컬을 것이겠느냐.

---

77 '학(學)'이라 … 보이는데: 『서경』은 우(虞)·하(夏)·은(殷)·주(周)의 시대순으로 기록되어 있다. 「열명(說命)」은 은나라 22대 고종(高宗)과 신하 부열(傅說)의 대화를 기록하였으며, 상·중·하의 세 편으로 이루어져 있는데 학문을 논한 대목은 하편에 나온다.

78 효제충신(孝悌忠信): 부모에게 효도하고, 웃어른을 공경하며, 스스로 최선을 다하고, 내실이 있어 다른 사람에게 믿음을 줌.

79 백기천공(百技千工): 물건을 제작하는 수많은 기술.

비록 장인의 기술이라도 밤낮으로 부지런하여야 이룰 수 있거늘, 하물며 군자의 의리 공부야 오죽하겠느냐. 세속 사람들이 자식을 기름에 있어 사랑에 빠져 가르치지 아니하는 것은 족히 논할 것도 없거니와, 비록 가르친다는 집들로 말하여도 단지 글자나 가르쳐 문장의 재주 이루기를 바랄 뿐이지 학문 공부를 할 줄은 모른다. 학문이란 것은 특별한 사람이 하는 것으로 여겨 스스로 담당하려 들지 않고 다만 허튼 문장을 숭상하여 세상에 명성을 떨치고 부귀와 공명 얻기를 몹시 그리워하는 까닭에 세상에 학문을 숭상하는 집이 없느니라. 풍속이 날로 구차해지고 세상의 도가 점점 낮아져 삼대(三代: 夏·殷·周)의 치세를 다시 회복할 길이 없어졌다. 세상을 올바르게 다스리는 도리를 걱정하는 것은 부녀자의 일이 아니지만, 옛적에도 칠실(漆室)의 부녀자가 나라를 걱정하였으니,[80] 지금 세상에도 만일 유식한 부녀자가 있으면 세상을 올바르게 다스리는 도리를 걱정하는 것이 어찌 참람한 일이 되겠느냐. 지금 이 말은 내가 너희들을 가르침에 있어 하나는 집안에 대한 책망이고, 다른 하나는 세상을 올바르게 다스리는 도리를 회복하고자 하는 바람이다. 군자의 학문은 마땅히 윤리상 당연한 의리를 먼저 이해하여야 한다. 의리의 학문을 알려 하면 먼저 성현의 경전을 많이 읽어, 구절마다 이해하고 글자마다 몸소 실천한 후에야 바야흐로 학문 공부라고 할 수 있는 것이다."

다섯째 아들 오봉이 무릎을 꿇고 아뢰었다.

---

80 칠실(漆室)의 … 근심하였으니: 『열녀전』「노칠실녀(魯漆室女)」. 노 목공(魯穆公) 때 임금은 늙고 태자는 어렸다. 이에 칠실(漆室) 지역의 어느 처녀가 나라를 걱정하였다.

"어머니께서 밤낮으로 타이르시는 말씀이 인륜 행실의 밖에 나지 않으시고, 불초한 소자들을 다 상등 군자로 만들려 하시니 저희들이 비록 불초하지만 감히 가슴속에 품어 두고 명심하지 아니하겠습니까. 저번에 타이르신 말씀이 절실하지 않았던 것이 아니지만, 오늘 말씀은 더욱 간절하오니 삼가 마땅히 허리띠에 쓰고 문서에 기록하여 두겠습니다."

『중용』과 『대학』의 큰 뜻

오봉이 또 말하였다.

"학문을 하려 하면 모름지기 『중용(中庸)』과 『대학(大學)』을 읽어야 하니 『중용』과 『대학』의 큰 뜻을 묻습니다. 『중용』에서는 '성(誠)'을 위주로 하여 본성을 말하되 마음은 말하지 않았으며, 『대학』은 '경(敬)'을 위주로 하여 마음을 논하되 본성은 논하지 않았으니, 두 성인의 말씀이 치우침이 있는 듯한 것은 어째서입니까?"

"거칠게 말할 수 있는 것이 아니니. 네 맏형에게 가 묻거나 네 아버지께 여쭈어 알아라."

오봉이 맏형 일봉에게 가서 물으니 일봉이 말하였다.

"물어서 아는 것이 스스로 이해하여 아는 것만 못하니 네 스스로 깊이 생각해 보아라."

오봉이 또 아버지께 가 물으니 아버지가 말하였다.

"네 어머니는 뭐라 하시더냐?"

오봉이 어머니의 말씀을 아뢰니 아버지가 말하였다.

"존심양성(存心養性)이 어찌 공부가 아닌 것이 있겠느냐."

오봉이 유한당에게 다시 와 아버지와 형의 말을 고하니 유한당이 말하였다.

"네 아버지 말씀이 과연 옳으시다. 마음이나 본성이나 어찌 하나를 빼겠느냐. 그런 까닭에 주자께서 『중용』 서문을 지으실 때 마음 심(心) 자를 일컬으시고, 『대학』 서문을 지으실 때 본성 성(性) 자를 일컬으시어 마음과 본성을 합하여 말씀하신 것이니,[81] 진실로 차이가 없느니라."

오봉이 크게 기뻐하였다.

"오늘 비로소 제가 『중용』과 『대학』의 큰 뜻을 깨달았습니다."

장자 일봉이 밖에서 들어오다가 이 말을 듣고 어머니께 말씀드렸다.

"아이가 경전의 뜻에 대해 스스로 이해하여 깨닫는 것이 크게 유익하기에 아까 묻는 것을 말해주지 아니하였더니, 어머니께서 먼저 말씀해 주셨군요."

"급히 알고자 하여 분주히 다니기에 그 뜻이 가상하여 말해 주었을 따름이다."

81 주자께서 … 것이니: 『대학』의 본문이 '마음 심'을 위주로 하였기에 주희가 지은 「대학장구서(大學章句序)」에는 '본성 성'을 말하였고, 『중용』의 본문이 '본성 성'을 위주로 하였기에 주희가 지은 「중용장구서(中庸章句序)」는 '마음 심'을 말하였다는 뜻이다.

『주역』을 특히 좋아하는 이유

유한당이 『주역』 읽기를 좋아하여 손에서 내려놓지 않으니 일봉이 말하였다.

"어머니께서는 경전 중에서 『주역』을 특히 좋아하시는군요."

"너는 무슨 책을 좋아하느냐?"

"학문으로 놓고 보면 『중용』과 『대학』에서 '정성 성(誠)'과 '공경 경(敬)'의 공부를 일렀으니 이 두 책을 좋아합니다."

"네 말이 참으로 옳다. 내가 천지조화의 도리와 음양소장(陰陽消長)의 이치를 부녀자로서 굳이 알려 해서 『주역』을 좋아하는 것이 아니다. 경전의 훈계한 말씀들이 『주역』 한 책에 실려 있지 않은 것이 없기에 『주역』을 좋게 여기느니라. 『중용』 '성(誠)' 자의 뜻이 『주역』 건괘에 들었고,[82] 『대학』 '경(敬)' 자의 뜻이 『주역』 곤괘에 들었으니[83] 『주역』의 건과 곤 두 괘에 『대학』, 『중용』의 큰 뜻이 이미 들었느니라. 이것뿐 아니라 우(禹)임금의 '오지주(惡旨酒)'[84]와 공자의 '부다식(不多食)'[85]이 『주역』의 '절음식(節飮食)'

---

82 건괘에 들었고: 『주역』「건괘」「상사(象辭)」. "하늘의 운행은 굳세니, 군자가 이를 보고 스스로 힘써 쉬지 않는다.(天行健, 君子以自彊不息.)"

83 곤괘에 들었으니: 『주역』「곤괘」「단사(彖辭)」. "지극하구나, 곤(坤)의 근원이여. 만물이 이로부터 생겨나니, 순히 하늘을 받든다.(至哉, 坤元. 萬物資生, 乃順承天.)"

84 오지주(惡旨酒): 『전국책』「위책(魏策)」. '양왕위영상제후어범대(梁王魏嬰觴諸侯於范臺)'에서 노나라 군주가 한 말의 일부이다. "옛날 천제(天帝)의 딸이 의적(儀狄)으로 하여금 술을 만들게 하였는데 맛이 아주 좋아 우임금에게 올렸습니다. 우임금이 술을 마시고 맛있어 하였으나 마침내 의적을 멀리하고 술을 끊으면서 말하였습니다. '후세에 반드시 술로 인하여 나라를 망치는 자가 있을 것이다.'(昔者, 帝女令儀狄作酒而美, 進之禹, 禹飮而甘之, 遂疏儀狄, 絶旨酒曰: '後世必有以酒亡其國者.')"

85 부다식(不多食): 『논어』「향당」. "공자께서는 음식을 많이 잡숫지 않으셨다.(不多食.)"

세 글자에 들었고, 『예기』의 '구용지(口容止)'[86]와 『논어』의 '부다언(不多言)'[87]은 『주역』 '신언어(愼言語)'[88] 세 글자에 들었다. 옛 성인의 천 가지 만 가지 말과 경전 속의 훈계한 말씀이 다 『주역』에 아니 든 것이 없으니, 이러므로 내가 『주역』을 유독 좋아하는 것이다. 『중용』의 '독공천하평(篤恭天下平)'[89]과 『대학』의 '치국평천하(治國平天下)'[90]는 성과 경 공부의 지극한 효험이로되, 『주역』의 '천하문명(天下文明)'[91] 네 글자에서 벗어나지 아니한다."

『시경』「칠월」편

유한당의 셋째 아들이 『시경』「칠월」편을 읽다가 여쭈었다.

86 구용지(口容止): 『예기』「옥조(玉藻)」. "군자의 용모는 느긋해야 한다. 높은 분을 볼 때는 공경하고 삼가야 한다. 발은 신중하게 하고, 손은 공손하게 하며, 눈은 단정하게 하고, 입은 다물며, 목소리는 조용하게 하고, 머리는 곧게 하며, 기운은 엄숙하게 하고, 서 있는 모양은 덕이 있게 하며, 얼굴빛은 장엄하게 하고, 앉을 때는 가만히 있어야 하며, 한가히 있을 때와 말을 아뢸 때는 온화해야 한다.(君子之容舒遲, 見所尊者齊遬. 足容重, 手容恭, 目容端, 口容止, 聲容靜, 頭容直, 氣容肅, 立容德, 色容莊, 坐如尸, 燕居告溫溫.)"

87 부다언(不多言): '부다언'과 일치하는 구절은 없고, 『논어』「자한(子罕)」에 "공자께서는 이(利)와 명(命)과 인(仁)은 잘 말씀하지 않으셨다.(子罕言利與命與仁.)"라고 한 것이 유사하다.

88 신언어(愼言語): 주석 27 참조.

89 독공천하평(篤恭天下平): 『중용』. "이런 까닭에 군자가 공경(恭敬)하는 마음을 지극히 하면 천하가 저절로 태평하게 된다.(是故, 君子篤恭而天下平.)"

90 치국평천하(治國平天下): 『대학』. "사물의 이치를 깨달아야 지식이 지극해질 수 있고, 지식이 지극해져야 뜻이 성실해질 수 있고, 뜻이 성실해져야 마음이 바르게 될 수 있고, 마음이 바르게 되어야 몸을 닦을 수 있고, 몸이 닦아져야 집안을 가지런히 할 수 있고, 집안이 가지런해야 나라를 다스릴 수 있고, 나라가 다스려져야 천하를 태평하게 할 수 있다.(物格而后知至, 知至而后意誠, 意誠而后心正, 心正而后身修, 身修而后家齊, 家齊而后國治, 國治而后天下平.)"

91 천하문명(天下文明): 『주역』「건괘」「문언전(文言傳)」. "용이 밭에 나타나면, 천하가 그 문명의 교화를 입는다.(見龍在田, 天下文明.)"

"'칠월유화(七月流火)'[92]는 무슨 뜻입니까?"

"어린아이가 글을 읽어 별자리와 도수만 아는 데 그치지 말고, 마땅히 자기 몸에 체득하여 실천하여야 옳다."

삼봉이 말하였다.

"'칠월유화' 구절에 몸소 실천할 일이 무엇이 있습니까?"

"그 한 구절로만 말해도 어찌 몸소 실천할 것이 없겠느냐? 옛날 빈(豳) 땅의 백성이 화성이 운행하는 모양을 보고 절기의 차례가 바뀐다 하여 추위 막을 옷 입기를 근심하였으니 이것은 몇 달 전부터 대비하는 것이다. '극기승옥(亟其乘屋), 기시파백곡(其始播百穀)'[93]이라 한 구절은 내년의 밭 갈기를 미리 대비한 것이다. 하는 말과 하는 일마다 미리 대비하는 것이 어찌 군자의 학문 공부에 해당하지 아니하겠느냐? 옛 사람이 이르되, '새벽에 일어나지 않으면 하루의 일을 폐하게 되고, 봄에 농사짓지 아니하면 일 년의 먹거리를 폐하게 되고, 어려서 공부하지 않으면 평생의 일을 폐하게 된다.'라고 하였으니, 이 말이 지극히 마땅하지 않으냐. 이러므로 주자께서 편지에서 '공부는 중간에 그쳐지기 쉽고 의리는 찾기 어려운데, 세월은 물 흐르듯 하니 심히 걱정되고 두렵다.'[94]라고 하셨다. 너희 후학들

---

92 칠월유화(七月流火): 『시경』「칠월」. "칠월에 대화심성(大火心星: 안타레스)이 서쪽으로 내려가면, 구월에는 옷을 만들어 준다. 동짓달에는 바람이 차디차고, 섣달에는 혹한에 몸이 떨리니, 옷이 없고 털옷이 없으면, 어떻게 한 해를 보내겠는가.(七月流火, 九月授衣. 一之日觱發, 二之日栗烈, 無衣無褐, 何以卒歲.)"

93 극기승옥(亟其乘屋), 기시파백곡(其始播百穀): 『시경』「칠월」. "구월에 채소밭을 다져 시월에 벼를 들여놓으니, 기장과 피, 늦벼와 올벼, 벼와 삼, 콩과 보리라. 아, 농부들아 우리 추수가 다 끝났으니 읍내에 거주하는 집에 올라가 지붕을 해야 하네. 낮에는 나가서 띠풀을 베어 오고 밤이면 새끼를 꼬아서, 하루 빨리 지붕을 이어야만 명년 봄에 다시 백곡을 파종한다.(九月築場圃, 十月納禾稼, 黍稷重穋, 禾麻菽麥. 嗟我農夫, 我稼既同, 上入執宮功, 晝爾于茅, 宵爾索綯, 亟其乘屋, 其始播百穀.)"

94 공부는 … 두렵다: 『회암집』「답여백공(答呂伯恭)」. "공부는 중간에 그쳐지기 쉽고, 의리는 찾기

이 학문에 뜻을 둔 자로서 어찌 잠시인들 게으른 마음을 먹을 수 있겠느냐. 빈 땅 백성은 불과 농사짓는 사람이로되 화성이 움직이는 것을 보고 추위 막을 일을 미리 염려하였으니, 너희는 남자로서 천하의 사업이 소임 아닌 것이 없거늘, 어려서 장구한 염려를 두지 않고서야 어떻게 부지런히 공부를 하겠느냐. 경전의 구절들은 진실로 소홀히 보아 넘겨서는 아니 되느니라."

「경재잠」과 「숙흥야매잠」

유한당의 여섯 째 아들 육봉이 초당에 혼자 앉아 큰 소리로 글 읽는데, 유한당이 기쁜 마음으로 가서 보고는 말하였다.

"옛 사람이 말하기를 모든 소리 중에 아이의 책 읽는 소리가 가장 좋다고 하였는데 과연 그 말이 옳구나."

마침 육봉이 「경재잠(敬齋箴)」[95]과 「숙흥야매잠」[96]을 읽고 있었다. 유한당이 말하였다.

"네가 이 두 글의 뜻을 알고 읽느냐?"

어려운데, 세월은 물 흐르듯하니 심히 걱정되고 두렵다. 이를 어찌면 좋단 말인가.(功夫易間斷, 義理難推尋, 而歲月如流, 甚可憂懼. 奈何奈何.)" 백공은 주희의 벗인 여조겸(呂祖謙, 1137~1181)의 자이다.

95 「경재잠(敬齋箴)」: 주희가 경(敬)을 수련하는 방법을 적은 4언 40구의 잠(箴). 『회암집』, 『심경』 등에 실려 있다.

96 「숙흥야매잠」: 주석 53 참조.

"그저 경계하고 타이르는 말로 알고 있지, 무슨 깊은 뜻이 있는지는 아직 모릅니다."

"「숙흥야매잠」은 시분(時分) 공부에 족하고, 「경재잠」은 지두(地頭) 공부에 속한다."

"시분과 지두는 무슨 말입니까?"

"시분이라는 말은 학자의 공부하는 것을 시간으로 나누어 아침에는 이리하고, 낮에는 이리하고, 저녁에는 이리하고, 밤에는 이리한다고 정하는 것이 시분 공부라 하는 것이다. 지두라는 말은 있는 곳을 보아 동쪽에는 이렇게 하고, 남쪽에는 이렇게 하고, 서쪽에는 이렇게 하고, 북쪽에는 이렇게 한다고 있는 곳에 따라 하는 것이 지두 공부다. 지금 네가 읽는 두 편의 글로 말하자면, 닭이 울었을 때로부터 아침과 낮과 저녁을 지나 밤까지 공부를 분배하여 말한 「숙흥야매잠」은 시분 공부가 된다. 그리고 땅을 가리어 밟고,[97] 문을 나서 사람을 대할 때는 높은 손님을 맞는 것처럼 하라[98]는 말은 있는 곳을 따라 경계하였으니 「경재잠」은 지두 공부가 된다. 글 뜻을 이해하지 않고 그저 읽기만 해서는 '책은 책이요 나는 나'[99]

97 택지이답(擇地而踏): 『심경부주』「경재잠」. "발은 반드시 신중하게 하고, 손은 반드시 공손하게 하며, 땅을 가려 밟아서, 개미집이 있으면 돌아가라.(足容必重, 手容必恭, 擇地而踏, 折旋蟻封.)"

98 출문여빈(出門如賓): 『심경부주』「경재잠」. "문을 나서 사람을 대할 때는 높은 손님을 맞는 듯하고, 일을 할 때는 제사를 치르듯하여, 두려워하고 조심하여 감히 혹시라도 쉽게 여기지 말라.(出門如賓, 承事如祭, 戰戰兢兢, 罔敢或易.)"

99 책은 책이요 나는 나: 『대학』「독대학법(讀大學法)」. "『대학』을 읽는 것이 어찌 그 언어를 보는 데 있으리오. 자신의 마음에 어떠한지를 징험하기를 진심으로 원하여야 한다. 마치 아름다운 여색을 좋아하고 악취를 싫어하는 것을 내 마음에 시험하여 과연 이처럼 선을 좋아하고 악을 미워할 수 있는가? 한가로이 지낼 때 선하지 못함이 과연 있는가? 이렇게 하여 하나라도 지극하지 못함이 있거든 용맹하고 분발하여 그치지 말아야 반드시 장족의 발전이 있을 것이다. 이제 이와 같은 것을 모른다면 책은 책이요 나는 나라, 무슨 유익함이 있겠는가.(讀大學, 豈在看他言語. 正欲驗之於心如何. 如好好色, 惡惡臭, 試驗之吾心, 果能好善惡惡如此乎? 閒居爲不善, 是果有此乎? 一有不至, 則勇猛奮躍不已, 必有長進. 今不知如此, 則書自書, 我自我, 何益之有.)"

인 격이니 내 몸에 무슨 유익함이 있겠느냐?"

"어머니 말씀을 듣자오니 이제야 시분과 지두의 뜻을 알 것 같습니다. 이 두 글뿐 아니라, 사시사방(四時四方)으로 말할 것 같으면 사시는 시분에 속하고 사방은 지두에 속한 것입니다. 그리고 순식지경(瞬息之頃)이란 말은 시분에 속하는 말이고, 지척지간(咫尺之間)이란 말은 지두에 속하는 말이겠습니다."

"네가 추리하여 이해하기를 과연 잘 하였다. 네 재주도 형들에 비해서 못하지 아니하구나."

베 짜는 일도 공부하듯이

유한당이 여공(女功)에 부지런하여 베틀에 올라 베를 짜고 있었다. 시누이가 와 보고 말하였다.

"이제 연세가 적지 않으신데, 이렇게 늘 직접 길쌈을 하시니 힘들지 않으세요?"

"옛적 공보문백(公父文伯)의 어머니는 재상의 어머니이지만 길쌈 일에 열심이었으니,[100] 내가 어찌 부녀자의 소임을 하지 않겠어요."

100 공보문백(公父文伯)의 … 열심이었으니: 『소학』「계고」. "공보문백이 조정에서 나와 어머니를 뵈었는데, 어머니는 마침 길쌈을 하고 있었다. 문백이 '어머니께서는 제 집의 어른이신데 길쌈을 하실 필요가 있겠습니까?'라고 말하자 어머니가 탄식하며 말하였다. '노나라는 망하겠구나! 이런 어린애로 관직을 맡게 하고서 아직 이것을 알지 못하고 있구나!'(公父文伯退朝, 朝其母, 其母

"유한당은 늘 일마다 자기 몸에 적용하여 행하라 말씀하셨지요. 오늘 이 베틀로 말하여도 또한 몸소 실천할 일이 있을까요?"

유한당이 웃으며 말하였다.

"내 매번 아이들이 글을 읽을 때 데면데면하게 읽지 말고 자기 몸에 익혀 행하도록 하였거니와, 이 베틀로 말한들 어찌 몸에 익혀 행할 것이 없겠습니까. 세로로 놓는 줄은 날줄[101]이 되니 이는 천경(天經)의 이치가 있고, 가로로 놓는 줄은 씨줄[102]이 되니 이는 지위(地緯)의 이치가 있는 것입니다. 천경지위(天經地緯)[103]의 큰 이치를 작은 베틀에서 볼 수 있는 것이지요. 작은 베틀의 북[104]으로 말하여도, 북이 한 번 오고 한 번 가서 이어져서 끊어지지 않는 것은 하늘의 해와 달이 왕래하고 바다의 밀물과 썰물이 생기는 일과도 같습니다. 천지조화의 이치를 알려고 하면 이 베틀 하나라도 무심하게 볼 것이 아니지요.

또 옛적에 베를 잘라서 학문에 힘쓰게 한 일이 있었으니, 맹자의 어머니[105]와 악양(樂羊: 樂羊子)의 아내[106]가 베를 잘라 격려하여 한 분은 아성(亞

方績. 文伯曰: '以歜之家, 而主猶績乎?' 其母歎曰: '魯其亡乎! 使僮子備官而未之聞耶!)"

101 날줄: 날실. 옷감을 짤 때, 세로 방향으로 놓인 실.

102 씨줄: 씨실. 옷감을 짤 때, 가로 방향으로 놓인 실.

103 천경지위(天經地緯): 하늘의 세로줄과 땅의 가로줄. 영원히 변하지 않는 떳떳한 도리를 말함.

104 북: 베틀에서 날실의 틈으로 왔다 갔다 하면서 씨실을 푸는 기구. 배 모양으로 생겼다.

105 맹자의 어머니: 『열녀전』「추맹가모(鄒孟軻母)」. "맹자가 어릴 때 공부를 그만두고 집으로 돌아왔다. 베를 짜고 있던 맹자 어머니가 '공부가 어디까지 이르렀느냐?'라고 물었다. 맹자는 '별 차이가 없습니다'라고 말하였다. 맹자 어머니는 베를 칼로 잘랐다. 맹자가 두려워하며 그 까닭을 묻자, 맹자 어머니는 말하였다. '네가 학문을 폐하는 것은, 내가 이 베를 자르는 것과 같다.' … 맹자는 두려워하여 아침저녁으로 쉬지 않고 부지런히 학문에 힘썼다. 자사를 스승으로 삼아, 마침내 천하에 이름난 유학자가 되었다.(孟子之少也, 既學而歸. 孟母方績, 問曰: '學何所至矣?' 孟子曰: '自若也.' 孟母以刀斷其織. 孟子懼而問其故. 孟母曰: '子之廢學, 若吾斷斯織也.' … 孟子懼, 旦夕勤學不息. 師事子思, 遂成天下之名儒.)

106 악양의 아내: 『후한서』「악양자처(樂羊子妻)」. "악양자가 일 년 만에 집으로 돌아오자, 아내가 꿇어앉아 돌아온 까닭을 물었다. 악양자가 '오랫동안 밖에 있으니 생각이 나서 왔지 다른 이유는

聖)으로 백세(百世)의 스승이 되셨고, 다른 한 분은 명장이 되어 중산(中山)을 치는 공을 이뤘습니다. 어미 된 이와 아내 된 이는 이 베틀을 보아 유념하여야지요. 증삼(曾參: 曾子)의 어머니가 증삼이 살인하였다는 말을 세 번 전해 듣고 북을 던진 일[107]은 옛 사람이 참소의 비유로 임금에게 고한 일이 있었으니, 임금과 신하 사이에도 이 북으로 경계를 삼을 일이요, 부녀자들도 남의 참소하는 말을 조심하여 믿지 않는 것으로 집안의 도리를 찾을 수 있을 것입니다."

의고 일화 ①

진눈깨비가 내려 몸이 떨릴 정도로 바람과 추위가 심한 날이었다. 손

없소.'라 하자 아내가 칼을 뽑아 베틀로 가더니 말하였다. '이 베는 누에고치에서 생겨나 베틀 위에서 완성이 됩니다. 실을 하나씩 이어서 한 치의 옷감을 이루고, 한 치의 옷감에서 그만두지 않아야 마침내 한 필의 옷감이 이루어집니다. 이제 만약 이 옷감을 자른다면, 지금까지 쌓아온 공과 시간을 모두 잃어버리게 됩니다. … 당신께서 중도에 돌아오시는 것이, 이 베를 자르는 것과 무엇이 다르겠습니까?' 그 말에 감동받은 악양자는 다시 돌아가 학업을 마칠 때까지, 칠 년이 되도록 집에 오지 않았다.(一年來歸, 妻跪問其故, 羊子曰: '久行懷思, 無它異也.' 妻乃引刀趨機而言曰: '此織生自蠶繭, 成於機杼. 一絲而累, 以至於寸, 累寸不已, 遂成丈匹. 今若斷斯織也, 則捐失成功, 稽廢時日. … 若中道而歸, 何異斷斯織乎?' 羊子感其言, 復還終業, 遂七年不返.)"

107 북을 던진 일: 『전국책』「진무왕위감무(秦武王謂甘茂)」. "옛날 증자가 비읍에 살았습니다. 비읍에는 증자와 동명이인이 살았는데 그가 살인을 하였습니다. 어느 사람이 증자의 어머니에게 '증자가 살인을 하였습니다'라고 하였습니다. 증자 어머니는 '내 아들은 살인을 할 사람이 아니오'라고 하고 태연자약하게 베를 짰습니다. 잠시 후 한 사람이 또 '증자가 살인을 하였습니다'라고 하였습니다. 증자 어머니는 여전히 태연하게 베를 짰습니다. 잠시 후 또 한 사람이 '증자가 살인을 하였습니다'라고 말하자 증자 어머니는 두려워하며 북을 내던지고 담을 넘어 달아났습니다.(昔者, 曾子處費. 費人有與曾子同名族者而殺人. 人告曾子母曰: '曾參殺人.' 曾子之母曰: '吾子不殺人.' 織自若. 有頃焉, 人又曰: '曾參殺人.' 其母尚織自若也. 頃之, 一人又告之曰: '曾參殺人.' 其母懼, 投杼踰墻而走.)"

님 한 명이 해어진 베옷을 입고 망가진 갓을 쓰고 몸소 문에 이르러 아뢰었다.

"아침을 거르고서 길 가기가 매우 어려워 들어왔으니 한 그릇 밥으로 요기하고 가기를 청합니다."

상서가 서둘러 데운 술을 주고 이어서 아침상을 차려 먹게 하였다. 두효자가 아뢰었다.

"온 손님의 형편이 심히 가엾으니 의고의 돈을 주어 보내었으면 합니다."

"중등급으로 주어라."

"그 사람을 보니 머리가 듬성한 백발이어서 스스로 일해 먹고 살지 못할 듯합니다. 또 지금 날이 몹시 추우니 만일 저 사람이 집에 돌아간 후 굶주림과 추위를 조금이나마 면하고자 한다면 의당 상등급으로 주어야 할 것입니다."

"그러하다. 아까 저 사람의 말을 들으니 노모가 있다고 하더라."

효자가 아버지의 명을 받들어 일등급으로 주니 그 사람이 사례하거늘, 상서가 말하였다.

"재물이 비록 내 집 창고에 있으나 천하의 재물이요, 그대도 천하의 사람이라. 천하의 사람에게 천하의 재물을 쓰는 것이니 무얼 감사할 것이 있겠소."

한편 넷째 아들 사봉이 내당으로 들어가 유한당께 아뢰었다.

"밖에 왔던 손님의 의복이 매우 얇아 찬바람을 막기 어려워 보이니 제 옷을 벗어 입혀 보내려 합니다."

"그 사람의 키가 어느 정도이더냐?"

둘째 아들 이봉이 아뢰었다.

"넷째의 뜻이 어질고 후덕하여 좋지만 전혀 일을 알지 못하는 처사입니다. 넷째는 키가 작고 그 손님은 체구가 크니 옷을 주어도 입을 수 없어 실상에 부합하지 않습니다. 소자에게 벗어 둔 옷이 있으니 그걸 주었으면 합니다."

유한당이 말하였다.

"너의 말이 좋구나."

이봉이 아내에게 옷을 가져오라고 하니 아내가 말하였다.

"벗어 둔 옷은 오래된 옷인데다가 솜이 매우 얇습니다. 지금 새로 만든 옷 한 벌이 있으니 그것을 주었으면 합니다. 새 옷을 주면 이번 겨울 추위를 막을 수 있을 뿐 아니라 내년 추위도 막을 수 있을 것입니다."

유한당이 여종을 시켜 옷을 봉하여 외당에 보내니 시비가 돌아와 아뢰었다.

"그 손님이 떠난 지 벌써 한참이 되었습니다."

이봉이 말하였다.

"이미 주려던 것이니 비록 멀리 갔다고 해서 어찌 관두겠느냐. 빨리 가져다가 주어라."

사내종이 십여 리 쯤 뒤쫓아 가서 그를 만났다. 주인의 말을 전하고 옷을 주니 손님이 당황하고 감격하여 사내종에게 고마워하며 전대를 풀어 받아가던 의고의 돈을 짐에서 꺼내어 나누어 주면서 추위에 먼 길을 오느라 수고하였다고 위로하였다. 사내종이 사양하며 말하였다.

"주인께서 의고를 창설하신 것은 가난한 사람들을 돕기 위해서이고, 작은 주인께서 옷을 보내신 것은 남을 측은히 여기는 어질고 착한 마음에서 비롯된 것입니다. 종은 마땅히 상전의 뜻을 받들어 행하여야 하는데, 어찌 이 재물을 받아 우리 주인의 뜻을 훼손하겠습니까."

이렇게 굳게 사양하며 받지 않으니 그 손님이 되돌아와 안으로 들어와 상서에게 사례하였다.

"한 집안에 어른과 어린이 모두가 어진 군자이시니 참으로 형용할 말이 없거니와, 천한 종들까지도 모두 어진 사람과 군자의 의리를 알고 있으니 참으로 대단합니다."

의고 일화 ②

하루는 어느 손님이 찾아와 아뢰었다.

"집이 매우 가난하여 생활할 길이 없습니다. 의고의 재물을 얻어 생계를 삼고자 합니다."

상서가 두효자를 불러 의논하자 두효자가 대답하였다.

"이 사람은 나이가 장년이니 밭을 갈아도 먹고 살 수 있고, 독서에 힘써서 이름을 이룰 수도 있으며, 상인이나 공장(工匠) 노릇을 하여도 되는데 사농공상(士農工商)의 일을 하지 않고 오로지 놀고먹으려 하니 어찌 가난하지 않겠습니까. 지금 길흉대사를 당한 것도 없이 오직 집안이 가난하다는 이유만으로 의고의 재물을 줄 수는 없습니다."

"내 생각도 그러하다."

그리고 사내종을 시켜 답하게 하였다.

"의고 절목(節目)[108]에는 혼인이나 초상을 당하거나, 부모에게 병환이 있거나, 길 가는 중 형편이 딱하게 된 사람처럼 급한 경우를 구휼하도록 되어 있다. 집안이 가난하다는 이유만으로는 주지 못한다."

두효자가 내당에 들어와 이 이야기를 하니 유한당이 말하였다.

"의고 재물은 진실로 허투루 쓸 수 없습니다만, 지금 그 손님이 사농공상의 일을 일삼지 않고 의지할 곳 없이 떠돌게 된다면, 비록 그 사람의 죄가 분명하지만 들으면 참으로 측은합니다. 옛적 이윤(伊尹)[109]은 '한 사람이라도 자기 살 곳을 얻지 못하면 마치 저자거리에서 종아리를 맞는 것처럼 스스로 부끄러워하였다.'[110]라고 하였습니다. 만일 이윤 같은 이가 지금 세상에 있게 되면 이런 사람을 보고 어찌 스스로 부끄러워하지 않겠습니까. 장횡거(張橫渠)[111]께서 지으신 「서명(西銘)」에는 '무릇 천하의 지치고, 쇠하고, 상하고, 병든 사람들 그리고 형제가 없는 사람, 자식이 없는 사람, 아내가 없는 홀아비, 남편이 없는 과부들은 모두 어려운 처지에 놓여

---

108 절목(節目): 법률이나 규정 따위의 낱낱의 조나 항목.

109 이윤(伊尹): 은나라의 이름난 재상. 탕(湯)임금을 도와 하나라를 멸망시키고 나라를 잘 다스렸다.

110 한 사람이라도 … 부끄러워하였다: 『서경』「열명 하」. "옛날 전대의 어진 신하 보형(保衡)이 우리 선왕을 격려하여 말하기를, '나의 임금을 요순처럼 만들지 못한다면 시장에서 종아리를 맞는 것처럼 내 마음이 부끄러울 것이요, 한 사람이라도 자기 살 곳을 얻지 못한다면 이는 또한 나의 죄라고 할 것이다.(昔先正保衡, 作我先王, 乃曰: '予弗克俾厥后惟堯舜, 其心愧恥, 若撻于市, 一夫不獲, 則曰時予之辜.')"

111 장횡거: 장재(張載, 1020~1077). 북송의 유학자로서 『정몽(正蒙)』을 지었다.

호소할 곳 없는 나의 형제들이다.'[112]라고 하셨습니다. 사람마다 각각 「서명」으로 뜻을 삼는다면, 이처럼 의지할 곳 없는 사람이 어찌 측은하게 여길 법한 사람 중 한 명이 아니겠습니까? 문 밖에 왔던 손님이 언행이나 성질이 어그러지고 사나워 패가망신한 것이 아니라면, 분명히 어릴 적 부모님을 여의고 어릴 때에 배우지 못하였으며, 물려받은 가업이 없어 몸을 보살피지 못하는 것입니다. 이러한 사람으로 하여금 사농공상 중의 하나를 가르쳐 제 재주와 힘에 맞는 것을 날마다 부지런히 하게 하여 스스로 이루게 한다면, 이 또한 군자의 사람 가르치는 도리일 것입니다."

두효자가 옳다고 하며 말하였다.

"사람들이 모두 장횡거 선생의 「서명」 같이 마음을 먹는다면 천하의 한 가지 물건, 한 가지 일인들 대장부의 소임 아닌 것이 어디 있겠소. 그리고 의리로 가르치면 감동하지 않을 사람이 있겠소. 내가 그를 불러 가르치고자 하오."

장손녀가 곁에 모시고 있다가 아뢰었다.

"남을 가르쳐 이루게 하는 일이 어찌 어진 사람의 일이 아니겠습니까. 다만 인심이 예전과 지금이 다르니 그가 감화할지 알 수가 없습니다. 비록 그러하나 군자의 도리는 진실로 가르치는 것이 마땅할 뿐이겠습니다."

유한당이 말하였다.

"인심이 어찌 예전과 지금이 다르겠느냐. 지금 의서의 약초로 말하여

---

112 무릇 … 형제들이다.: 『장자전서(張子全書)』 「서명(西銘)」. "무릇 천하의 지치고, 쇠하고, 상하고, 병든 사람들 그리고 형제가 없는 사람, 자식이 없는 사람, 아내가 없는 홀아비, 남편이 없는 과부들은 모두 어려운 처지에 놓여 호소할 곳 없는 나의 형제들이다.(凡天下, 疲癃殘疾, 惸獨鰥寡, 皆吾兄弟之顚連而無告者也.)"

도, 옛적에 달던 것은 지금도 달고, 옛적에 쓰던 것은 지금도 쓰다. 초목처럼 무지한 것도 예전과 지금 맛이 다르지 않거늘, 사람은 만물 중에 가장 신령스러우니 천성이 어찌 예전과 지금이 다르겠느냐. 가르쳐 이루는 자는 초목의 단 맛과 쓴 맛이 변하지 않음과 같고, 가르쳐도 이루지 못하는 자는, 조리할 때 잘못하여 그 올바른 맛을 잃는 것과 같다."

"네. 맹자의 가르침에 '사람은 누구나 요순과 같은 성인이 될 수 있다.'[113]라고 하셨습니다."

두효자가 바깥채로 나가 앉아 그 손님을 불러 경계하여 말하였다.

"사람이 하는 일 없이 놀면서 옷을 입고 먹는 것이 좋은 줄 알면 배고픔과 추위가 몸에 사무칠 뿐만 아니라 사람의 천성도 보전하기 어려운 것입니다. 사농공상의 한 가지 일을 잡아 일을 삼고 몸을 부지런히 움직여 게으르지 않으면 거지 신세를 면하고 집안 형편을 이룰 수 있으리니 이것이 어찌 그대의 직책이 아니겠습니까? 지금부터 마음을 단단히 굳혀 이루기를 바랍니다."

"어려서 부모님을 여의고 자라면서 배우지 못하여 가난하여 의지할 곳 없이 떠돌아다니며 구걸한 지 오래되었습니다. 지금 가르치시는 말씀을 들으니 부끄러움을 이길 수 없습니다."

그리하여 손님에게 정해진 바를 주어 보냈다.

그 후에 한 손님이 의복을 선명히 하고 준마를 타고 문 밖에 와 두효

113 사람은 … 있다: 『맹자』「고자 하(告子下)」. "조교(曹交)가 물었다. '사람은 누구나 요순(堯舜)이 될 수 있다고 하는데 그렇습니까?' 맹자께서 말씀하셨다. '그렇다.'(曹交問曰: '人皆可以爲堯舜, 有諸?' 孟子曰: '然.')"

자에게 뵙기를 청하며 말하였다.

"수년 전에 걸인으로 다닐 때 두효자께 가르침을 듣고 뉘우쳐 돌아가 농사에 힘쓰니 집안 형편이 조금 나아졌습니다. 그리하여 집안에서 밥 한 숟가락을 떠먹더라도 두효자의 은혜를 감히 잊을 수 없어 와서 감사드리러 왔습니다."

두효자가 탄복하였다.

"천하의 사람들이 다 그대처럼 개과천선(改過遷善)[114]한다면 요순의 다스림을 이 세상에 행하기가 어찌 어렵겠소."

그리고 술을 주어 보내고 내당에 들어와 말하였다.

"전일 떠돌던 손님이 좋은 옷을 입고 살진 말을 타고 와 전혀 옛날 모습이 아니요, '농사에 힘써 가세를 이루었다.'라고 하니 참으로 보기 좋더이다."

유한당이 말하였다.

"사람의 본성은 모두 선하니, 가르쳐 이루지 못할 사람이 어찌 있겠습니까."

---

114 개과천선(改過遷善): 지난날의 잘못을 뉘우치고 착한 일을 함.

아이들 가르치는 도리

하루는 주 부인이 와서 유한당과 종일 담화하다가 말하였다.

"아이들이 늘 말하기를 유한당 말씀은 말마다 너그럽고 두터운 기상이 드러나 자기도 모르는 사이에 그리워하는 마음이 생겨난다고 하더니, 오늘 들어 보니 비록 한두 마디 짧은 말씀도 사람을 상하거나 만물에 해를 끼치는 마음이 조금도 없으십니다. 다남다복(多男多福)한 경사가 비단 관상에서 드러날 뿐 아니라, 상법에 '관상이 심상(心相: 마음씨)만 못하다'[115]라고 하였으니 부인의 심상을 오늘 과연 징험할 수 있겠습니다."

"제가 평생 무슨 일컬을 공부는 없고, 다만 아이들 듣는데 경망하고 천박한 말은 내지 아니하였습니다."

"말은 충직하고 두터움을 귀히 여기거늘, 지나가는 말이라도 경박히 해서는 아니 되지요."

"참으로 그러합니다. 옛적에 한 무제(漢武帝)가 동방삭(東方朔)이 점을 잘 친다는 말을 듣고 불러들여 이르기를, '짐이 간밤에 꿈을 꾸었는데, 전각의 기왓장 둘이 떨어져 새가 되어 날아갔다네. 이건 무슨 징조인가?' 동방삭이 대답하길, '궁녀 두 명이 반드시 급사할 것입니다.' 무제가 크게 웃으며, '짐이 사실은 꿈을 꾼 일이 없는데 거짓으로 물어 본 것이었다.

115 관상이 … 못하다: 『순자(荀子)』「비상(非相)」. "관상을 보는 것은 마음을 논하는 것만 못하다.(相形不如論心.)"

네가 그걸 모르고 허튼 해몽을 하였구나.'라고 하니 동방삭이 정색하고 이렇게 말하였다고 합니다. '꿈이란 것은 비록 헛일이라도 오히려 맞는 것이 있거늘, 사람의 말은 꿈과 다르오니 어찌 맞지 않겠습니까.' 말이 마치기 전에 궁중에서 울음소리가 들려와 무제가 급히 사람을 보내 물어보니 과연 궁녀 두 명이 서로 싸우다가 난간에 떨어져 죽었다고 하여서, 무제가 동방삭의 말을 몹시 기이히 여겼다고 역사가가 기록하고 후세에 전하여 사람이 말을 가려할 것을 경계하였습니다. 세상의 학자들이 의당 유념할 일이요, 부녀자들은 더욱 삼갈 것입니다."

"인용하여 근거로 드신 말씀이 말조심하기에는 참으로 잘 들어맞습니다."

주 부인이 유한당에게 또 물었다.

"듣기로 유한당이 여러 며느리들도 각기 학문을 가르쳐 몸에 익혀 행할 수 있다고 하니, 행하게 하는 일이 어렵지는 않은가요?"

"남자나 부녀나 가르치기야 무엇이 어렵겠습니까마는 행하게 하기는 실로 어렵더이다."

"이것이 『서경』에서 말한 '아는 것이 어려운 일이 아니라, 행하는 것이 어렵다.'[116]라는 것이군요."

"입으로 말을 할 수 있어도 실행할 수 없으면 이른바 '앵무새는 말을 할 수 있지만, 새에 지나지 않는다.'[117]라는 것이지요. 글로 가르치는 것은

116 아는 … 어렵다: 『서경』 「열명 중」. "부열이 절하고 머리를 조아리며 말하였다. '아는 것이 어려운 일이 아니라, 행하는 것이 어렵습니다.'(說拜稽首曰: '非知之難, 行之惟艱.')"

117 앵무새는 … 않는다: 『예기』 「곡례 상」. "앵무는 말을 할 수 있지만 새에 지나지 않으며, 성성이는 말을 할 수 있지만 짐승에 지나지 않는다. 이제 사람으로서 예(禮)가 없다면 비록 말을 할 수

말로 가르치는 것만 같지 못하고, 말로 가르치는 것은 자기 몸으로 가르치는 것만 못하니, 솔선수범하여 가르치는 것의 효험이 가장 빠르더이다. 가령 아이들 출입할 때 어른들이 문지방을 밟지 않는 것을 보는 것이 '행불리역(行不履閾)'[118]을 천 번 읽는 것보다 나으며, 먹고 마실 때 어른들이 과식하지 않는 것을 보는 것이 '식무구포(食無求飽)'[119]를 백 번 읽는 것보다 낫습니다. 한 마디 말과 하나의 거동도 잘못된 것을 보여주지 않으면, 자연히 어른의 가르치는 말을 믿게 되어 행하기 쉽습니다. 남을 가르치는 도리로는 크게 유익함이 있더이다."

"남을 가르치는 도리가 이처럼 마땅하시거늘 어찌 감화되지 않는 사람이 있겠습니까. 이런 일들은 가르치는 묘방이 분명하오나 유한당 이외에는 이 도리를 행할 수 있는 사람이 많지 않을 듯합니다."

조선 사행을 떠나는 주지번

만력 34년 병오년(丙午年, 1606)에 한림학사 주지번(朱之蕃)[120]이 상서에게 편지를 보내 말하였다.

있지만 또한 금수와 같은 마음이 아니겠는가?(鸚鵡能言, 不離飛鳥, 猩猩能言, 不離禽獸. 今人而無禮, 雖能言, 不亦禽獸之心乎?)"

118 행불리역(行不履閾): 주석 15 참조.

119 식무구포(食無求飽): 주석 62 참조

120 주지번(朱之蕃, 1558~1624): 명의 문인. 1606년 봄 조선에 사신으로 와서 조선의 문인들과 많은 시를 주고받았다. 『봉사조선고(奉使朝鮮稿)』를 남겼다.

"황제의 명을 받들어 조선에 사신을 가게 되어 친구들이 이별의 글 지어 보내는 이가 많거니와, 이 사이에 공의 한 말씀이 없을 수 없기에 글 한 장을 받아 기나긴 여행길의 수고를 조금이나마 달랠까 합니다."

상서가 보고 장자 천복에게 말하였다.

"내 늘그막에 이런 글을 주고받는 것이 심히 어렵구나."

"벗이 먼 길 가는데 시 지어 송별하는 것이 옛 사람의 숭상하던 바입니다. 그리고 주 한림은 나라의 명을 받들어 사신으로 가니 사사로운 여행과는 다릅니다. 또 조선은 비록 외국이지만 산천과 풍속 습관이 천하에 유명하고, 예악과 문물이 소중화(小中華)라 일컬어지는 나라입니다. 이 분의 이번 여행길에 시를 주지 않을 수 없습니다."

"그러하다. 또한 먼 곳에서 글을 구한 뜻을 저버릴 수 없겠다."

그리하여 장손 일봉에게는 벼루를 받들게 하고, 증손 원성이 먹을 갈게 하였다. 유한당이 종이를 펼치니, 공이 붓을 들어 시를 지었다.

海東邦運似皇朝	해동의 나라 운수가 중국과 흡사하니
伊昔檀君亦幷堯	옛적 단군이 또한 요임금과 같은 시기에 나라를 세웠도다.
二十伍年今古事	옛날과 지금의 이십오 년 일
君行應復聽衢謠	그대가 가면 응당 길거리의 노래를 다시 들어 보라.

공이 글을 다 쓴 후 유한당에게 말하였다.

"이 시의 뜻을 아느냐?"

"네. 우리 중국과 조선이 하늘의 기미성(箕尾星) 분야(分野)[121]에 같이 있기에 중국에 문물이 발전하는 운을 만나면 조선도 문물이 발전하는 운을 만납니다. 옛날 요임금이 갑진년(甲辰年, BC 2357)에 즉위한 지 이십오 년 뒤인 무진년(戊辰年, BC 2333)에 단군이 조선을 건국하였습니다.[122] 요임금과 단군이 둘 다 성인으로서 다 같이 문명의 다스림을 이루었습니다. 그리고 명 태조(太祖)께서 무신년(戊申年, 1368)에 창업하시고, 이십오 년 후인 임신년(壬申年, 1392)에 강헌대왕(康獻大王)[123]이 조선을 개국하였습니다. 태조 황제와 강헌대왕 모두 성인이시기에 또한 같이 문명의 다스림을 이루었으니 앞뒤로 이십오 년씩 중국과 조선의 운수가 일치하는 일이 참으로 기이하지 않습니까. 이 뜻이 지으신 글의 두 구절에 포함되어 있으니 글이 격을 얻었을 뿐 아니라, 조선에 가는 사신을 보내는 뜻에도 매우 그 체제를 얻었습니다."

상서가 크게 웃으며 말하였다.

"역대 제왕의 운수와 중국, 외국의 사적을 사내들도 아는 이가 드물거늘 너는 여자로서 손바닥 보듯 환히 알고 있으니 어찌 기특하지 않으

121 분야(分野): 중국 전국 시대에 천문가가 천하를 하늘의 28수(宿)에 배당하여 나눈 것.

122 옛날 … 건국하였습니다: 『동국통감(東國通鑑)』「단군조선(檀君朝鮮)」. "동방에는 처음에 군장(君長)이 없었는데, 신인(神人)이 박달나무 아래로 내려와 나라 사람들이 임금으로 세우니 바로 단군이다. 국호는 조선이라 하였으니, 중국 요임금의 무진년이었다.(東方初無君長, 有神人降于檀木下, 國人立爲君, 是爲檀君. 國號朝鮮, 是唐堯戊辰歲也.)" 이어 주석에, "요임금이 즉위한 것은 상원 갑자 갑진년(甲辰年, BC 2357)의 일이며, 단군이 즉위한 것은 25년 후인 무진년(BC 2333)의 일이니, 요임금과 동시에 나라를 세웠다는 것은 사실이 아니다.(堯之立, 在上元甲子甲辰之歲, 而檀君之立, 在後二十五年戊辰, 則曰: '與堯並立'者, 非也.)" 이와 달리 『제왕운기(帝王韻紀)』「본기(本紀)」에는 고조선의 건국이 요임금의 즉위와 같은 갑진년(BC 2357)으로 되어 있다.

123 강헌대왕(康獻大王): 태조 이성계(1335~1408, 재위 1392~1398).

냐. 내 매양 손자들 총명한 것을 보면 그 어미를 본받은 것을 사랑하지 않을 수가 없다."

"평소에 책을 많이 읽지 못하였으니 제가 무엇을 알겠습니까. 방금 물으시는 것은 마침 전에 들었던 말이라 말씀드렸던 것입니다. 하교가 이러하시니 부끄러움을 이길 수 없습니다."

상서가 시를 주 한림에게 보내었더니 주 한림이 사신으로 다녀와 다시 편지를 보내어 말하였다.

"이번 조선 사행은 평생의 장관을 다 보아 통쾌하였습니다. 예악과 문물이 훌륭하고, 강호와 누대(樓臺)는 곳곳이 기이하고 빼어나서, 우리 중국과 서로 우열을 겨루어도 뒤떨어지지 않았습니다. 저번에 보내주신 시는 조선의 문인들이 보고는 진한(秦漢) 이후의 문장이 아니라며 칭송하니 중국의 도가 또한 더불어 빛나더이다."

그러고서 평양(平壤) 연광정(練光亭)[124] 그림 한 폭과 금천(金川)의 비석에 '회란석(廻瀾石)'[125] 세 자 새긴 것을 보내었다. 상서공이 자손들과 함께 펼쳐 보니, 유한당이 곁에 있다가 아뢰었다.

"평양은 주 무왕 때에 기자가 백마 타고 나가 도읍하였던 곳입니다.[126] 반드시 정전(井田)하던 터가 있었을 것이니 연광정 경치를 그리지 말

---

124 연광정(練光亭): 평양성 대동강 가에 위치한 누정.

125 회란석(廻瀾石): 황해도 금천군 금천읍 오조천 기슭에 있는 비석으로 1567년 세워졌다. 비석의 한 면에는 "廻瀾石" 글자가 크게 새겨져 있고, 다른 면에는 일대의 풍경을 읊은 시구가 새겨져 있다.

126 평양은 … 곳입니다: 기자동래설(箕子東來說)에 입각한 언급이다. 『사기』「송미자세가(宋微子世家)」. "이에 주 무왕은 기자를 조선에 봉하였으나, (기자는) 신하가 되지 않았다.(於是, 武王乃封箕子於朝鮮, 而不臣也.)"

고 정전하던 터의 모습을 그려 왔더라면 좋았을 것입니다. 그때로 말하여도 무왕이 성인으로서 중원의 주인으로 계시고 기자는 성인으로 동쪽 나라로 나와 계셨으니 그것 또한 천지의 운수가 같이 돌아가는 것으로서 볼 만합니다. 조선이 기자의 교화를 입어 부녀들의 정절 있기가 천하만국의 으뜸이니, 비록 수만 리 산천이 떨어져 있으나 마음이 내달리어 그리워하지 않은 적이 없습니다."

어린아이 기르는 법

하루는 시어머니의 동생 원 시랑의 처 양 부인이 유한당에게 물었다.

"아이들 가르치는 방도는 일찍이 유한당 말씀을 들으니 솔선하여 가르치는 것만 못하다고 하시던데, 이 말씀이 참으로 마땅하니 삼가 몸소 행하여야 할 것입니다. 다만 어린아이 기를 때는 무슨 좋은 방도가 있을까요? 지금 유한당 집안의 아이들을 보면 태어나 잘 크고 일찍 죽는 슬픈 일이 없으니, 무슨 묘방이 있어 그러한가요?"

"옛적 명의들 말씀에 '차라리 사나이 열 명의 병은 고칠지언정 부인 한 명의 병을 고치기가 어렵고, 차라리 부인 열 명의 병은 고칠지언정 어린아이 한 명의 병을 고치기가 어렵다.'[127]라고 하였습니다. 대개 어린아이

127 차라리 … 어렵다: 『동의보감』「소아(小兒)」. "옛말에 이르기를, '차라리 사나이 열 명의 병은 고

는 뼈의 관절이 굳지 않으며, 원기와 피가 고르지 않았고 포대기에 싸여 있어 병의 빌미가 되는 곳을 알지 못하니 침과 약을 시험하기가 어렵습니다. 그리고 어른의 병은 음식을 조절하지 못하거나 덥고 추운 것을 삼가지 못한 때문이니 모두 자초한 것이지만, 어린아이는 그렇지 아니하여 어른이 삼가지 못한 때문이니 어찌 조심하지 아니하겠습니까. 어린아이 보양할 방도는 마땅히 천지조화의 이치를 안 연후에야 비로소 논할 수 있을 것입니다. 저같이 학식이 부족한 사람이 어찌 그 이치를 알겠습니까."

"천지조화의 이치를 쉽게 말할 수는 없을 듯하니, 바라건대 유한당 집안에서 어린아이 기르는 법을 듣고자 합니다."

유한당이 웃으며 말하였다.

"우리 집에는 별다른 묘법이 없습니다. 다만 '지나칠 과(過)' 한 글자로 모든 일에 경계를 삼으니, 지나친 것을 실수로 여기면 어린아이 기르는 데에도 더욱 경계가 될 것입니다. 지나치게 배부르게 하지 말고 지나치게 배고프게도 하지 말며, 지나치게 따뜻하게 하지 말고 지나치게 춥게도 하지 말며, 지나치게 울거나 웃게 하지 말며, 너무 자주 안거나 업지 말며, 너무 자주 장난치지도 말며, 스스로 앉고 일어나게 하지 다른 사람의 힘으로 앉히거나 일어서게 하지 말며, 스스로 걸어 다니게 하지 다른 사람의 힘으로 걷게 하지 마십시오. 모든 동작을 반드시 천지자연의 이치에 따르게 하여야지, 만약 미리 억지로 미리 앉히고 세워서 걷게 한다면 곁보

칠지언정 부인 한 명의 병을 고치기가 어렵고, 차라리 부인 열 명의 병은 고칠지언정 어린아이 한 명의 병을 고치기가 어렵다. 어린아이는 증상을 묻기 어렵고, 맥을 살피기 어려워 치료가 더욱더 어렵기 때문이다.(古語日: '寧醫十丈夫, 難醫一婦人, 寧醫十婦人, 難醫一小兒. 蓋小兒難問證, 難察脉, 治之尤難故也.')" 원 출처는 명대의 의사 이천의 『의학입문』이다.

기에는 어린아이를 사랑하는 듯해도 사실은 어린아이에게 해가 되니, 이것은 모를 뽑아 올리는 것과 다를 바가 없습니다. 어린아이 기르는 것은 어린 모 기르는 것과 같으니, 어찌 모가 자라지 않는 것을 근심하여 뽑아 올린 송나라 사람과 같이 하겠습니까."[128]

"유한당의 집안에서는 어린아이가 갓 태어났을 때 무슨 옷을 입힙니까?"

"포대기로 싸 두고 옷을 따로 차려 입히지는 않습니다. 옛 명의 말씀에 '칠팔십 먹은 노인의 몸에 닿았던 옷으로 감싸면 아이가 반드시 장수한다.'[129]라고 하였으니 이 말이 이치에 맞는 듯합니다. 어린아이는 기혈이 부족하기에 노인의 진액(津液)이 묻은 것으로 몸을 감싸는 것이 유익할 듯합니다."

"어린아이를 씻기는 데에도 또한 법칙이 있습니까?"

"물 근처에서 사는 사람들이 많이들 아이를 찬물에 씻겨, 혹 몸 전체를 찬물에 담그기도 하고 혹 찬물을 몸 전체에 붓기도 하는데 이것은 씻기는 것이 지나친 것으로 이렇게 해서 낭패 보는 이가 많습니다.[130] 우리

---

128 어찌 … 하겠습니까: 『맹자』「공손추 상」. "송나라 사람 중에 곡식의 모가 자라지 않는 것을 근심하여 모를 뽑아 올려 준 자가 있었다. 그가 피곤한 모습으로 집으로 돌아와 가족들에게 '오늘은 힘들구나. 내가 모가 자라도록 도와주었다'라고 하였다. 아들이 달려가서 보니, 모는 시들어 있었다.(宋人有閔其苗之不長而揠之者, 芒芒然歸, 謂其人曰: '今日病矣. 予助苗長矣.' 其子趨而往視之, 苗則槁矣.')"

129 칠팔십 … 장수한다: 『동의보감』「소아」. "칠팔십 먹은 노인의 낡은 잠방이나 웃옷을 고쳐 아기옷을 만들어 입히면 진기(眞氣)를 길러주어 아기가 장수할 수 있다.(宜用七八十歲老人舊裩舊襖, 改作小兒衣衫, 眞氣相滋, 令兒有壽.)" 원 출처는 명대의 의사 공정현(龔廷賢)의 『만병회춘(萬病回春)』이다.

130 물 근처에서 … 많습니다: 『동의보감』「소아」. "세속에서 아이는 몸에 열(熱)이 있다고 여겨 목욕시킬 때 물에 오래 앉아 있게 하는데 이렇게 하면 찬바람이 겉을 상하고 물 기운이 속으로 스며들어 바람기로 인해 팔다리가 오그라들 수 있으니 경계하지 않을 수 있겠는가?(世俗, 以爲小兒體熱, 或遇澡浴, 卽與久坐湯水之中, 風冷外傷, 水濕內滲, 變成風搐, 可不戒之?)" 원 출처는 송대

집에서는 어린아이를 씻길 때 배꼽에 바람이 들까 염려하여 배는 감싸고 안 씻깁니다."[131]

"유한당 집 어린아이들은 천연두를 안 한 경우가 많고, 천연두에 걸려도 매우 순하게 지나더라 하니 무슨 묘방이 있어 그리합니까?"

"시아버지께서 늘 어린아이들에게 검은깨 기름을 먹게 하시던 까닭에 여러 자손들 중 반은 천연두에 걸리지 않고 나머지 반은 걸려도 매우 가볍게 하니 혹 그 효험인가 싶더이다."

"어린아이가 태어났을 때 어떻게 길흉을 알 수 있습니까?"

"의서에 '아이 우는 소리로 길흉을 판별한다.'라고 하였고, 또 '아이가 기어 다닐 때에는 손목뼈가 튀어나와 있지 않으면 불길하고, 걸어 다닐 때에는 복숭아뼈가 나와 있지 않으면 불길하다.'[132]라고 하였습니다. 우는 소리는 분간하기가 참으로 어렵거니와 손과 발에 뼈를 보는 것은 거의 징험할 수 있더이다."

"어린아이 기르는 법이 예전과 지금이 다르니 상고 시대[133]를 본받으려 해서는 해로울 법 합니다."

"참으로 그러합니다. 상고 시대 사람들은 새집 안에 살거나 동굴 속에 살며, 풀 옷을 입고 나무 열매를 따 먹었으니, 아이들이 태중에 있을

의 의사 양사영(楊士瀛)의 『직지소아방(直指小兒方)』이다.

131 우리 … 씻깁니다: 『동의보감』「소아」. "아이를 기르는 열 가지 방법. 첫째, 등을 따뜻하게 한다. … 열째, 목욕을 되도록이면 시키지 말아야 한다.(養子十法, 一要背煖. … 十少洗浴.)" 원 출처는 명대의 의사 이천의 『의학입문』이다.

132 아이가 … 불길하다: 『동의보감』「소아」. "손바닥의 뼈가 다 만들어지지 않으면 기어갈 수 있어도 죽는다. 발꿈치 뼈가 다 만들어지지 않으면 걸을 수 있어도 죽는다.(掌骨不成, 能匍匐而死. 踵骨不成, 能行而死.)" 원 출처는 원대의 의사 위역림(危亦林)의 『세의득효방(世醫得效方)』이다.

133 상고 시대: 하·은·주 이전의 아주 오랜 옛날.

때 이미 풍한서습(風寒暑濕)[134]에 단련되어 해가 없었던 것입니다. 오늘날 사람들은 어미가 되면 따뜻한 옷을 입고 배불리 먹으며, 두 겹으로 벽을 친 깊은 방에 들어가 바람과 추위를 조심히 피해 지내왔습니다. 어미가 열 달 임신했을 때 이와 같이 지냈으니, 아이가 태어난 후에 어찌 가히 상고 시대처럼 하겠습니까. 비록 그러하지만 깊은 방에서 오래 지내어도 또한 지나치게 따뜻한 것이니, 백 일 후에는 조금씩 바람을 쐬고 볕도 보게 해야 합니다.[135] 아이가 울음을 그치지 않는다고 바로 안아서 젖을 급히 먹이지 말고, 어미가 근심스럽고 답답할 때 젖을 먹이지 말았다가 먹일 때는 젖을 씻은 후 먹이고, 아이 곁에서 급격하게 성내거나 큰 소리 내지 마십시오. 이 모든 것들은 부녀자들이 일일이 삼가지 않을 수 없는 것입니다."

"아이가 뱃속에 있을 때 남녀 분간할 도리가 있습니까?"

"이런 말이 비록 의서에 있으나, 책의 내용을 다 믿으면 책이 없느니만 못합니다.[136] 열 달이 오랜 세월이 아니니 미리 알아 무엇 하겠습니까."

"상서께서 신통한 처방이 있어 자손들이 많이 이 방법을 행하여 득남을 하였다고 들었습니다. 상서께 여쭈어 그 방법을 알기를 청합니다."

---

134 풍한서습(風寒暑濕): 바람과 추위와 더위와 습기.

135 비록 … 합니다: 『동의보감』「소아」. "갓난아기는 … 만약 날씨가 따뜻하면 아기를 안고 바람과 햇빛을 쏘이게 하면 기혈이 굳세어져 풍한을 견딜 수 있고 질병이 이르지 않는다. 요즘 사람들은 아이를 품에 안아 땅에 닿지 아니하여 근골이 약해져 질병이 쉽게 생기게 하니 이것은 아이를 사랑하고 보호하는 도리가 아니다.(凡嬰兒 … 若天氣和暖, 抱之使見風日, 則氣血堅剛, 可耐風寒, 不致疾病. 今人懷抱小兒, 不着地氣, 致令筋骨緩弱, 疾病易生, 非愛護之道.)" 원 출처는 원대의 의사 위역림의 『세의득효방』이다.

136 책의 … 못합니다: 『맹자』「진심 하」 "맹자께서 말씀하셨다. '책의 내용을 다 믿는다면, 책이 없느니만 못하다.'(孟子曰: '盡信書, 不如無書.')"

"시아버님께서 천문지리와 사람의 일이나 사물의 법칙에 통달하시니 이러한 방법을 모르는 바가 아니로되, 늘 말씀하시기를 이러한 방법이 있으면 열 명이 잉태하여 열 명이 득남하여야 하는데 한둘 맞지 않은 경우가 있으니 믿고 따를 수 없다고 하십니다. 무릇 득남하고 아이 잘 기르는 것으로 제일가는 방법이 있으나, 세속 부녀 중에 행하는 자가 드무니 참으로 개탄스럽더이다. 사람이 아들 많이 두는 것을 실로 경사스러운 복으로 여겨 화봉인(華封人)이 '장수와 부귀, 아들 많은 것'으로 요임금에게 헌축하였고,[137] 주나라 때 시인이 문왕(文王)께 '즉백사남(則百斯男)'[138]을 헌송(獻頌)하였으니 예로부터 아들 많이 얻기는 실로 사람의 도리 중에 막중한 일입니다. 부모 되는 사람이 어진 마음과 어진 덕을 먼저 행하여, 마음속에 조금의 살기(殺氣) 있는 마음도 없고 입으로 조금이라도 포악한 말을 하지 않으며, 남의 어린아이 보기를 내 어린아이를 대하는 마음으로 미루어간다면 온갖 상서로운 일을 내리는 하늘의 도리[139]가 환하게 밝으니 어찌 아들 많이 얻는 경사가 없겠습니까. 세상의 부녀자들이 이러한 의리에 힘쓸 줄은 모르고 단지 자기 자식만 사랑할 줄 알아서 남의 자식은 가엾게 여기지 않고 오직 의서의 익모초(益母草)와 책력의 임자일(壬子日)만 구하니, 어찌 개탄스러운 일이 아닙니까."

---

137 화봉인(華封人)이 … 헌축하였고: 『장자(莊子)』 「천지(天地)」에 의하면 화봉인은 화(華) 지방을 지키는 사람으로, 요임금을 '수(壽)·부(富)·다남자(多男子)'의 세 가지로 축원하였다고 한다.

138 즉백사남(則百斯男): 『시경』 「사제(思齊)」. "엄숙하신 태임은 문왕의 어머니이시니, 주강(周姜)을 사랑하시어 주나라의 며느리를 삼으시니, 문왕의 비 태사가 아름다운 명성을 이으시어, 백 명의 아들을 낳았도다.(思齊大(太)任, 文王之母, 思媚周姜, 京室之婦, 太姒嗣徽音, 則百斯男.)"

139 온갖 … 도리: 『서경』 「이훈(伊訓)」. "상제는 늘 똑같지 않으시어, 착한 일을 하면 온갖 상서로움을 내려 주시고, 착하지 않은 일을 하면 온갖 재앙을 내려 주십니다.(惟上帝不常, 作善, 降之百祥, 作不善, 降之百殃.)"

"상서의 마음과 덕이 이처럼 인자하고 중후하시며, 유한당 또한 이와 같이 어질고 착하시니, 복을 받음에 어찌 근본이 없겠습니까."

인심과 도심

유한당의 아홉 살 손녀가 『논어』를 읽다가 할머니에게 물었다.

"『서경』에는 인심(人心)과 도심(道心)이라 하였고, 맹자는 양심(良心)[140]이라 하였으니 한 사람의 몸에 어떻게 마음이 여러 개 있는 건가요? 그리고 공자의 가르침에 '잡으면 보존되고 놓으면 잃는다.'[141]라고 하였으니, 보존되고 잃는다는 것은 무슨 말인가요?"

"너의 질문이 자못 정밀하고 깊구나. 옛날 범순부(范淳夫)의 딸이 『맹자』를 읽다가 묻기를, '마음이 어찌 둘이겠는가.'라고 하니 주자가 이를 듣고 말씀하시기를, '범순부의 딸은 『맹자』는 몰랐지만 마음은 알았다.' 라고 하였다.[142] 지금 네 말이 또한 마찬가지이니, 네가 알고 싶거든 네 큰

---

140 양심(良心): 한문본 원문에는 양심(養心)으로 되어 있으나 양심(良心)이 맞는 것으로 판단되어 고쳤다. 『맹자』「고자 상」. "비록 사람에게 보존된 것인들 어찌 인의의 마음이 없겠는가마는 그 양심(良心)을 잃어버리는 것이 또한 도끼로 나무를 매일 아침 베어 가는 것과 같으니, 잘 될 수가 있겠는가.(雖存乎人者, 豈無仁義之心哉. 其所以放其良心者, 亦猶斧斤之於木也, 旦旦而伐之, 可以爲美乎.)"

141 잡으면 … 잃는다: 『맹자』「고자 상」. "공자께서 말씀하시기를 '잡으면 보존되고 놓으면 잃어서, 정한 때 없이 나고 들며, 그 향하는 바를 알 수 없는 것은 오직 마음을 말한 것이리라.'(孔子曰: '操則存, 舍則亡, 出入無時, 莫知其鄉, 惟心之謂與.')"

142 범순부(范淳夫)의 딸: 『심경부주』「우산지목(牛山之木)」. 범순부의 이름은 조우(祖禹, 1041~1098)로, 송의 학자이다. "범순부(范淳夫)의 딸이 『맹자』「조존장(操存章)」을 읽고는, '맹자는 마음을 몰랐다. 마음이 어찌 출입이 있겠는가.(孟子不識心. 心豈有出入.)'라고 하였다. 정이

아버지에게 여쭈어보아라. 비록 그러하나 경서의 심오한 뜻을, 네가 여자로서 알아 무엇 하겠느냐."

"심학(心學)의 공부에 남녀가 어찌 다르겠습니까. 그리고 경서의 뜻을 모른다면 무슨 성취할 바람이 있겠습니까. 매번 이와 같은 말씀을 들으니 여자로 태어난 한을 이길 수 없습니다."

"형기지사(形氣之私)로 난 것을 인심이라 이르고, 성명지정(性命之正)에서 나온 것을 도심이라 이른다."[143]

"형기지사로 난 것이면 인욕이 됩니까?"

"주자 가르침에 '인심은 진실로 반드시 인욕을 일컬은 것은 아니다.'[144]라고 하셨다. 네가 마음이 둘이라고 하는 이유는 무엇이냐? 단지 인심과 도심만 있는 것이 아니니, 본심(本心)이라고 이르는 것이 있고, 대인심(大人心)이라 이르는 것이 있고, 적자심(赤子心)이라 이르는 것이 있으니, 너는 『심경』에서 그것들을 볼 수 있을 것이다."[145]

(程頤)가 그것을 듣고 '범순부의 딸은 비록 맹자의 본의는 몰랐지만 그래도 마음을 알았다.(此女雖不識孟子, 却能識心.)'라고 하였고, 주자 또한 정이의 언급에 대하여 부연 설명을 하였다.

143 형기지사(形氣之私)로 … 이른다: 『심경』「인심도심(人心道心)」. "주자가 말씀하셨다. '마음의 허령한 지각(知覺)은 하나일 뿐인데 인심(人心)과 도심(道心)의 차이가 있다고 한 것은, 어떤 것은 형기(形氣)의 사사로움에서 생겨나고, 어떤 것은 성명(性命)의 바름에서 근원하여, 지각하는 것이 같지 않기 때문이다.(朱子曰: '心之虛靈知覺, 一而已矣, 而以爲有人心道心之異者, 以其或生於形氣之私, 或原於性命之正, 而所以爲知覺者不同.')"

144 인심(人心)은 … 아니다: 『심경』「인심도심」. "노재 왕백(王柏)이 말하였다. '주자는 인심과 도심이 다른 것은 어떤 것은 형기의 사사로움에서 생겨나고, 어떤 것은 성명의 바름에서 근원하기 때문이라고 하였다. 이미 사사로움이라 하였으면 곧 인욕인데, 또 인심을 인욕이라고 부를 수 없다고 한 것은 어째서인가? '근원'이라는 말은 밖에서 들어온 것을 말하니 본래 있었음을 알 수 있어 미묘하다고 하였고, '생겨나다'하는 말은 사물에 감응해 움직였으니 본래 없었음을 알 수 있어 위태롭다고 한 것이다. '바름'과 '사사로움'은 모두 밖으로 나타나기 때문에 인심을 인욕이라 일컬을 수 없는 것이니 만약 인욕이었다면 결코 성인이 위태롭다고 말씀하지 않았을 것이다.(魯齋王氏曰: '朱子謂人心道心不同, 以其或生於形氣之私, 或原於性命之正, 旣曰私卽人欲矣, 又曰人心不可謂之人欲, 何也? 蓋原字, 自外推入, 知其本有, 故曰'微'. 生字, 感物而動, 知其本無, 故曰'危'. 正字, 私字, 皆見于外者, 故人心不可謂之人欲. 人心若便是人欲, 聖人必不曰危.)"

145 본심(本心)이라 … 보거라: 『심경』「심경도(心經圖)」. "정복심(程復心)이 말하였다. 적자심은 인

"인심은 형기지사에서 나고 도심은 성명지정에서 난다면, 『서경』에 요순이 마음 쓰는 법을 서로 전하실 때 어째서 도심을 먼저 일컫지 않으셨습니까?"[146]

"무릇 인간 세상의 언어는 많이들 가벼운 것을 먼저 하고 중요한 것을 나중에 하거니와, 인심과 도심의 선후는 구태여 경중을 의논할 것이 아닌데 경계할 것이 인심에 있기에 그리하였는가 싶다. 선유(先儒)의 가르침에 인심과 도심의 경중을 의논하신 것이 따로 없느니라. 사람이 글을 읽을 때에 마땅히 성현의 정심지훈(正心之訓)[147]과 존심지계(存心之戒)[148]를 힘을 써 몸소 실천할 것이다. 만약 경서 구절만 입에 익혀서야 무슨 제 몸에 유익할 것이 있겠느냐."

『예기』 문답

유한당 증손녀가 11살 때에 『예기』를 읽다가 유한당에게 물었다.

욕에 물들기 이전의 양심이요, 인심은 곧 욕심을 깨달은 것이다. 대인심은 의리가 갖추어진 본심이요, 도심은 곧 의리를 깨달은 것이다. 이것은 두 가지의 마음이 있는 것이 아니니, 실로 형기에서 나온 것은 모두 인심이 없을 수 없고, 성명에서 근원한 것은 도심이 되는 것이다.(赤子心是人欲未汩之良心, 人心卽覺於欲者. 大人心是義理具足之本心, 道心卽覺於義理者. 此非有兩樣心, 實以生於形氣, 則皆不能無人心, 原於性命, 則所以爲道心.)"

146 『서경』에 … 않으셨습니까: 『서경』「대우모(大禹謨)」. "인심은 위태롭고 도심은 은미하니 오직 정밀하고 하나같이 하여 진실로 그 중도를 잡아야 한다.(人心惟危, 道心惟微, 惟精惟一, 允執厥中.)"

147 정심지훈(正心之訓): 마음을 바르게 가다듬는 가르침.

148 존심지계(存心之戒): 마음에 새겨 두고 경계하는 말.

"'길을 다닐 때에 남자는 오른쪽으로 다니고 여자는 왼쪽으로 다닌다.'[149]라고 하였으니 이는 남녀가 다니는 길을 다르게 하는 뜻이로되, 만약 현실적으로 말하자면 오는 사람의 오른편이 가는 사람의 왼편이 되고 가는 사람의 왼편이 오는 사람의 오른편이 됩니다. 그렇다면 오는 남자와 가는 여자의 길이 같아지니, 이것이 어떻게 남녀의 가는 길을 다르게 하는 뜻이 됩니까?"

"사람의 좌우로 의논한 것이 아니라 길의 좌우로 의논한 것이다."

"옛 유학자들의 의논이 있습니까?"

"따로 주석에 풀어 일컫지는 아니하셨다."

손녀가 또 여쭈었다.

"남녀수수불친(男女授受不親)[150]이 예법인데, 혹 어린아이를 포대기에 싸안아 서로 주고받을 때는 또한 직접 주고받지 않는 예를 행할 수 있겠습니까?"

"이것은 어렵지 않다. '모두 땅에 꿇어앉아 물건을 놓고 그것을 가져간다.'[151]라고 하였으니 아기 주고받을 때에도 이 예를 쓰면 된다. 그리고 서서 아기를 주고받는 것은 극히 위태하니, 만에 하나라도 실수하면 다치

---

149 길을 … 다닌다: 『예기』「왕제(王制)」. "길을 다닐 때에 남자는 오른쪽으로 다니고, 여자는 왼쪽으로 다니며, 수레는 가운데로 다닌다.(道路男子由右, 婦人由左, 車從中央.)"

150 남녀수수불친(男女授受不親): 『맹자』「이루 상」. "남녀 사이에 직접 물건을 주고받지 않는 것은 예법이고, 제수(弟嫂)가 물에 빠졌을 때 손으로 구함은 권도이다.(男女授受不親, 禮也, 嫂溺援之以手, 權也.)"

151 모두 … 가져간다: 『소학』「명륜」. "제사나 상사가 아니면 서로 그릇을 주고받지 않는다. 그릇을 주고받으려면 여자는 광주리로 받아야 하고, 광주리가 없으면 모두 땅에 꿇어앉아 물건을 놓고 그것을 가져간다.(非祭非喪, 不相授器. 其相授則女受以篚, 其無則皆坐奠之而後取之.)" 원 출처는 『예기』「내칙」이다.

지 않겠느냐?"

이렇게 말할 때에 증손녀의 오라버니가 들어오다가 듣고 웃으며 말하였다.

"옛말에 '자식 기르는 것을 배운 다음에 시집가는 이는 없다.'[152]라고 하였다. 그런데 너는 자식 기르기를 먼저 배우느냐?"

증손녀가 대답하였다.

"옛적 부녀자들이 어릴 때부터 「내칙(內則)」과 『열녀전』을 읽었는데, '부사구고(婦事舅姑)'[153] 장과 '부인임자(婦人妊子)'[154] 편을 공부하지 않았을까요? 그리고 범순부(范淳夫) 딸은 어려서 『맹자』를 읽었는데, 그 아버지가 딸을 가르칠 때에 '내 어린이를 대하는 도리로 남의 어린이에게까지 미친다.'[155]라는 문장을 빼놓고 가르쳤겠습니까?"

오라버니가 크게 웃으며 말하였다.

"네 묻는 말의 뜻이 자세하고 깊어 우연히 이 말을 하여 장난을 했을 따름이다."

유한당이 말하였다.

"'어린아이에게는 항상 속임이 없는 것을 보여주어야 한다.'[156]라고 하

---

152 자식 … 없다: 『대학』. "「강고(康誥)」에 이르기를, '갓난아이를 보호하듯 한다'라고 하였으니, 마음에 진실하게 구한다면 비록 정확하게 맞지는 못해도 크게 멀어지지는 않을 것이다. 자식 기르는 것을 배운 다음에 시집가는 이는 없다.(康誥曰: '如保赤子', 心誠求之, 雖不中, 不遠矣. 未有學養子而后嫁者也.)"

153 부사구고(婦事舅姑): 『예기』 「내칙」. "며느리가 시부모를 섬기는 것은 친부모를 섬기듯이 한다.(婦事舅姑, 如事父母.)"

154 부인임자(婦人妊子): 주석 12 참조.

155 내 어린이를 … 미친다: 『맹자』 「양혜왕 상」. "내 노인을 대하는 도리로 남의 노인에게까지 미치며, 내 어린이를 대하는 도리로 남의 어린이에게까지 미친다면 천하를 손바닥에 놓고 움직이듯 할 수 있습니다.(老吾老, 以及人之老, 幼吾幼, 以及人之幼, 天下可運於掌上.)"

156 어린아이에게는 … 한다: 『예기』 「곡례 상」. "어린아이에게는 항상 속임이 없는 것을 보여주어야

였다. 어린아이 보는 데 어이 희롱을 하겠느냐."

약이 되는 초목과 조수

하루는 유한당과 여러 자녀들이 만수원(萬樹園)에 가 약재를 캐더니 스물다섯 번째 손자 자성(觜星)이 창출(蒼朮)[157]을 캐어 들고 유한당에게 여쭈었다.

"창출 이름은 왜 '창출'인가요?"

"무릇 초목 이름 알기는 비록 요긴한 공부는 아니지만, 공자님 말씀에 '시는 새와 짐승과 초목의 이름을 많이 알게 한다.'[158]라고 하셨으니, 네 육예루(六藝樓)에 가 자학(字學) 의논한 책을 찾아보아라. 창출의 '출' 자 모양이 창출 처음 날 때의 모양 같아서 그 이름이 되었느니라."[159]

자성이 말하였다.

"다른 약초 이름도 다 그렇습니까?"

한다.(幼子常視無誑.)" '視'는 '示'와 같이 '가르치다'는 뜻이다.

157 창출(蒼朮): 삽주의 뿌리로, 약재로 쓰인다. 삽주는 국화과의 풀이다.

158 시는 … 한다: 『논어』「양화(陽貨)」. "공자께서 제자들에게 말씀하셨다. '너희들은 왜 시를 배우지 않느냐? 시는 뜻을 감발시키고, 정치의 잘잘못을 살필 수 있으며, 사람들과 어울릴 수 있게 하고, 남을 원망할 수 있으며, 가까이는 부모를 섬기고 멀리는 임금을 섬기며, 새와 짐승과 초목의 이름을 많이 알게 한다.'(子曰: '小子何莫學夫詩? 詩可以興, 可以觀, 可以群, 可以怨, 邇之事父, 遠之事君, 多識於鳥獸草木之名.')"

159 창출의 … 되었느니라: 『본초강목(本草綱目)』「출(朮)」. "'출'자의 전문(篆文)은 그 뿌리와 줄기, 가지와 잎의 모양을 본뜬 것이다.(朮字篆文, 象其根幹枝葉之形)"

"약재 이름이 혹은 빛깔을 이름으로 삼았으니 황백(黃柏)[160]과 현삼(玄蔘)[161]이 그러하다. 혹은 맛을 이름으로 하였으니 감초(甘草)와 고삼(苦蔘)이 그러하다. 인삼(人蔘)과 구등(鉤藤)[162]은 그 모습으로 이름을 한 것이다. 반하(半夏)[163]와 인동(忍冬)은 때를 가지고 이름으로 한 것이다. 성미(性味)로 이름을 한 것이 있으니 당귀(當歸)는 약효가 피로 돌아가는 것으로 이름한 것이다.[164] 지명으로 이름을 삼은 것이 있으니 천궁(川芎)은 사천(四川) 땅에서 나서 그걸로 이름을 삼은 것이다."[165]

"민강(閩薑)[166]은 민(閩) 땅에서 난 생강입니까?"

"민강은 민 땅에서 나는 생강이 매우 좋기에 따로 부르는 이름이 생긴 것인데, 민중(閩中)은 주자께서 계신 곳이어서 나는 민강을 볼 적마다 귀히 여기지 않았던 적이 없었다."

"초목만 약재가 될 뿐 아니라 곤충과 조수(鳥獸)도 약재가 되는가 싶

---

160 황백(黃柏): 황경피나무의 껍질을 말린 한약재. 자벽(子蘗)·소벽(小蘗)·단환(檀桓)이라고도 한다.

161 현삼(玄蔘): 현삼 또는 현삼의 뿌리를 말린 한약재. 원삼(元蔘) 또는 흑삼(黑蔘)이라고도 한다.

162 구등(鉤藤): 한약재. 가지에 갈고리 모양의 가시가 달려 있어 '갈고리 등나무'라는 뜻의 구등으로 이름을 한 것이다

163 반하(半夏): 『예기』「월령」 중하지월(仲夏之月: 음력 5월)에 "반하가 난다.(半夏生.)"라고 하였다. 곧 여름의 절반이 되면 나는 풀이기에 이름을 '여름의 절반'이라는 뜻의 반하로 한 것이다.

164 당귀(當歸)는 … 것이다: 『본초강목』「당귀」. "당귀는 임산부의 산후 나쁜 피가 위로 치받는 증상을 치료할 때 빠른 효험이 있다. 기혈이 어지러운 자가 복용하면 즉시 진정이 된다. 기혈이 각자 돌아갈 곳이 있게 할 수 있으므로, 당귀라는 이름은 아마도 여기에서 유래하였을 것이 분명하다.(當歸治妊婦産後惡血上沖, 倉卒取效. 氣血昏亂者, 服之卽定. 能使氣血各有所歸, 恐當歸之名必因此出也.)"

165 천궁(川芎)은 … 것이다: 『본초강목습유(本草綱目拾遺)』「무궁(撫芎)」. "대개 궁궁은 촉(蜀)의 사천(四川) 지역에서 나는 것이 상품으로, 맛이 맵고 달다. 다른 지역의 것은 맛이 맵고 강렬해 효능이 크게 뒤떨어진다.(蓋芎藭以蜀產爲上, 味辛而甘. 他產氣味辛烈, 遠不逮矣.)" 『본초강목』에는 천궁의 효능에 대한 말이 없고, 청대의 의사 조학민(趙學敏)이 지은 『본초강목습유』에 유한당의 설명과 같은 말이 있다.

166 민강(閩薑): 민강은 일반적으로 생강을 얇게 썰어 설탕에 조려 만든 음식을 말한다. 민강이 민 땅에서 난 생강이라는 유한당의 설명은 출전 미상.

습니다. 창경(鶬鶊)이란 새는 무슨 새인데 먹으면 부녀자가 투기(妬忌)를 그친다고 하였습니까?"

"그 말이 『산해경(山海經)』에 있는데,[167] 창경이란 새가 부부 사이의 사랑이 남다른 까닭에 혹 그러한 이치가 있는가 싶다."

"옛적에 부녀자의 투기가 역사책에 남은 것이 있습니까?"

"옛적에 진(晉) 태부(太傅) 사안(謝安)의 처 유 씨(劉氏)[168]의 투기가 심하여서 태부가 첩을 두지 못하여 근심하였다. 그러자 그의 조카들이 부인에게 돌려 말하였다. '「관저(關雎)」[169]와 「종사(螽斯)」[170]는 모두 후비가 투기를 하지 않은 덕을 노래하여 후세에 전해지고 있습니다.' 유 부인이 자신을 달래는 줄 알고 도리어 물었다. '「관저」와 「종사」를 누가 지었느냐?', '주공(周公)이 지었습니다.' 그러자 유 부인은 '주공은 남자니까 그렇지, 만일 문왕의 비인 태사께서 지으셨다면 반드시 그런 말이 없었을 것이다.'라고 말하였다고 한다.

임괴(任瓌)가 벼슬이 병부 상서(兵部尙書)에 이르매 당 태종이 미첩 둘

---

167 창경(鶬鶊)이란 … 하였습니까: 『산해경(山海經)』「헌원산(軒轅山)」. "그곳에 새가 있으니, 생긴 것은 마치 올빼미 같은데 머리가 희다. 이름은 꾀꼬리이다. 우는 소리는 자기 이름과 같으며, 이 새의 고기를 먹으면 질투를 하지 않게 된다.(有鳥焉, 其狀如梟而白首. 其名曰黃鳥. 其鳴自詨, 食之不妒.)"

168 사안(謝安)의 처 유 씨(劉氏): 『세설신어보(世說新語補)』「혹닉(惑溺)」. 내용은 유한당의 말과 같아 다시 싣지 않는다.

169 「관저(關雎)」: 『시경』「관저」. 주자의 주에, "(「관저」는 부부가) 더불어 화락하면서도 공경함이 또한 물수리가 정이 두터우면서도 분별이 있음과 같음을 말한 것이다.(言其相與和樂而恭敬, 亦若雎鳩之情摯而有別也.)"라고 하였다.

170 「종사(螽斯)」: 『시경』「종사」. 주자의 주에, "(「종사」는) 비(妃)가 투기하지 않아 자손이 많은 까닭에, 여러 첩들이 메뚜기가 무리지어 있으면서 자손이 많은 것에 빗댄 것이니, 이러한 덕이 있으면 마땅히 이러한 복이 있음을 말한 것이다.(后妃不妬忌而子孫衆多, 故衆妾以螽斯之群處和集而子孫衆多比之, 言其有是德而宜有是福也)"라고 하였다.

을 내리니, 그 아내가 투기하여 머리털을 잘라버렸다.[171] 태종이 이 말을 듣고 금으로 만든 병에 술을 넣어 보내 말하였다. '이 술은 마시면 반드시 죽는 술이다. 마시고 죽겠느냐, 투기를 그치겠느냐?' 유 씨가 조서를 절하고 받들고, '첩이 남편과 함께 어려서 매우 빈천하였다가 이제 부귀영화를 누리게 되었는데, 만약 남편이 첩을 둔다면 사는 게 죽느니만 못합니다. 금병의 술을 마시고 죽겠습니다.'라고 하니 태종이 임괴에게 말하였다. '죽는 것도 두려워하지 않으니 겁을 줄 수가 없구려. 짐이 막을 수 없으니 경이 또한 어떻게 하겠소.' 그리하여 별실에 두도록 명하였다고 한다. 사 태부의 부인과 임 상서의 부인은 꾀꼬리 고기를 먹어도 그 병을 고치기 어려울 것이다."

유한당의 아들며느리와 손자며느리가 모시고 앉아 있다가, 둘째 손녀가 크게 웃으며 말하였다.

"사공과 임공 둘 다 집사람의 투기를 금하지 못하였는데 벼슬은 태부와 상서에 이르렀사오니 그 나라에서 사람 쓰는 도리를 가히 알겠습니다. 부녀자로서 군자가 여색에 침혹(沈惑)하는 것을 보면 간할 수 있으나, 어찌 투기로써 이름을 세상에 알리고, 벼슬하는 남편으로 하여금 조정에서 비웃음을 받게 하니 이와 같은 부녀자를 어찌 족히 거론하겠습니까."

다섯째 손자며느리가 웃으며 말하였다.

"비단 이름을 세상에 알렸을 뿐 아니라 역사책에 실려 천년이 되도록

---

171 임괴(任瓌)가 … 잘라버렸다: 『조야첨재(朝野僉載)』「영사역투(寧死亦妬)」에 나오는 임괴(任瓌)의 처 유 씨(柳氏)의 일화. 내용은 유한당의 말과 같아 다시 싣지 않는다. 한문본에는 '송(宋)의 임고(林皐)'로 되어 있으나 오기이다.

전해지니 더욱 개탄스럽습니다."

유한당이 말하였다.

"부녀자가 비록 규중에 있으나 선악 간에 한 마디 말, 한 가지 일도 자연이 드러나 일시에 전파되는 것이다. 일시에 전파될 뿐 아니라 후세에까지 전해지니 어찌 삼가고 두려워하지 아니하겠느냐."

지기 현부(知己賢婦)

유한당이 시부모 모시기를 정성과 공경을 지극히 하여 밤낮으로 애쓰며 잠시도 게으르지 아니하였다. 시아버지가 내당에 들어오시면 언제나 유한당이 계단 아래 내려가 맞아들여 부축하여 자리로 올려드리고, 방석 등도 손수 가지런히 하여 몸을 편하게 해 드리는 데에 극진한 정성을 쏟았다. 서책을 정돈하여 책상 위에 두어 권의 차례가 바뀌지 않게 하고, 각종 물건을 깨끗이 씻어 점검하여 좌우에 두며, 곁에 모셔 떠나지 않고 있으면서 마음을 미리 헤아리고 그에 따라 행하니 상서가 원 부인에게 말하였다.

"내가 늘 부인을 참된 친구로 여겼는데, 이제는 맏며느리가 이러하니 내가 또 한 명의 참된 친구를 얻었구려."

녹함화(鹿銜花)와 앵함도(鶯含桃)

하루는 상서가 내당으로 들어와 유한당에게 말하였다.

"모란화(牡丹花)를 어째서 녹함화(鹿銜花)[172]라 일컫는지 아느냐?"

"궁궐의 동산에서 사슴을 길렀는데, 사슴이 모란화 한 송이를 입에 물고 간 일이 있었던 까닭에 이름이 된 것입니다."

"유서(類書)[173]를 상고하여 모란화가 기록된 권을 찾아오너라."

"이미 책상 위에 놓아두었습니다."

"아니, 어떻게 내가 그 책을 보려고 하는 줄을 미리 알아서 대령하였느냐?"

"아이들이 와서 말하길 수월정(水月亭)에 모란화가 활짝 피었고, 아버님께서 친구분들과 함께 가서 그걸 감상하신다고 하였기에, 생각하니 자리에서 반드시 모란화 말씀이 나올 것이고, 혹 모란화로 시를 지으실 듯도 하여서 감히 모란화 든 책을 찾아서 대령해 놓았습니다."

상서가 크게 기뻐하며 여러 딸들과 손녀들을 돌아보며 말하였다.

"너희도 시집가서 모든 일을 늘 저렇듯 영민히 하면 어찌 시부모의 사랑을 받지 않겠느냐."

상서공이 또 물었다.

---

172 녹함화(鹿銜花): 모란꽃. 송의 문인 유부(劉斧)의 『청쇄고의(靑瑣高議)』에, 당 현종(唐玄宗) 때 민간에서 크기가 한 척이나 되는 큰 모란꽃을 바쳤는데, 황제가 감상하기도 전에 사슴이 나타나 물고 가 버렸다는 이야기가 나온다.

173 유서(類書): 항목별로 분류하여 엮은 책. 오늘날의 백과사전과 비슷함.

"녹함화는 네가 이미 알고 있거니와, 녹함화의 대구가 될 만한 것이 있느냐?"

"있습니다. 앵함도(鶯含桃)[174]가 그러합니다."

시누이가 앵함도 출처를 물으니 유한당이 말하였다.

"옛적 꾀꼬리가 앵두를 따 머금고 갔기 때문에 '앵함도'라 하였어요."

유한당의 증손자가 옆에 있다가 말하였다.

"당시(唐詩)에 '비관어원조함잔(非關御苑鳥含殘)'[175]이라 하고 꾀꼬리라 하지 않았습니다."

"꾀꼬리는 새가 아니더냐. 꾀꼬리 앵(鶯) 자는 낮은 글자여서 율격에 맞지 않기에 새 조(鳥) 자로 바꾸어 쓴 것이다. 너도 시 지을 때 글자의 높낮이에 따라 변통하여 쓰는 것이 옳다."

시어머니를 모실 때

유한당이 시어머니를 모실 때 꼭 가까운 협실에서 자면서 시어머니가 잠들고 깨는 것을 살피고 물으시는 말씀에는 비록 깊은 밤이라도 반드시

174 앵함도(鶯含桃): 앵두. 당의 문인 허경종(許敬宗, 592~672)의 「액정산부(掖庭山賦)」에, "망아지는 콩잎을 먹여 마당에서 길들이고, 꾀꼬리는 앵두를 머금고 골짜기를 날아가네.(駒食藿而馴場, 鶯含桃而出谷)"라고 하였다.

175 비관어원조함잔(非關御苑鳥含殘): 당의 시인 왕유(王維)가 지은 「어명으로 백관에게 앵도를 하사하다(勅賜百官櫻桃)」의 한 구절이다. "이 앵도는 모두 능묘의 봄 제사상에 올렸던 것이지, 어원(御苑)의 새가 먹다 남긴 것은 아니라네.(摠是寢園春薦後, 非關御苑鳥含殘.)"

일어나 앉아 옷을 정돈하고 대답하였다. 시어머니가 자꾸 일어나게 만드는 것을 민망히 여겨, 비록 묻고 싶으나 그치게 되었다. 하룻밤은 시어머니가 잠에서 깨어 유한당에게 말하였다.

"내가 물을 말이 있는데 밤이 차고 촛불이 꺼졌으니 침상 위에서 대답하여라."

"옛 말씀에 '밝은 곳이라 해서 절의를 드러내 보이려 하지 않으며, 어두운 곳이라 해서 행실을 태만히 하지 않는다.'[176]라고 하였으니, 어찌 늦은 밤이라고 감히 소홀하겠습니까."

원부인이 탄식하였다.

"너는 참으로 여자 중의 거백옥(蘧伯玉)이로다."

음식 차리는 법

하루는 주 부인이 와서 유한당이 음식을 차려 나왔다. 주 부인이 식사를 마치고 유한당에게 말하였다.

"젊은 아이들이 언제나 유한당 집에 다녀오면 모두 말하기를 음식도

---

176 밝은 … 않는다: 『소학』 「계고」. 위령공(衛靈公)이 밤에 부인과 함께 있었는데 수레 소리가 대궐 문에 이르러 그쳤다가 다시 가는 소리가 들렸다. 그러자 부인은 이 사람이 필시 거백옥(蘧伯玉)일 것이라며, "무릇 충신과 효자는 밝은 곳이라 해서 절의를 드러내 보이려 하지 않으며, 어두운 곳이라 해서 행실을 태만히 하지 않는다.(夫忠臣與孝子, 不爲昭昭信節, 不爲冥冥惰行.)"라고 하였다. 위령공이 사람을 보내 알아보았더니 과연 거백옥이었다.

정결하거니와 그릇들도 가지런하여, 마음에 꼭 들어 차마 물릴 마음이 없더라 하니 어떻게 음식을 차렸기에 그러합니까?"

"별다른 방법이 없습니다. 『논어』에 '밥은 깨끗이 도정한 것을 싫어하지 않으셨고, 회는 가늘게 썬 것을 싫어하지 않으셨다.'라고 하였고, 주자께서 이를 풀이하여 '밥이 잘 도정되어 있으면 사람에게 좋은 영양소가 되고, 회가 거칠게 썰어져 있으면 사람을 해칠 수 있다.'라고 하니 인가의 손님 대접하는 예법에 정결히 차리지 않은 것으로 대접할 수는 없는 것입니다. 매번 이런 뜻으로 위아래 집안사람들을 경계할 따름입니다."

"음식 차릴 때에 생강, 계피 넣는 것은 맛을 돕기 위한 것입니다. 그런데 음식 중에 서로 금기하는 것이 많으니 유한당에게 물어보아 우리 집 부녀자들을 가르치고자 합니다."

"이런 일은 의술과 약재에 익숙한 사람이 알 것이니 내 부녀자로서 어찌 알겠습니까. 다만 인가의 부녀들이 금기를 전혀 모르고 음식을 차리면 먹는 이가 해를 입기 쉽습니다. 옛적에 어느 사람이 정자(程子) 댁에 종을 빌려 달라고 청하며 말하였습니다. '상백피(桑白皮)를 캐서 약용으로 쓰려 하는데 볕을 쬐면 독이 생겨 못 씁니다. 다른 사람을 시켜 캐면 속기 쉬운데 선생 댁 종은 반드시 남을 속여 해를 끼치지 않을 것이니 빌리고자 청합니다.'[177]라고 하였습니다. 비록 천한 종들도 사람이 상한다는 것

177 옛적에 … 청합니다: 『이정문집(二程文集)』「가세구사(家世舊事)」. 정명도가 주부(主簿)이고 사사직(謝師直)이 강동전운판관(江東轉運判官)일 때, 사사직이 상백피를 캐게 노복을 빌려달라고 청하였다. 정명도가 전운사에 소속된 역졸이 많은데 왜 그들을 부리지 않는지 묻자, 사사직은 "『본초』에 상백피가 흙에서 나와 볕을 쬐면 사람을 죽일 수 있다고 하였습니다. 그대가 부리는 사람은 속이지 않을 것이어서 빌리고자 할 따름입니다.(本草說, 桑白皮出土見日者, 殺人. 以伯淳所使人不欺, 故假之耳.)"라고 하였다. 『신농본초경소(神農本草經疏)』「상근백피(桑根白皮)」에,

을 알면 매우 경계하는데, 하물며 인가의 부녀자들이 어찌 조심을 아니하겠습니까. 수인씨(燧人氏)가 사람들에게 화식(火食)하는 법을 가르친 후에는 불을 쓰지 않는 음식이 없습니다. 음식을 익힐 때 불을 쓰는 법이 있으니, 어떤 때는 무화(武火: 센 불)를 쓰고 어떤 때는 문화(文火: 은근한 불)를 써서 완급에 맞게 하여야 맛이 좋아집니다. 음식을 차릴 때 귀한 것은 사치가 아니라 정결함에 있습니다.

금기하는 방법을 말하자면, 죽순은 상백피와 같아서 볕을 쬐면 먹지 못하고, 능금은 많이 먹으면 눈병 나고, 가지는 많이 먹으면 이질(痢疾) 나고, 은행은 어린아이가 많이 먹으면 경풍(驚風) 나고,[178] 마늘과 후추는 꿀과 한가지로 먹지 못하고,[179] 참외는 물에 오래 담갔다가 먹으면 안 되고, 참외 꼭지 둘 열린 것은 독이 있습니다. 감과 녹용은 술과 함께 먹을 수 없고, 두 발이 흰 닭은 먹을 수 없고, 거위는 차조기와 함께 먹을 수 없고, 계란은 고추와 함께 먹을 수 없습니다. 자라의 머리와 꼬리에는 독이 있고, 쥐의 뼈에는 독이 있으며, 코 붉은 개는 못 먹습니다.[180] 우유는 생선과 함께 못 먹고,[181] 잉어는 팥과 함께 먹을 수 없으며, 소주는 복숭아 씨

"흙 밖으로 나온 것은 사람을 죽게 한다.(出土上者, 殺人.)"라고 하였다.

178 은행은 … 나고: 『동의보감』「과부(果部)」 은행. "날것으로 먹으면 목을 자극하고, 어린아이가 먹으면 경기를 일으킨다.(生則戟人喉, 小兒食之發驚.)" 원 출전은 원대의 의사 오서(吳瑞)의 『일용본초(日用本草)』이다.

179 마늘과 … 못하고: 『금궤요략논주(金匱要畧論註)』. "생파와 꿀을 함께 먹으면 죽을 수 있다. 특히 마늘은 더욱 꺼린다. … 꿀을 먹은 후 4일 안에 생파나 부추를 먹으면, 가슴에 통증이 생긴다.(生葱不可共蜜, 食之殺人. 獨顆蒜彌忌. … 食糖蜜後四日内食生葱·韭, 令人心痛.)

180 코 붉은 … 먹습니다: 『비급천금요방(備急千金要方)』. "황제(黄帝)가 말하였다. '흰 개와 해유(海鮋)를 먹으면 반드시 나쁜 병을 얻고, 흰 개가 저절로 죽었는데 혀를 내밀지 않은 것은 먹으면 사람을 해친다. 개는 봄철에 많이 미치는데, 코에 붉은 기가 돌고 건조한 개는 미치려고 하는 것이니, 그 고기는 먹을 수 없다.'(黄帝云, '白犬合海鮋食之, 必得惡病, 白犬自死不出舌者, 食之, 害人. 犬春月多狂, 若鼻赤起而燥者, 此欲狂, 其肉不任食.')"

181 우유는 … 못 먹고: 원문은 '牛肉橐駝(소고기와 낙타)'인데, 우유와 발효유의 한글 표기를 잘못

앗과 함께 먹을 수 없고, 복어는 절대로 먹어서는 안 됩니다. 두부를 만들 때 소금을 넣으면 신선해지고, 술을 빚을 때 감을 가까이 두면 술이 상합니다. 소주와 약주를 함께 마시면 반드시 병을 얻으니 인가에서 손님 대접할 때에 극히 조심해야 합니다.

음식에 있어서 사치한 것은 더욱 금하여야 합니다. 옛날 어느 벼슬하는 사람이 집안이 자못 부유하여 음식을 극히 사치스럽게 하며 맛있는 음식만을 숭상하여 문하에 왕래하는 중에게 '나는 숯불로 짓지 않은 밥은 못 먹는다.'라고 하였습니다. 그 후 재산이 탕진하여 길을 걸어가다가 하교(河橋)를 지나던 도중에 좁쌀을 얻어 질솥[182]에 밥을 지어 기름진 쌀밥과 고기보다 더 달게 먹는데, 그 중이 웃으며 '이도 숯불에 지은 음식이오?'라고 물으니 그 사람이 크게 부끄러워하였다고 합니다.[183] 사람들이 진실로 한때의 부귀를 원하지마는, 오직 사치만을 숭상하여 음식의 고하를 품평하는 것은 실로 아름다운 일이 아닙니다."

번역한 것으로 생각되어 고쳤다. 『본초강목』「음식금기(飲食禁忌)」. "유유는 생선과 식초를 꺼린다.(牛乳忌生魚酸物.)"

182 질솥: 진흙으로 구워 만든 솥.

183 옛날 … 합니다: 『고금사문유취(古今事文類聚)』「불가택미식(不暇擇美食)」. 내용은 유한당의 말과 같아 다시 싣지 않는다. 원 출처는 강변(康駢)의 『극담록(劇談録)』이다.

천문 보는 법

유한당의 셋째 손자 운성이 유한당에게 여쭈었다.

"어젯밤 해가 질 무렵에 여섯째 숙부와 막내 숙부께서 수월정 앙관대(仰觀臺)에 올라 별자리의 도수를 보고 의논하다가 말하기를, '2월 경칩(驚蟄)[184]이 모레라.'라고 하였습니다. 소손이 곁에 있다가 그 까닭을 물으니 막내 숙부께서 '방서(方書)를 보고 배우라.'라고만 하고 가르쳐주지 않으니 할머니께 배우고자 합니다."

"무릇 천문을 보는 법은 별의 색깔을 살피거나 별의 기운을 점친 연후에야 앞날의 길흉을 알 수 있는 것이다. 태양이 가는 자리를 보는 것은 그저 계절의 빠르고 이름으로 징험하는 것이고, 이미 정해진 도수가 있으니 다시 무엇이 알기 어렵겠느냐. 지금 2월 경칩으로 말하자면 태양이 28수 중에 위수(危宿)[185] 제10도에 있을 것이고, 청명(淸明) 삼월절(三月節)에는 태양이 벽수(壁宿) 제8도에 있을 것이고, 입하(立夏) 사월절에는 위수(胃宿) 첫머리에 있을 것이오, 망종(芒種) 오월절에는 필수(畢宿) 제8도에 있을 것

184 경칩(驚蟄): 24절기 중 3번째 절기. 양력으로 3월 초 무렵이며, 태양의 황경(黃經)은 345°이다. 시헌력에서는 황경이 0°인 날이 춘분이고, 15° 움직일 때마다 24절기가 하나씩 바뀌어 270°인 날이 동지가 된다.

185 위수(危宿): 28수의 하나. 원문은 "胃"이나 한글본의 번역 과정에서 생긴 오기라 생각되어 '위수(危宿)'로 고쳤다. 28수는 하늘의 별들을 28개의 구획으로 구분한 것이다. 북방 7수는 두(斗)·우(牛)·여(女)·허(虛)·위(危)·실(室)·벽(壁), 서방 7수는 규(奎)·누(婁)·위(胃)·묘(昴)·필(畢)·자(觜)·삼(參), 남방 7수는 정(井)·귀(鬼)·류(柳)·성(星)·장(張)·익(翼)·진(軫), 동방 7수는 각(角)·항(亢)·저(氐)·방(房)·심(心)·미(尾)·기(箕)이며, 각 별자리마다 차지하고 있는 각도의 크기가 다르다. 본문에서는 24절기와 태양의 위치를 차례로 언급하였다.

이오, 소서(小暑) 유월절에는 정수(井宿) 제10도에 있을 것이다."

운성이 말하였다.

"7월 이후는 제가 헤아려 보겠습니다."

그러고는 손을 꼽아 헤아려보고 말하였다.

"입추(立秋) 칠월절에는 유수(柳宿) 제7도에 있고, 백로(白露) 팔월절에는 장수(張宿) 11도에 있고, 한로(寒露) 구월절에는 진수(軫宿) 제6도에 있고, 입동(立冬) 시월절에는 저수(氐宿) 제2도에 있고, 대설(大雪) 십일월절에는 미수(尾宿) 제2도에 있고, 소한(小寒) 십이월절에는 규수(奎宿) 제7도에 있고, 입춘(立春) 정월절에는 여수(女宿) 제5도에 있습니까?"

"네가 미루어 헤아리기를 잘하는구나. 그 움직임이 과연 그렇다."

운성이 매우 기뻐하여 급히 밖으로 나가 막내 숙부에게 말하였다.

"저 또한 별자리의 움직임을 알게 되었습니다."

그리고는 태양이 가는 순서를 열두 달의 순서에 착오 없이 헤아리니 막내 숙부가 크게 웃으며 말하였다.

"네가 할머니께 배워 알았구나."

그리고는 운성에게 말하였다.

"네가 다시 할머니께 가서 이걸 좀 여쭈어보아라. '별 중에 구성(臼星)[186]이 있고 파구성(破臼星)[187]이 있는데, 둘의 모양은 비슷한데 이름은 서

---

186 구성(臼星): 북방 7수의 위수(危宿)에 딸린 별. 『천문유초(天文類抄)』. "구성은 절구질을 주관하는 별이다. 엎어져 있으면 대기근이 발생하고, 위로 놓여 있으면 큰 풍년이 든다. 별이 밝지 않으면 백성들이 굶주리고, 별이 모여 있으면 안락한 해가 되며, 흩어지거나 동요하면 기근이 든다. 객성(客星: 초신성)이나 혜성이 들어오면 병란이 일어나고, 천하가 전쟁에 휩쓸리게 된다.(主舂. 覆則大饑, 仰則大豐. 不明民飢, 星衆歲樂, 疎或動饑. 客彗入杵臼, 兵起, 天下聚米.)"

187 패구성(敗臼星): 북방 7수의 허수(虛宿)에 딸린 별. 『천문유초』. "패구성은 패망과 재해를 주관

로 다르니 어째서인가요?'라고 말이다."

운성이 막내 숙부의 말로 유한당에게 여쭈니 유한당이 웃으며 말하였다.

"네 숙부가 너를 시켜 와 묻는 것이지? 구성은 큰 절구가 똑바로 놓인 모양이고 그 위에 마치 절굿공이같이 생긴 별 저성(杵星)[188]이 있으니 구성이라 부르는 것이다. 파구성은 옆으로 누워 있고, 위에 절굿공이 모양의 별이 없으니 못 쓰는 절구라 파구성이라 하는 것이다. 다만 별의 이름을 선비가 알아 두어야 할 바이지만 또한 어린아이가 급하게 공부할 것은 아니니라."

운성이 유한당의 말을 막내 숙부에게 전하니 막내 숙부가 말하였다.

"어젯밤에 두 별을 보고 이름이 다른 것을 의심하였는데, 이제 어머님의 말씀을 들으니 너를 시켜 너도 듣게 하였고 나도 알았구나."

하는 별이다. 별 하나가 보이지 않으면 백성들이 시루와 솥을 팔게 되고, 모두 보이지 않으면 자기 고향을 떠나게 된다. 수성, 목성, 금성, 화성, 토성이 들어오면 낡은 것을 버리고 새 것을 펼쳐내게 되고, 객성이나 혜성이 들어오면 백성들이 굶주리고 유랑하며, 병란이 일어난다.(主敗亡災害. 一星不具, 民賣甑釜, 不見, 民去其鄉. 五星入, 除舊布新, 客彗犯之, 民飢流亡, 兵起.)"

188 저성(杵星): 북방 7수의 위수(危宿)에 구성과 함께 속한 별자리로, 구성 바로 위에 절굿공이처럼 놓여 있다. 『천문유초』. "저성은 절구질과 군량을 주관하는 별이다. 저성이 아래의 구성을 똑바로 가리키면 길하고, 가리키는 것이 맞지 않으면 양곡이 끊어지게 된다. 저성이 곧지 않으면 백성들이 굶주리고, 별자리가 제대로 갖추어지지 않으면 백성들이 시루와 솥을 팔게 된다.(主舂軍糧. 正直下臼吉, 不相當糧絕. 不直民飢, 不具民賣甑釜.)"

성군(聖君)과 성현(聖賢)

유한당의 장손녀가 유한당께 여쭈었다.

"글 읽는 대장부들은 요·순·우·탕·문왕·무왕을 성군으로 일컫고, 공자와 안자·증자·자사·맹자와 염락(濂洛)의 여러 현인들을 성현으로 일컫습니다. 그런데 저는 그 성명과 생몰년을 모르니, 여자로서 그런 일을 알아 쓸모없지마는 전혀 모르는 것은 몹시 부끄러우니 할머니께 오늘 배우고 싶습니다."

"비록 여자라도 너무 무식한 것은 심히 고루하니, 내 대강 일러줄 터이니 기억해 두어라.

제요 도당씨(帝堯陶唐氏)는 성이 이기(伊祈)씨이고 이름은 방훈(放勛)이니 제곡 고신씨(帝嚳高辛氏)의 아들이시다. 어머니 경도(慶都)가 임신한 지 열네 달 만에 출산하시니, 고신씨가 재위한 지 63년만인 정해년(丁亥年)의 일이다. 요임금의 재위는 100년이고 향년은 117세였다.[189]

제순 유우씨(帝舜有虞氏)는 성이 요(姚)씨이고 이름은 중화(重華)이니 고수(瞽瞍)의 아들이시다. 어머니 악등(握登)이 큰 무지개를 보고 감응하여 순을 낳으시니, 요임금이 재위한 지 41년째인 갑신년(甲申年)이었다. 재위

189 제요 도당씨(帝堯陶唐氏): 요임금. 성은 이기(伊祁), 이름은 방훈(放勛), 호는 도당씨(陶唐氏). 『사기』「오제본기(五帝本紀)」. "제요 도당씨는 성이 기(祁)이다. 어머니 경도(慶都)가 열네 달 임신하여 요를 낳았다.(帝堯陶唐氏祁姓也. 母慶都十四月生堯.)" 『어정역대기사연표(御定歷代紀事年表)』. "고신씨에게 시집가서 잉태한 지 열네 달만인 정해년에 요를 단릉에서 낳았다.(孕十四月於高辛氏, 丁亥歲生堯於丹陵.)"

는 50년이고 향년은 110세였다.[190]

하우씨(夏禹氏)[191]는 성이 사(姒)씨이고 이름은 문명(文明)이니 곤(鯀)의 아들이시다. 어머니 유신씨(有莘氏)가 별을 보고 감응하여 하우씨를 낳으시니, 요임금이 재위한 지 55년째인 무술년(戊戌年) 6월 6일이었다. 재위는 10년이고 향년은 106세였다.

은왕(殷王) 성탕(成湯)[192]의 성은 자(子)씨이고 이름은 이(履)이다. 어머니 부도씨(扶都氏)가 흰 기운이 달을 꿴 것을 보고 감응하여 탕을 낳았으니, 하나라 공갑(孔甲)[193]이 재위한 지 27년째인 무진년(戊辰年)이다. 걸(桀)임금이 무도하여 제후들이 탕(湯)을 높여 천자 자리에 오르게 하니, 재위는 30년이고 향년은 100세였다.

주 문왕은 성은 희(姬)씨이고 이름은 창(昌)이니 아버지는 왕계(王季)이고 어머니는 태임이시다. 문왕이 은(殷)나라 경정(庚丁)[194] 원년 임인년(壬寅年)에 태어나 서백(西伯)에 봉해졌으며 무인년(戊寅年)에 죽으니 향년이 97세였다.

무왕의 이름은 발(發)로 문왕의 아들이시다. 어머니 태사가 은나라 경정이 재위한 지 12년째인 계축년에 무왕을 낳으시었다. 은의 주(紂)임금이

---

190 제순 유우씨(帝舜有虞氏): 순임금. 성은 요(姚), 이름은 중화(重華)이다. 『고금사문유취』「감추성생(感樞星生)」. “악등이 무지개를 보고 마음에 느낌이 있더니 순을 낳았다.(握登見虹意感而生舜.)”

191 하우씨(夏禹氏): 중국 하나라의 우임금을 이르는 말. 『산당사고(山堂肆考)』「탄주잉우(呑珠孕禹)」. “수기가 산을 가다가 유성이 묘성을 관통하는 것을 보았고, 또 신령스러운 구슬을 삼키고 뜻이 감응해 석뉴산에서 우를 낳았다.(修己山行, 見流星貫昴, 又呑神珠, 意感而生禹于石紐.)”

192 성탕(成湯): ‘탕왕(湯王)’의 다른 이름. 『고금사문유취』「백기관월(白氣貫月)」. “탕의 어머니 부도(扶都)는 흰 기운이 달을 꿰뚫는 것을 보고 뜻이 감동하여 탕을 낳았다.(湯母扶都, 見白氣貫月, 意感而生湯.)”

193 공갑(孔甲): 하나라의 14대 군주.

194 경정(庚丁): 은나라의 27대 군주.

무도하니 무왕이 제후들을 이끌어 정벌하고, 제후들이 왕을 높여 천자를 삼았다. 재위는 7년이고 향년은 93세였다. 이 여섯 임금은 만고의 성군으로 성덕과 사적(史蹟)이 경전에 실렸다.

공자는 이름은 구(丘)이고 자는 중니(仲尼)이시다. 아버지는 노나라 사람 숙량흘이신데, 공자의 외조부 안공이 숙량흘을 보고 크게 기이하게 여겨 돌아와 장녀에게 묻기를, '숙량흘의 나이가 비록 많으나 사람됨이 훌륭하니 네가 가서 그를 섬길 수 있겠느냐?' 장녀가 답하지 않자 다시 차녀에게 물으니 차녀 또한 대답하지 않거늘, 셋째 딸 안징재(顔徵在)가 말하였다. '아버지의 명을 어길 수 있겠습니까.' 안공이 크게 기뻐하여 말하였다. '네가 가서 잘 섬기면, 자손이 반드시 번성하리라.' 안징재가 숙량흘을 보니 나이가 많아 크게 두려운지라, 니구산에 빌어 중니를 낳으니 그때가 주 영왕(靈王) 21년 경술년(庚戌年, BC 551)이었다. 공자는 주 경왕(周敬王) 41년 임술년(壬戌年, BC 479)에 돌아가시니 향년이 73세였다.

안자는 이름이 회(回)이고 자는 자연(子淵)이니 아버지는 노나라 사람 안무요(顔無繇)이고 어머니는 강 씨(姜氏)이다. 주 경왕 7년 무자년(戊子年, BC 513)에 태어나 38년 기미년(己未年, BC 482)[195]에 죽으니 향년이 32세[196]였다.

증자는 이름이 삼(參)이고, 자는 자여(子輿)이니 아버지는 노나라 사람 증점이다. 어머니 성씨는 후세에 전하지 아니하였다. 증자가 주 경왕 병신

195 기미년: 원문에는 '己酉年'으로 되어 있으나 오기로 생각되어 고쳤다.
196 32세: 현재 학계에서는 안회가 41세(BC 521~BC 481)로 죽었다는 설이 더 신빙성이 있는 것으로 보고 있다.

년(丙申年, BC 505)에 나서 주 고왕(周考王) 5년 을사년(乙巳年, BC 436)에 죽으시니 향년은 70세였다.

자사(子思)[197]는 이름은 급(伋)이고 자는 자사이니, 공자의 손자이고 백어(伯魚)[198]의 아들이다. 태어난 해는 후세에 전하지 않고, 동주(東周) 위열왕(威烈王) 정축년(丁丑年, BC 404)에 돌아가시니, 혹자는 향년이 110여세라 말한다.

맹자의 이름은 가(軻)이고, 자는 자여(子輿)이니, 아버지는 추(鄒)나라 사람 격공의(激公宜)이고, 어머니는 장 씨(仉氏)이다. 주 열왕(周烈王) 4년 기유년(己酉年, BC 372)에 태어나 주 난왕(周赧王) 26년 임신년(壬申年, BC 289)에 돌아가시니 향년은 84세였다.

이 다섯 성인은 천고의 큰 성인들이시니 공자의 『논어』와 맹자의 『맹자』와 증자의 『대학』과 자사의 『중용』의 덕과 말씀은 가히 진실하여 믿을 만하다. 오직 안자만 지으신 글이 없으니 일찍 세상을 떠나셔서 그런 것이다.

염락의 모든 성현을 의논하자면, 송 태조 건덕(乾德) 5년 정묘년(丁卯年, 967)에 금, 목, 수, 화, 토 다섯별이 규성(奎星) 분야에 모여 있었기 때문에, 문명의 큰 운이 열렸다고 일컫는다.[199]

---

197 자사(子思): 공자의 손자이며, 증자에게 배웠고, 맹자의 스승이다. 『중용』을 지었다.

198 백어(伯魚): 공자의 아들 공리(孔鯉, BC 532 ~ BC 483)의 자(字). 태어났을 때 노 소공(魯昭公)이 잉어를 하사하여 이름을 리(鯉)로 짓고 자른 백어라고 하였다. 50세의 나이로 공자보다 먼저 죽었다.

199 규성(奎星): 『고금사문유취』「오성취규(五星聚奎)」. "송 태조 건덕 5년 3월, 별 다섯이 꿴 구슬처럼 누(婁)수의 다음에 내려와 있었다. 애초에 두의(竇儀)가 후주 주현덕(周顯德)의 조정에 있으면서 일찍이 동료 양휘지(楊徽之) 등에게 말하기를, '정묘년에 별 다섯이 규성에 모일 것이니, 이때부터는 천하가 태평해질 것이다'라고 하였다.(宋太祖乾德五年三月, 五星如連珠, 在降婁之

소강절(邵康節)[200] 선생은 이름은 옹(雍)이고 자는 요부(堯夫)이다. 낙양 사람으로, 송 진종(宋眞宗) 대중상부(大中祥符) 4년 신해년(辛亥年, 1011)에 태어나 송 신종(宋神宗) 희녕(熙寧) 10년 정사년(丁巳年, 1077)에 돌아가시니 향년이 67세였다.

주렴계[201] 선생은 이름은 돈이(敦頤)이고 자는 무숙(茂叔)이다. 도주(道州) 사람으로, 어머니는 정 씨(鄭氏)였다. 송 진종 천희(天禧) 원년 정사년(丁巳年, 1017)에 태어나셔 송 신종 희녕 6년 계축년(癸丑年, 1073)에 돌아가시니 향년은 57세였다.

장횡거[202] 선생은 이름은 재(載)이고 자는 자후(子厚)이니 개봉(開封) 사람이었다. 아버지는 전중승(殿中丞) 적(迪)이다. 송 진종 천희 4년 경신년(庚申年, 1020)에 태어나셔서 희녕 정사년(丁巳年, 1077)에 돌아가시니, 향년은 58세였다.

정명도[203] 선생은 이름은 호(顥)이고 자는 백순(伯淳)으로 하남(河南) 사람이었다. 아버지는 태중대부(太中大夫) 정향(程珦)이고 어머니는 후 씨(侯氏)이다. 선생은 송 인종 명도(明道) 원년 임신년(壬申年, 1032)에 태어나 송 신종 원풍(元豊) 8년 을축년(乙丑年, 1085)에 돌아가시니 향년은 54세였다.

정이천(程伊川)[204] 선생은 이름은 이(頤)이고 자는 정숙(正叔)이니 정명도의 아우로 명도가 태어나던 이듬해 계유년(癸酉年, 1033)에 태어나시고, 송

次. 初, 竇儀周顯德中嘗謂楊徽之等日: '丁卯歲, 五星聚奎, 自此天下太平)"

200 소강절(邵康節): 북송의 유학자 소옹(邵雍, 1011~1077). 역학에 밝았다.

201 주렴계: 주석 30 참조.

202 장횡거: 주석 111 참조.

203 정명도: 주석 29 참조.

204 정이천(程伊川): 정이(程頤, 1033~1107). 송의 유학자.

휘종(宋徽宗) 대관(大觀) 원년 정해년(丁亥年, 1107)에 돌아가시니 향년이 75세였다.

주자는 이름은 희(熹)이고 자는 원회(元晦)니 별호는 회암(晦庵) 선생이었다. 무원(婺源) 사람이었다. 아버지는 이부 원외랑(吏部員外郎) 주송(朱松)이고, 어머니는 축 씨(祝氏)였다. 송 고종(宋高宗) 건염(建炎) 4년 경술년(庚戌年, 1130)에 태어나셨다. 공자도 경술생이시고 주자도 경술생이신 까닭에, 후세 사람이 '경술년에 성인이 태어나시다.'라고 시를 지은 사람도 있었다.[205] 송 영종(宋寧宗) 경원(慶元) 6년 경신년(庚申年, 1200)에 돌아가시니 향년은 71세이셨다. 주자가 요순과 공맹의 도를 전하신 까닭에 공자가 다시 나셨다고 일컫는데, 요즘 학자들은 길을 달리하여 배척하는 자가 많다. 세도의 어그러짐이 적지 않으니 실로 개탄스럽다."

소저가 붓을 잡아 기록하니, 일곱째 아들 칠봉이 이를 보고 기뻐하여 말하였다.

"비록 남자라도 이런 일에 마음을 두는 사람은 드물다. 네가 여자로서 지식을 배우고 싶어하는 마음이 참으로 대단하니 기특하고 사랑스럽구나. 어머님께서는 이제 연로하신데 뭇 성인들의 생몰년과 간지를 조금의 착오도 없이 알고 계시니 총명과 기억력이 우리들의 미칠 바가 아니로다."

---

205 공자도 … 있었다: 명 당문봉(唐文鳳)의 『오강집(梧岡集)』「상유지현중수자양서원서(上劉知縣重修紫陽書院書)」. "앞의 경술년에는 주나라가 도읍을 동쪽으로 옮겼는데 공자께서 태어나셨고, 뒤의 경술년에는 송나라가 도읍을 남쪽으로 옮겼는데 주자께서 태어나셨으니, 아, 성현의 태어남에는 관계가 있는 것일까요.(前庚戌而孔子生于東遷, 後庚戌而朱子生於南渡, 嗚呼, 聖賢之生關乎.)"

책력 보는 법

동지가 지난 어느 날이었다. 유한당의 스물일곱째 손자 익성이 열한 살의 나이로 새 달력을 들고 절기의 빠르고 늦음을 따져보고 있었다. 유한당이 물었다.

"네가 달력을 알고 보느냐?"

"절기 이외에 또 특별하게 따져가며 볼 것이 있습니까?"

"비록 반 줄의 글을 보더라도 이해하여 보면 천지 만물의 이치며 집안과 나라를 화평하게 다스리는 도리를 미루어 알 것이다. 만약 이해를 하지 못하면 성현의 경전을 자기 말처럼 외워도 조금이나마 유익할 것이 있겠느냐. 하물며 달력은 천지가 운행하는 기운이며 초목 곤충의 성쇠와 변화하는 이치가 모두 갖추어 실려 있다. 어찌 데면데면히 보겠느냐."

"천지의 운행과 계절의 춥고 더운 변화는 달력으로 가히 징험할 수 있거니와, 초목의 성쇠와 곤충의 변화도 여기에 있습니까?"

"정월에는 칩충(蟄蟲)이 시진(始振)이라고 하고 달제어(獺祭魚)라 하고,[206] 이월은 응화위구(鷹化爲鳩), 현조지(玄鳥至), 도시화(桃始華)라 하고,[207]

---

206 정월에는 … 하고: 『예기』「월령」. 음력 1월(孟春之月)에 "동풍이 얼음을 녹이면, 숨어서 겨울을 나던 벌레들이 비로소 일어난다. 물고기가 얼음 근처로 올라오면, 수달은 잡은 물고기를 제사 지내듯 늘어놓는다.(東風解凍, 蟄蟲始振. 魚上冰, 獺祭魚.)"라고 하였다.

207 이월은 … 하고: 『예기』「월령」. 음력 2월(仲春之月)에 "처음으로 비가 내리고, 복숭화 꽃이 핀다. 꾀꼬리가 울고, 매는 비둘기가 된다. … 이 달에 제비가 날아온다.(始雨水, 桃始華. 倉庚鳴, 鷹化爲鳩. … 是月也, 玄鳥至.)"라고 하였다.

삼월은 대승(戴勝)이 강우상(降于桑)이라 하고,[208] 사월은 맥추지(麥秋至)라 하고.[209] 유월은 부초위형(腐草爲螢)이라 하고,[210] 칠월은 응내제조(鷹乃祭鳥)라 하고,[211] 팔월은 현조귀(玄鳥歸)라 하고,[212] 구월은 홍안래빈(鴻鴈來賓), 시내제수(豺乃祭獸), 국유황화(鞠有黃華)라 하여[213] 기록한 것이 매우 많다. 이러한 일들을 이해하지 못하면 군자의 격물치지(格物致知)하는 공부에 무슨 유익할 것이 있겠느냐."

"이것이 다 「월령」에서 나온 것입니까?"

"「월령」에서 나온 것도 있고, 간혹 「월령」 밖에서 나온 것도 있다."

익성이 급히 형 예성과 아우 진성을 청하여 함께 와 유한당에게 아뢰었다.

"오늘 저희들이 할머니께 달력의 초목(草木)과 조수(鳥獸)에 관한 말을 배우고자 합니다."

"「월령」을 말하였으니, 「월령」을 자세히 보아라."

"눈으로 보는 것이 나은 일도 있고, 귀로 듣는 것이 나은 일도 있으

208 삼월은 … 하고: 『예기』 「월령」. 음력 3월(季春之月)에 "뻐꾸기가 날개를 떨치고, 오디새가 뽕나무에 내려앉는다.(鳴鳩拂其羽, 戴勝降于桑.)"라고 하였다.

209 사월은 … 하고: 『예기』 「월령」. 음력 4월(孟夏之月)에 "냉이 같은 풀들은 죽고, 보리알이 익는 때가 된다.(靡草死, 麥秋至.)"라고 하였다.

210 유월은 부초위형(腐草爲螢)이라 하고: 『예기』 「월령」. 음력 6월(季夏之月)에 "매의 새끼가 날기를 익히고, 썩은 풀은 반딧불이 된다.(鷹乃學習, 腐草爲螢.)"라고 하였다.

211 칠월은 … 하고: 『예기』 「월령」. 음력 7월(孟秋之月)에 "서늘한 바람이 불고, 백로가 내리며, 쓰르라미가 울고, 매는 잡은 새를 제사 지내듯 늘어놓는다.(涼風至, 白露降, 寒蟬鳴, 鷹乃祭鳥.)"라고 하였다.

212 팔월은 … 하고: 『예기』 「월령」. 음력 8월(仲秋之月)에 "매서운 바람이 불고, 기러기가 날아오며, 제비는 돌아가고, 뭇 새들은 먹을 것을 저장한다.(盲風至, 鴻鴈來, 玄鳥歸, 群鳥養羞.)"라고 하였다.

213 구월은 … 하여: 『예기』 「월령」. 음력 9월(季秋之月)에, "기러기가 손님으로 오고, 참새는 큰물로 들어가 조개가 된다. 국화는 노랗게 피고, 승냥이는 잡은 짐승을 제사 지내듯 늘어놓고 먹는다.(鴻鴈來賓, 爵入大水爲蛤. 鞠有黃華, 豺乃祭獸戮禽.)"이라고 하였다.

니 자세히 여쭙고 싶습니다."

"너희가 이리 간절히 청하니 내 대략 일러 주마. 정월에 칩충이 시진이라는 말은 작년 겨울에 벌레들이 칩거하였다가 따뜻한 기운을 타고 움직이는 것을 말한다. 사람 또한 10월에 집에 들어가고, 봄이 되면 나누어 흩어진다. 고로 『서경』에 '백성들은 나누어 흩어진다.'[214]라고 하였다. 정월에는 수달이 잡은 물고기를 제사 지내고, 칠월에는 매가 새를 잡아 제사 지내며, 구월에는 승냥이가 짐승을 잡아 제사 지낸다고 하였으니, 비록 이렇게 무지한 짐승들도 때를 따라 근본에 보답하는 도리를 알거늘, 사람이 어찌 천시(天時)를 따라가며 물산이 이루어지는 대로 그 조상을 제사 지내지 않겠느냐.

이월에는 매가 변화하여 비둘기가 되고, 구월에는 참새가 큰물에 들어가 조개가 된다고 하였으니, 참새가 조개로 될 수는 있어도 조개는 참새가 되지 못한다. 그런데 매는 화하여 비둘기가 되었다가 도로 매가 될 수 있기에 '될 화(化)' 자를 참새에게는 쓰지 않았고 매에게는 썼다. 경전에서 말을 쓰는 것을 어찌 가히 대충 보겠느냐.

삼월에는 오디새가 뽕나무 위에 내려온다고 하였으니 오디새는 삼월에 뽕잎 딸 때에 날아오는 새이다."

진성이 말하였다.

"아까 경전에는 한 글자도 대충 쓰지 않았다고 들었습니다. 오디새를

---

214 백성들은 … 흩어진다: 『서경』「요전(堯典)」. "춘분이 되어 조성(鳥星)이 보이니 이로써 봄을 맞이하면, 백성들은 나누어 흩어지고 새와 짐승은 새끼를 친다.(日中星鳥, 以殷仲春, 厥民析, 鳥獸孳尾.)"

말하면서 반드시 '내릴 강(降)' 자를 쓴 것은 어째서입니까?"

"네가 묻는 것이 매우 마땅하다. 오디새가 오는 때는 양잠하는 달이라, 양잠하는 달이 되었다는 것을 알리는 것 같이 보이기에 사람들이 오디새를 귀히 여겨 마치 하늘이 시켜 내려보내듯이 여겨 반드시 '내릴 강' 자를 썼느니라.

사월에 보리 가을이 이르렀다고 하였으니 모든 곡식이 다 가을에 익되 오직 보리는 사월에 익기에 보리 가을이라 일컫는다. 농가에 작년 곡식이 다 떨어지고 새 곡식은 아직 익지 않았을 때에 보리가 익으면 이것으로 궁핍함을 구제하기에 선왕들이 보리를 중히 여기시고, 『시경』에 '하늘이 우리에게 밀과 보리를 주셨다.'[215]라고 일컬었다.

구월에 국화 누른 꽃이 있다고 하였다. 이월의 복숭아꽃과 삼월의 오동나무꽃은 다 빛을 일컫지 않았는데 유독 국화만 일컬었으니, 풀잎과 나뭇잎이 떨어질 때 오직 국화만 그 가운데 정색(正色)[216]을 띠었기에 성인이 귀중히 여겨 드러내신 것이다. 이렇게 달력 하나에 천지, 일월, 성신의 운행과 곤충, 초목, 조수의 변화가 모두 들어 있다. 다만 달의 차고 이지러짐과 절기의 이르고 늦음만 본다면 어찌 가히 유익함이 있겠느냐?"

예성이 여쭈었다.

"『예기』에, 중춘(음력 2월)에 기러기가 온다고 하였고 중추(음력 8월)에도 기러기가 온다고 하였습니다. 봄에 왔다고 말했으면 가을에는 돌아간다

---

215 하늘이 … 주셨다: 『시경』「사문(思文)」. "우리에게 밀과 보리를 주심은, 이것으로 백성들을 두루 기르도록 상제께서 명하신 것이라.(貽我來牟, 帝命率育.)"

216 정색(正色): 청색, 황색, 적색, 백색, 흑색을 말한다.

고 할 것이요, 가을에 왔다고 했으면 봄에는 돌아간다고 할 것이로되 봄, 가을 모두 온다고 한 것은 무슨 뜻입니까?"

"네 질문이 정밀하고 깊다. 중춘에 기러기는 남쪽에서 북쪽으로 갈 때 중국으로 와서 북으로 향하고, 중추에 기러기는 북쪽에서 남쪽으로 갈 때 중국으로 와서 남으로 향한다. 「월령」 한 편은 중국인이 절기를 기록한 책이라, 중춘에 기러기가 남쪽에서 날아오는 것을 보는 까닭에 반드시 기러기가 온다고 하였고, 중추가 되어 기러기가 북쪽에서 날아오는 것을 보는 까닭에 반드시 기러기가 온다고 하였으니 봄과 가을의 절기에 그 본 것을 기록한 것이기에 돌아간다고 말을 하지 않고 오직 온다고만 하였다. 또 천하 만물이 마치 중국을 위하여 오는 듯이 말하여서 그러하니라."

"정말 말씀하신 대로입니다. 책력에는 나라와 집을 경륜(經綸)하는 도리로서 이해하여야 할 것으로는 무엇이 있습니까?"

"책력 하나를 놓고 미루어 보자면 천하의 허다한 경륜이 다 들었다. 봄바람의 화기는 안자(顏子)[217]의 기상이고, 가을 서리의 엄숙함은 맹자의 기상이고, 공자는 대성인이시기에 사계절의 기상을 다 갖추고 계시다. 후대의 학자들이 열두 달 절기를 보면 여러 성인의 기상을 생각할 수 있느니라.

봄에 뭇 생명들이 화락하는 모양을 보면 성군이 가난 구제하던 정치를 생각할 것이요, 가을에 만물이 거두어들이는 것을 보면 선왕이 추수

217 안자(顏子): 공자가 가장 아꼈던 제자 안회(顏回).

돌아보는 정치를 생각할 것이다. 중춘에는 어리고 약한 아이를 보살피기에 힘쓰고,[218] 중추에는 늙고 쇠한 이를 보양하라고 하였다.[219] 양기의 성쇠를 따라 춘분과 추분에 이르면 추위와 더위가 매우 고르게 되는 때이니, 반드시 저울과 섬을 고르게 하고[220] 자의 치수를 고르게 하여[221] 천하만국이 하나같이 고르게 하는 것이니, 이것으로 의논하면 큰일이나 작은 일 어느 것이나 천지의 절기 순서를 맞추지 않는 것이 없다. 이것이 학자의 이해할 것이 아니겠느냐."

명절의 유래와 세시 풍속

익성이 말하였다.

"할머니 가르침은 비록 작은 일이라도 큰 것에 연결하여 의리에 통달하게 해 주시니, 어리석은 저희들도 많이 깨닫게 됩니다. 천지 만물과 나라, 집안을 다스리는 도리는 이제 좀 알겠습니다. 그런데 아직 모르는 것

---

218 중춘에는 … 힘쓰고: 『예기』「월령」 음력 2월. "이 달에는 초목의 싹을 온전히 하며, 어린아이들을 잘 기르고, 여러 고아들을 보호한다.(是月也, 安萌芽, 養幼少, 存諸孤.)"

219 중추에는 … 하였다: 『예기』「월령」 음력 8월. "이 달에는 노쇠한 자들을 봉양하며, 안석과 지팡이를 주고, 죽과 음식을 나눠준다.(是月也, 養衰老, 授几杖, 行麋粥飮食.)"

220 저울과 … 하고: 『예기』「월령」 음력 2월. "춘분이 되면, 천하의 도량을 같게 한다. 저울대와 무게의 단위인 섬을 고르게 하고, 부피의 단위인 말과 휘를 공평히 하며, 저울추와 평미레를 바르게 한다.(日夜分, 則同度量. 鈞衡石, 角斗甬, 正權概.)"

221 자의 … 하여: 『예기』「월령」 음력 8월. "추분이 되면, 천하의 도량을 같게 한다. 저울추와 저울대를 바르게 하고, 무게를 재는 균(鈞)과 섬을 바로잡으며, 부피의 단위인 말과 휘를 공평히 한다.(日夜分, 則同度量. 平權衡, 正鈞石, 角斗甬.)"

이 있습니다. 1월 1일과 3월 3일, 5월 5일, 7월 7일, 9월 9일은 모두 명절로 일컫는데, 2월 2일, 4월 4일, 6월 6일, 8월 8일 등은 어찌하여 명절로 일컫지 아니합니까?"

"옛날 성인이 양(陽)을 귀하게 여기고 음(陰)을 천하게 여긴 까닭에 1월 1일과 3월 3일, 5월 5일, 7월 7일, 9월 9일은 월도 양이요 일도 양이기에 명절로 일컫고, 2월 2일, 4월 4일, 6월 6일, 8월 8일은 월과 일이 다 음이기에 일컫지 아니하였다. 10월은 완전한 음이기에 양이 없는 것을 꺼리어 이를 양월(陽月: 음력 10월의 별칭)이라고 하고, 동지(음력 11월)에 하나의 양이 처음으로 나오기에 동지도 명절로 일컫는다. 소강절의 시[222]에 그 말이 있다.

冬至子之半 동짓날 자정
天心無改移 하늘의 중심은 변함이 없더라
一陽初起處 하나의 양이 처음 동하는 곳이요
萬物未生時 만물이 나지 못한 때로다
玄酒味方淡 맑은 물은 그 맛이 담담하고
太音聲正希 큰 음악은 소리가 드물다
此言如不信 이 말을 만일 믿지 못한다면
更請問包犧 다시 복희씨에게 물어보라

222 소강절의 시: 소강절의 『격양집(擊壤集)』「동지음(冬至吟)」.

동짓날에는 부녀자들이 새 버선을 지어 시부모께 올렸으니, 그 뜻은 하나의 양기가 땅으로부터 생겨나기에 새 버선으로 밟아서 양기를 감응하시라는 뜻이다. 그리하여 최인(崔駰)이라 하는 사람이 「말명(襪銘)」[223]을 지으니 이러하다.

陽升於下　양기는 아래로부터 올라오고
日永於天　해는 하늘에 길도다
長履景福　길이 큰 복을 밟으시어
至于億年　억만년에 이르리로다

여러 손자들이 또 여쭈었다.

"3월 3일, 5월 5일, 7월 7일 모두 양이 겹쳐 들었는데, 9월 9일만 유독 '중양(重陽: 양이 겹쳐 들었다)'이라고 일컬으니 무슨 뜻입니까?"

"낙서(洛書) 숫자에 2, 4, 6, 8이 음이 되고, 1, 3, 5, 7, 9는 양이 되는데 9는 양수 중에서 숫자가 가장 많기에 9월 9일을 중양절(重陽節)이라 일컫는다."

"여러 명절에 숭상하는 음식이 다르고, 놀이가 각각 다르니 그는 어찌된 일입니까? 이에 대해 자세히 알고 싶습니다."

"입춘(立春)에 비단으로 기를 만들어 춘번(春幡)이라 부르는 것은 한나

---

223 「말명(襪銘)」: 후한(後漢) 때 최인(崔駰)이 지었다. 『예문유취(藝文類聚)』, 『천중기(天中記)』 등에 보인다.

라 때 풍속이요,[224] 비단으로 꽃을 만들어 채화(綵花)라고 하거나 채승(綵勝)이라고 하는 것은 당나라 때 풍속이요,[225] 채색으로 제비를 만들어 채연(綵鷰)이라고 부르는 것은 형초(荊楚)의 풍속이다.[226] 다섯 가지 매운 맛 채소를 그릇에 가득 담아 오신반(五辛盤)이라 하기는 송나라 때 더욱 성하였기에,[227] 소동파의 시에 '신반(辛盤)에는 푸른 나물이 담겨 있고, 납월(臘月, 음력 12월)의 술은 노란 귤로 빚었네.'[228]라고 하여 글귀가 지금까지 전해져 온다.

제야에는 대나무를 불에 태워 소리를 내어 잡귀를 놀라게 하고,[229] 복숭아 가지를 문에 걸고 도부(桃符)[230]라 하여 귀신을 쫓고, 도소주(屠蘇

---

224 입춘(立春)에 … 풍속이요: 『후한서보일(後漢書補逸)』「춘번(春幡)」. "입춘에 춘번을 세운다. 흙으로 빚은 소와 농부를 문밖에 둔다.(立春之日, 竪春旛, 施土牛耕人於門外.)". 『후한서』「예의지(禮儀志)」에는 '청번(靑幡)'이라고 하였다.

225 비단으로 … 풍속이요: 『한원신서(翰苑新書)』「입춘(立春)」. "채승(綵勝). 입춘에 사대부 집에서는 비단을 잘라 작은 깃발을 만들고 이를 춘번이라 부른다. 혹은 여자의 머리에 달아놓고, 혹은 꽃가지 아래에 묶어 놓기도 한다. 또 비단을 잘라 봄나비, 봄제비, 봄장식을 만들어 놀거리로 삼았다.(立春之日, 士夫之家, 剪綵爲小幡, 謂之春幡. 或懸於佳人之頭, 或綴於花枝之下. 又剪爲春蝶, 春燕, 春勝, 以爲戲.)"

226 채색으로 … 풍속이다: 『형초세시기(荊楚歲時記)』「정월(正月)」. "입춘이 되면 다들 비단을 잘라 제비를 만들어 머리 장식으로 하고, '의춘(宜春)' 두 글자를 써서 문에 붙인다.(立春之日, 悉剪綵爲鷰以戴之, 貼宜春二字.)"

227 오신반(五辛盤): 『형초세시기(荊楚歲時記)』「정월(正月)」. "주처(周處)의 『풍토기(風土記)』에 의하면, '1월 1일 오신반을 만들어 다섯 가지 매운 맛 나는 채소로 몸의 도를 닦는다'라고 하였다. 주석에는 '다섯 가지의 매운 맛은 오장(五臟)의 기운을 발하게 하니, 곧 마늘, 달래, 부추, 유채, 고수이다.'(周處『風土記』曰: '元日造五辛盤, 正月元日, 五薰鍊形.' 注: '五辛所以發五藏之氣, 即大蒜·小蒜·韭菜·雲臺·胡荽是也.')"

228 신반에는 … 빚었네: 『동파전집(東坡全集)』「입춘일소집정이단숙(立春日小集呈李端叔)」. "오신반에는 푸른 부추요, 납월의 술은 누른 감귤이로다.(辛盤得靑韭, 臘酒是黃柑.)" 음력 12월에 감귤로 술을 빚는 풍속이 있었다고 한다.

229 대나무를 … 하고: 『형초세시기』「정월」. "살피건대 『신이경(神異經)』에 이르길, '서방의 산 속에 어떤 사람이 키는 1척이 넘고 발은 하나로, 사람을 두려워하지 않으며 그와 마주친 사람은 오한과 열이 나게 한다. 산조(山臊)라 부른다. 사람이 대나무에 불을 붙여 폭죽 소리를 내면 산조가 놀라고 겁먹어 멀리 도망간다. 『현황경(玄黃經)』은 산조귀(山獵鬼)라 부른다'라고 하였다.(按神異經云, '西方山中有人焉, 其長尺餘, 一足, 性不畏人, 犯之則令人寒熱. 名曰山臊. 人以竹著火中烞熚有聲, 而山臊驚憚遠去. 玄黃經所謂山獵鬼也.')"

230 도부(桃符): 『형초세시기』「정월」. "살피건대 장자(莊子)가 이르길, '닭을 문에 걸고, 그 위에 갈대로 엮은 노끈을 매달아 놓고, 복숭아나무 부적을 옆에 꽂으면 온갖 귀신이 이를 두려워한다'

酒)[231]를 빚어서 어린 사람부터 차례로 마시니 이것은 모두 형초 풍속이다. 『형초세시기』라 하는 책에 있으니 너희들이 자세히 보아라. 1월 7일은 인일(人日)이라 한다. 동방삭의 점치는 법에, 초하루 날은 닭에게 속한 날이라 하고, 2일은 개, 3일은 돼지, 4일은 양, 5일은 소, 6일은 말, 7일은 사람, 8일은 곡식에 속한 날이라 하여 그날의 날씨를 보아 그날 속한 동물의 한 해 운세를 점친다.[232] 또 일곱 가지 나물을 만들어 먹고 이름을 칠종채(七種菜)[233]라 한다.

상원(上元)[234]은 새해의 첫 보름달이기에 등불 켜고 달구경 하는 풍속이 있다. 당나라 때는 조정에서 신하들에게 귤을 보내고, 3일 동안 밤에 다니기를 금하지 아니하였다. 혹 누에의 신에게 제사를 지내는 법도 있다.[235] 2월 1, 2일을 중화절(中和節)이라 부르고 백곡을 채색 비단 주머니에 넣어 가지고 남에게 주는 풍속이 있었다.[236] 3월 3일은 만물이 화창하고

라고 하였다.(按莊周云, '有掛雞於户, 懸葦索於其上, 揷桃符於旁, 百鬼畏之.')"

231 도소주(屠蘇酒): 설날에 마시면 전염병과 삿된 기운을 물리친다는 술로, 나이가 적은 사람부터 마시는 풍습이 있었다.

232 동방삭의 … 점친다: 『형초세시기』「정월」. "살피건대 동훈(董勛)의 『문예속(問禮俗)』에 이르길, '정월 1일은 닭, 2일은 개, 3일은 양, 4일은 돼지, 5일은 소, 6일은 말, 7일은 사람의 날이라 하여 날씨의 흐리고 맑음으로 풍작 여부를 점친다'라고 하였다.(按董勛問禮俗云, '正月一日爲雞, 二日爲狗, 三日爲羊, 四日爲猪, 五日爲牛, 六日爲馬, 七日爲人, 以陰晴, 占豐耗.')"

233 칠종채(七種菜): 『형초세시기』「정월」. "1월 7일은 사람의 날이니, 이날 일곱 가지 나물을 뜯어 국을 끓여 먹는다.(正月七日爲人日, 以七種菜爲羹.)" 일곱 가지 나물은 미나리, 냉이, 쑥, 별꽃, 개보리뺑이, 순무의 싹, 무의 싹을 말한다.

234 상원(上元): 음력 정월 보름.

235 누에의 … 있다: 『형초세시기』「정월」. "살피건대 『제해기(齊諧記)』에 이르기를, '정월 보름에 신(神)이 진 씨(陳氏)의 집에 내려와 말하기를, 잠실에 만약 제사를 지내면 누에와 뽕나무의 생산을 백배로 해 주리라'라고 하였다.(按齊諧記曰: '正月半有神降陳氏之宅云, 是蠶室, 若能見祭, 當令蠶桑百倍.')"

236 백곡을 … 있었다: 『천중기』「중화절」. "중화절은 2월 1일이니, 당 덕종(德宗)이 만든 명절이다. … 민간에서는 푸른 주머니에 곡물과 과일의 씨앗을 가득 담아가지고 서로 물으며 주는데, 이를 '헌생자(獻生子)'라고 부른다.(中和節, 二月一日爲中和. 德宗方置此節 … 民間以靑囊盛百穀瓜果種, 相問遺, 號爲獻生子.) 이 내용은 『형초세시기』에 없다.

날씨가 청량하니, 옛사람들이 답청(踏青)[237] 놀이하며 상서롭지 않은 기운을 방비하였다. 증점(曾點)이 자신의 뜻을 대답하면서 '기수(沂水)에 목욕하고 무우(舞雩)에서 바람을 쐬겠습니다.'[238]라고 하니, 선유의 말씀에, '증점의 이 말에 요순의 기상이 있다.'[239]라고 일컬었다. 열두 달 명절을 다 말하려 하면 몹시 지루하여 못 한다."

여러 손자들이 입을 모아 말하였다.

"옛날 공자의 여러 제자들 중에 안자가 들은 공자님 말씀을 증자가 듣지 못한 것이 있고, 자로가 들은 공자님 말씀 중에 자공이 듣지 못한 것이 있는데, 오늘 저희들은 여럿이 한 자리에 모여 할머니 말씀을 함께 들으니 어찌 아니 좋습니까. 명절 말씀을 더 듣고 싶습니다."

"한식(寒食)은 동지 후 105일이나 106일이 된다."[240]

예성이 말하였다.

"속설에 진(晉)나라 때 개자추(介子推)가 금산(錦山)에서 불에 타 죽어서 후세 사람들이 가엾게 여겨 한식이라 한다는데 그 말이 옳습니까?"

"그렇게들 말하거니와, 만일 개자추가 죽은 날이면 어찌 2월 아니면

---

237 답청(踏青): 3월 3일 교외를 산책하는 풍속.

238 기수(沂水)에 … 쐬겠습니다.: 『논어』 「선진(先進)」. 공자가 제자들에게 각자의 뜻을 묻자 증점이 이렇게 말하였다. "늦은 봄에 봄옷이 만들어지면, 관을 쓴 대여섯과 아이들 예닐곱과 함께 기수(沂水)에 가서 목욕하고 무(舞雩)에서 바람을 쐬고 노래하며 돌아오겠습니다.(莫春者, 春服既成, 冠者五六人, 童子六七人, 浴乎沂, 風乎舞雩, 詠而歸.)"

239 증점의 … 있다: 『논어집주(論語集註)』 「선진」. "정자가 말씀하셨다. … 공자께서 증점을 허여하셨으니 이는 대개 성인의 뜻과 같은 것이니 이것이 바로 요순의 기상인 것이다.(程子曰: '… 孔子與點, 蓋與聖人之志同, 便是堯舜氣象也.')"

240 한식은 … 된다: 『형초세시기』 「이월(二月)」. 종름(宗懍)의 원문에는 "동지로부터 105일이 지나면 바람이 세게 불고 비가 많이 내린다. 이 날을 한식이라고 부르고, 불 쓰는 일을 3일간 금하며, 엿과 보리죽을 만든다.(去冬節一百五日, 即有疾風甚雨. 謂之寒食, 禁火三日, 造餳大麥粥.)"라고 하였고, 두공첨(杜公瞻)의 주석에는 "책력을 살피건대 청명 전의 2일과 부합하니 동지로부터 106일이기도 하다.(按曆合在清明前二日, 亦有去冬至一百六日者.)"라고 하였다.

3월로 날짜가 매년 바뀌겠느냐. 절기가 청명절(淸明節) 가까워지면 늘 사나운 바람이 많이 불어 화재를 방비하는 까닭에 한식 풍속이 생긴 것이다.[241] 혹 냉절(冷節)[242]이라고도 한다."

"당나라 때 유종원(柳宗元)이 유주(柳州)로 귀양 갔을 때 '한식인데 부모 산소에 갈 수 없다.'[243]라고 친한 친구에게 기별하여 애달파 하였으니 한식에 성묘하기는 당나라 때부터 시작된 것입니까?"

"한나라 광무제(光武帝) 때 여러 장수들이 고향으로 돌아가게 되면 광무제가 작은 송아지를 주어 조상의 묘에 제사하도록 하니 고향에서 영광스럽게 여기었다. 이런 까닭에 풍속이 된 것이다."[244]

자성이 말하였다.

"추천(鞦韆)[245] 놀이는 어느 때 나왔습니까?"

---

241 절기가 … 것이다: 『형초세시기』「이월」. "『좌전』과 『사기』에는 모두 개자추가 불타 죽은 기록이 없다. 『주례(周禮)』「사훤씨(司烜氏)」에 '음력 2월에는 목탁으로 알려 나라에 불 쓰는 일을 금한다'라고 하였고, 주석에 '음력 3월에는 화재가 나기 쉽기 때문이다'라고 하였다.(左傳及史記, 並無介推被焚之事. 周禮司烜氏, 仲春以木鐸修火禁於國中, 注云, 爲季春將出火也.)"

242 냉절(冷節): 『사민월령(四民月令)』. "제나라 사람들이 한식을 '냉절(冷節)'이라고 부른다.(齊人呼寒食爲冷節.)"

243 당나라 때 … 말이 있으니: 『신당서(新唐書)』「유종원전(柳宗元傳)」. 유종원이 유주(柳州)로 귀양 가 있으면서 경조윤(京兆尹) 허맹용(許孟容)에게 편지(「기허경조맹용서(寄許京兆孟容書)를 보냈는데 그 중에 다음과 같은 말이 있었다. "오늘날 성묘하는 예법이 중한데, 성묘를 못한 것이 4년이나 되었습니다. 매양 한식날이 되면 북쪽을 향해 길게 울부짖으며 머리를 땅에 조아립니다.(近世禮重拜掃, 今闕者四年矣. 每遇寒食, 則北向長號, 以首頓地.)"

244 한나라 … 되었다: 『고금사문유취』「제묘지시(墓祭之始)」. "한 광무제가 처음 대업을 잇고, 여러 장수들이 출정할 때 고향을 지나가는 자가 있으면 관리에게 조서를 내려 소뢰(少牢)의 제물을 주고 성묘하게 하니, 이를 영광스럽게 여겼다.(漢光武初纂大業, 諸將出征, 有經鄉里者, 詔有司給少牢, 令拜掃, 以爲榮.)"

245 추천(鞦韆): 그네. 『천중기』「한식」. "반선희(半仙戲)는 천보(天寶) 연간 궁중에서 한식날이 되면 다투어 그네를 만들어 궁궐의 빈(嬪)들이 타고 놀며 즐거움으로 삼게 하였다. 황제가 이를 '반선지희(半仙之戲)'라 부르니 나라 사람들이 이로 인해 그렇게 부르게 되었다. 『고금예술도(古今藝術圖)』에 이르기를, 추천은 북쪽 산융(山戎)의 놀이라고 하였다.(半仙戲, 天寶宮中, 至寒食節, 競築鞦韆, 令宮嬪輩戲笑, 以爲宴樂. 帝呼爲半仙之戲, 都中士民因而呼之. 古今藝術圖云, 鞦韆, 北方山戎之戲.)"

"그것도 한나라 때 놀이니, 아마도 오랑캐 풍속인가 싶다."

예성이 말하였다.

"맹상군(孟嘗君) 전문(田文)이 단오(端午)날에 태어났다는 말이 옳습니까?"[246]

"맹상군이 단오에 태어나니, 속설에 단오에 태어난 아이가 자라서 문에 닿을 정도가 되면 부모에게 이롭지 않다고 하는 까닭에 그 부모가 맹상군을 키우지 않으려 하였다. 맹상군이 말하기를 '문의 높이를 높이소서.'라고 하였다고 한다. 그 후에 왕봉(王鳳),[247] 왕진악(王鎭惡),[248] 호광(胡廣)[249]이 모두 단오에 태어났다. 호광이 태어나자 부모가 호광을 호리박에

---

246 맹상군(孟嘗君) … 옳습니까: 『고금사문유취』「단오탄자(端午誕子)」. "전문(田文)의 어머니가 5월 5일 전문을 낳았다. 아버지는 키우지 말라고 하였는데 어머니는 몰래 전문을 키우다가 자라서야 사실대로 말하였다. 마침내 전문이 아버지에게 아뢰었다. '5월에 태어난 아이를 키우지 않는 것은 어째서입니까?' 아버지가 말하였다. '키가 문 높이에 이르면 그 아비에게 해롭기 때문이다.' 전문이 말하였다. '명(命)이란 하늘로부터 받는 것이니, 어찌 문으로부터 받겠습니까? 만약 문으로부터 명을 받는다면, 어째서 그 문을 높이지 않습니까? 그리한다면 누가 그 문에 닿을 수 있겠습니까?' 아버지는 그의 현명함을 알고, 훗날 맹상군으로 봉하였다. 세속에 5월은 흉한 달이라 하여 꺼린다.(田文母, 五月五日生文. 父令勿舉, 母私舉文, 長以實告之. 遂啓父曰: '不舉五月子, 何也?' 父曰: '生及戶, 損父.' 文曰: '受命於天, 豈受命於户? 若受命於户, 何不高其户? 誰能至其户耶?' 父知其賢, 後封孟嘗君. 俗以五月爲惡月, 故忌.) 원 출처는 『이원』이다.

247 왕봉(王鳳): 『고금사문유취』「단오탄자」. "왕봉이 5월 5일 태어나자, 그 아버지는 왕봉을 키우고 싶지 않아하며 말하였다. '속담에 이날 태어난 아이는 문 높이에 닿을 정도로 자라면 스스로를 해치거나 아니면 부모를 해친다고 한다.' 그러자 숙부가 말하였다. '옛날 전문도 이날 태어났지만 불길하지 않았다.' 마침내 왕봉을 키우게 되었다.(王鳳以五月五日生, 其父欲不舉曰: '俗諺舉此日生子, 長及户則自害, 否則害其父母.' 其叔父曰: '昔田文亦以此日生, 非不祥也.' 遂舉之.) 원 출처는 『서경잡기(西京雜記)』이다.

248 왕진악(王鎭惡): 『고금사문유취』「단오탄자」. "왕진악이 5월 5일 태어나자, 집안사람들은 그를 버리고자 하였다. 그러자 왕진악의 할아버지가 엄히 말하였다. '옛날 맹상군이 이날 태어나 마침내 제나라의 재상이 되었다. 이 아이는 반드시 우리 집안을 일으킬 것이다.' 그리하여 진악(鎭惡)으로 이름을 지었다.(王鎭惡以五月五日生, 家人欲棄之. 其祖猛曰: '昔孟嘗君以此日生, 卒得相齊. 此兒必興吾宗.' 以鎭惡名之.)" 원 출처는 『송략(宋略)』이다.

249 호광(胡廣): 『고금사문유취』「단오탄자」. "호광의 성은 본래 오(吳)였는데, 5월 5일에 태어났다. 부모가 그를 싫어하여 호리박에 담아 강물에 띄워 버렸더니, 강가에 사는 사람이 거두어 길렀다. 자라서 이름을 이루게 되자, 친부모가 다시 그를 아들로 삼고 싶어 하였다. 호광이 생각하기를, '친부모를 버리면 의리에 해롭고 양부모를 버리면 은혜를 잊는 것이다'라고 하여 어느 쪽으로도 돌아가지 않고 호리박에 의탁해 태어났다 하여 호(胡)로 성씨를 삼고 이름을 광(廣)이라 하였다. 훗날 벼슬이 삼사(三司)에 올랐으며 중용을 지켰다는 이름이 있었다.(胡廣本姓吳, 以五月五日生. 父母惡之, 藏之葫蘆, 棄之河流, 岸側居人收養. 及長有盛名, 父母欲取之, 廣以爲背其所

넣어 물에 띄워 보내니, 마침 다른 사람이 있어 가져다가 길렀다. 다 자라자 친부모가 도로 데려오고자 하니 호광이 '친부모를 버리면 의리에 해롭고 양부모를 버리면 은혜를 저버리는 것이 된다.'라고 말하고, 스스로 호리박에서 태어났다 하여 성을 호(胡)라 하고 이름을 광(廣)이라 하였다. 이날 태어난 사람도 있거니와 이날 죽은 사람도 있으니, 초(楚)나라의 대부(大夫) 굴원(屈原)이 멱라수에 빠져 죽으니 초나라 사람들이 불쌍히 여겨 다투어 배를 타고 건지려 한 까닭에 지금까지 「경도곡(競渡曲)」[250] 노래가 전해진다.

당나라 때 조정에서 뭇 신하들에게 옷을 하사하니, 두보(杜甫)가 시를 지었다.[251]

宮衣亦有名 궁에서 지은 옷 받는 명단에 이름이 있어
端午被恩榮 단오에 성은을 입었도다.
細葛含風軟 가는 베는 바람을 머금은 듯 부드럽고
香羅疊雪輕 향기로운 비단은 눈이 쌓인 듯 가벼워라
自天題處濕 천자로부터 하사할 때 글씨 쓴 곳 젖어 있고
當暑著來清 더운 날씨에 입어보니 시원하구나.
意內稱長短 어림하여 길이가 몸에 맞으니

生則害義, 背其所養則忘恩, 兩無所歸, 託葫蘆而生也, 乃姓胡名廣. 後登三司, 有中庸之號.)"

250 「경도곡(競渡曲)」: 『형초세시기』 「오월」. "살피건대 5월 5일 경도(競渡)를 하는 것은 세속에서 굴원(屈原)이 멱라수에 빠져 죽은 날 그의 죽음을 마음 아파하여 배를 타고 건지려 하는 것이다.(按五月五日競渡, 俗爲屈原投汨羅日, 傷其死所, 故並命舟楫以拯之.)"

251 두보(杜甫)가 … 지었다: 『고금사문유취』 「단오사의」. 이 시는 『보주두시(補注杜詩)』 등에 「단오일사의(端午日賜衣)」라는 제목으로 실려 있다.

終身荷聖情　평생 성은을 짊어지게 되었구나.

송나라 때 풍속에 구자종(九子粽)[252]이라는 떡을 만들고, 난초물에 목욕하고,[253] 쑥으로 사람을 만들어 문 위에 걸고 애인(艾人)[254]이라 하였다. 또 단오첩(端午帖)[255]을 지어 대궐 문에 붙였으니, 구양수(歐陽修)의 시[256]가 그러하다.

佳辰共喜沐蘭湯　좋은 명절 함께 난초물에 목욕해 즐거운데
毒冷何須採艾禳　독한 냉기를 쑥을 캐서 없앨 필요 있을까
但得皐陶調鼎鼐　고요 같은 신하 얻어 나랏일을 조율하면
自然災沴變休祥　자연스레 재앙이 변해 상서롭게 되리라

楚國因讒逐屈原　초나라는 참소로 인해 굴원을 내쫓고
終身無復入君門　종신토록 다시는 궁궐에 들이지 않았네
願因角黍詢遺俗　종자(粽子)로 인하여 남은 풍속을 물어보아
可鑒前王惑巧言　전대 왕이 미혹된 것을 거울삼기 바라네

---

252 구자종(九子粽): 『고금사문유취』 「구자종(九子粽)」. "단오에 먹는 종자(粽子: 찹쌀 등의 재료를 잎으로 감싸 쪄 낸 음식)의 종류는 매우 많으며, 모습이 같지 않다. 각종(角粽)·추종(錐粽)·능종(菱粽)·통종(筒粽)·칭추종(稱鎚粽)이 있고, 또 구자종(九子粽)이 있다.(端午粽子名品甚多, 形製不一, 有角粽·錐粽·菱粽·筒粽·秤鎚粽, 又有九子粽.)" 원 출처는 『세시잡기(歲時雜記)』이다.

253 난초물에 목욕하고: 『대대례기』 「하소정(夏小正)」. "난초를 모으니, 목욕을 하기 위해서이다.(蓄蘭, 爲沐浴也.)"

254 애인(艾人): 『고금사문유취』 「결애인(結艾人)」. "형초 지방 사람들은 단오에 쑥을 캐서 사람 모양으로 만들어 문 위에 걸어 놓고 이것으로 독기를 제거한다.(荊楚人端午採艾結爲人, 懸門户上, 以禳毒氣.)"

255 단오첩(端午帖): 단오를 축하하는 시를 지어 궁중에 올린 첩자(帖子).

256 구양수(歐陽修)의 시: 『고금사문유취』 「첩자규간(帖子規諫)」.

구양수가 충성이 있기에 이런 평범한 글에도 임금께 규간(規諫)하는 뜻을 담았으니, 후인이 이르되, '붓을 들면 간하는 것을 잊지 않았다.'[257]라고 하였다. 칠석은 가을이 막 시작하는 때이기에 '오동잎 하나가 먼저 떨어진다.'[258]라고 하였다."

맹성이 여쭈었다.

"칠월 칠석에 견우(牽牛)와 직녀(織女)가 은하수(銀河水)를 건너 만난다는데, 과연 그렇습니까?"

"그 말이 『제해기(齊諧記)』에 있거니와 극히 허황한 말이다.[259] 옛적에 칠석날 책과 의복을 햇볕에 쬐이는데 사람들이 집집마다 앞다퉈 가며 책과 의복을 햇볕 쬐이면서 그 많은 것을 자랑하였다. 학융(郝隆)이라는 선비가 집이 매우 가난하여 햇볕 쪼일 옷이 없으니 뜰에 나와 하늘을 향해 누워 자신의 배에 볕을 쬐었다. 사람들이 그 까닭을 묻자 학융이 대답하기를, '나는 햇볕 쪼일 의복은 없고 다만 뱃속에 책이 있을 따름이다.'라

---

257 붓을 … 않았다: 『고금사문유취』 「진시종신(眞侍從臣)」. "구양수가 한림학사로 있을 때 송 인종(宋仁宗)이 어각에 붙은 춘첩자(春帖子)를 보고 읽고는 사랑하여 좌우에게 물으니 학사 구양수의 글이라고 하였다. 이에 궁중의 첩자를 모두 모아 읽어보니 글마다 간하는 뜻이 있었다. 송 인종이 탄식하며 '붓을 들면 간하는 것을 잊지 않으니 참으로 임금을 모시는 신하로구나!'라고 하였다.(歐陽修在翰林, 仁宗見御閣春帖子, 讀而愛之, 問左右, 曰: '學士歐某之文也. 乃悉取宮中帖子閱之, 見其篇篇有意. 歎曰: '舉筆不忘規諫, 眞侍從之臣也!')

258 오동잎 … 떨어진다: 『고문진보(古文眞寶)』 장뢰(張耒)의 「칠석가(七夕歌)」. "인간 세상에는 오동잎 하나가 바람에 떨어지고, 욕수(蓐收: 가을을 맡은 신)는 가을을 진행시키느라 북두성의 자루를 돌리네.(人間一葉梧桐飄, 蓐收行秋回斗杓.)"

259 그 말이 … 말이다: 『고금사문유취』 「직녀가견우(織女嫁牽牛)」. "계양(桂陽)의 성무정(成武丁)은 신선의 도가 있었는데, 동생에게 말하였다. '7월 7일에 직녀가 마땅히 은하수를 건너고, 뭇 신선들은 모두 궁으로 돌아갈 것이다.' 동생이 '직녀가 무슨 일로 은하수를 건넙니까?' 하고 물었더니 답하기를, '잠시 견우를 만나려는 것이다'라고 하였다. 사람들이 지금까지 말하기를, '직녀가 견우에게 시집간다'라고 한다. 『속제해기』에 있다.(桂陽成武丁, 有仙道, 謂其弟曰: '七月七日, 織女當渡河, 諸仙悉還宮.' 弟問曰: '織女何事渡河?' 答曰: '織女暫詣牽牛.' 世人至今云, '織女嫁牽牛也.' 續齊諧記.)"

고 하니 지금까지 미담으로 전해온다.[260] 너희는 뱃속에 책이 얼마나 들었느냐?

팔월 십오일은 추석이라 하니 광릉(廣陵)[261] 호수의 물결 소리가 이때 가장 장관이어서 사람들이 다투어 구경한다.[262] 당나라 때 신하들에게 술과 촛불을 내려주어 달구경하고 놀게 하였는데, 온 하늘에 구름 한 점 없고 달빛이 대낮 같으니 학사 소정이, '맑은 빛이 사랑스러우니 어찌 촛불을 쓰리오.'[263]라고 하였다고 한다.

두보의 「중추월(仲秋月)」 시에 말하기를,

滿月飛明鏡　하늘에 뜬 보름달이 거울을 스쳐가니
歸心折大刀　떠오른 고향 생각이 큰 칼로 가슴 저미듯
轉蓬行地遠　이리저리 떠돌다보니 돌아갈 길이 멀어져서
攀桂仰天高　계수나무 올라 높은 하늘 바라본다
水路疑霜雪　물이 흘러가는 곳에는 서리와 눈 맺혔고

---

260 학융(郝隆)이 … 전해온다: 『고금사문유취』 「쇄복중서(曬腹中書)」. "7월 7일이 되자 학융은 이웃 사람들이 모두 옷가지를 햇볕에 쬐는 것을 보았다. 학융이 이에 마당에 누워서 햇볕에 배를 쪼이며 말하였다. '나는 뱃속의 책에 볕을 쪼이노라.'(郝隆, 七月七日, 見隣人皆曝曬衣物. 隆乃仰卧曝腹於庭曰: '我曝腹中書.')"

261 광릉(廣陵): 지금의 중국 강소성(江蘇省) 양주시(揚州市).

262 광릉관도(廣陵觀濤): 『고금사문유취』 「관도광릉(觀濤廣陵)」. "매승(枚乘)의 「칠발(七發)」에서 객이 말하였다. '8월 보름날 제후와 함께 광릉의 곡강으로 파도를 구경하러 갈 것입니다.'(枚乘七發, 客曰: '將以八月之望, 與諸侯並往觀濤於廣陵之曲江.')"

263 맑은 … 쓰리오: 『고금사문유취』 「옥당완월(玉堂玩月)」. "소정(蘇頲)과 이예(李乂)는 황제의 조서를 맡고 있었는데, 8월 15일 밤에 궁궐에서 숙직하고 있었다. 여러 학사들이 달을 감상하고자 술자리를 준비하였는데, 마침 하늘에는 한 점의 구름도 없었고 달빛은 대낮 같았다. 소정이 '맑은 빛이 사랑스러우니, 어찌 촛불을 쓰리오.'라고 하여 마침내 촛불을 철거하였다.(蘇頲與李乂, 對掌綸誥. 八月十五夜, 於禁中直宿, 諸學士翫月, 備巵酒之宴. 時長天無雲, 月色如晝. 蘇曰: '清光可愛, 何用燈燭.' 遂令徹去.) 원 출처는 『개원천보유사(開元天寶遺事)』이다.

林棲見羽毛　숲속 새들은 깃털을 다듬네
此時瞻白兎　마침 달 속의 흰 토끼를 바라보며
直欲數秋毫　가느다란 털들을 헤아리고 싶구나

또 송나라 때 손명(孫明)이 다시 14일 밤에 시를 지었다.

銀漢無聲露暗垂　은하수는 고요하고 이슬도 가만히 흘러내리는데
玉蟾初上欲圓時　보름달이 막 돋아 둥글어지려 하는구나
清樽素瑟宜先賞　맑은 술과 거문고는 모름지기 먼저 즐겨야지
明夜陰晴未可知　내일 밤 날씨를 알 수 없으니

구월 구일은 예로부터 명절이라 일컬어서 당나라 때에도 신하들에게 술을 내려주어 상림원(上林苑)에서 놀게 하니 시 읊은 것이 많다.

여남(汝南)에 환경(桓景)이라는 사람이 비장방(費長房)이라는 도사와 함께 어울렸다. 비장방이 환경에게 말하기를, '구월 구일에 너의 집에 재앙이 있을 것이니 집안사람들을 시켜 수유나무 열매를 붉은 주머니에 가득 넣어 차고 산에 올라 국화주를 마시면 재앙을 가히 면할 것이다.'라고 하였다. 환경이 그 말과 같이 집안사람들을 데리고 산에 올랐다가 저물어서 돌아가니 집 안의 닭과 개가 모두 급사하였다. 그 후로 사람들이 산에 오르는 풍속이 생겼다.[264]

264 여남(汝南)에 … 생겼다: 『형초세시기』「구월(九月)」. "『속제해기』에 이르기를, 여남 땅의 환경이

도연명이 9일에 술을 못 마시고 슬퍼 홀로 앉아 있는데 강주 사마(江州司馬)가 흰 옷 입은 사람으로 하여금 술을 보낸 일이 있다.[265] 왕발이 9일에 「등왕각서(滕王閣序)」[266]를 지었기에, 서문에 '때는 구월이요 절서는 삼추에 속한다.'라고 하였다.

동짓날은 양기 하나가 처음으로 생겨나 그림자가 조금씩 길어지기 때문에, 진(秦)나라 때 궁녀들이 붉은 실로 해의 그림자를 재어 하루마다 한 올을 더하였기에 첨궁선(添宮線)[267]이라 한다. 이 풍속이 당나라 때까지 있었느니라."

예성이 여쭈었다.

"동짓날 팥죽 쑤는 것은 무슨 뜻입니까?"

라는 사람이 비장방을 따라다니며 배웠는데, 비장방이 말하였다. '9월 9일 네 집에 재액이 있을 것이니, 급히 집안사람들로 하여금 주머니를 만들고 수유를 담아 팔 위쪽에 묶고, 산에 올라 국화주를 마셔야 이 재액이 소멸될 수 있다.' 환경이 그 말대로 집안사람들을 데리고 산에 올랐다가 저녁에 돌아와 보니 닭과 개, 소, 양이 일시에 급사해 있었다. 비장방이 듣고는 '그것들이 대신할 수 있었다.'라고 하였다. 오늘날 사람들이 9월 9일에 높은 곳에 올라 술을 마시고, 부녀자들이 수유 주머니를 차는 것은 대개 여기에서 비롯한 것이다.(續齊諧記云, 汝南桓景, 隨費長房遊學, 長房謂之曰: '九月九日, 汝家中當有災厄, 急令家人縫囊盛茱萸繫臂上, 登山飮菊花酒, 此禍可消.' 景如言, 擧家登山, 夕還, 見雞犬牛羊, 一時暴死. 長房聞之曰: '此可代也.' 今世人九日登高飮酒, 婦人帶茱萸囊, 蓋始於此.)"

265 도연명이 … 있다: 『고금사문유취』「적국영파(摘菊盈把)」. "도연명이 중양절에 술이 없어, 집 주변에 국화를 손에 가득히 따 놓고는 그 옆에 앉아 오랫동안 하염없이 있었다. 마침 흰 옷 입은 사람이 와서 보니, 그는 강주 자사(江州刺史) 왕홍(王弘)이 술을 보낸 사람이었다.(陶潛嘗九月九日無酒, 宅邊菊叢摘盈把, 坐其側, 悵望久之. 見白衣至, 乃江州王弘送酒也.) 원 출처는 『속진양추(續晉陽秋)』이다.

266 「등왕각서(滕王閣序)」: 당 고조(唐高祖)의 아들 이원영(李元嬰)이 화려한 누각을 짓고, 이를 등왕각(滕王閣)이라 칭하였다. 그 후 홍주 목사(洪州牧使) 염백서(閻伯嶼)가 중양절에 큰 연회를 베풀었는데, 이때 손님 중 나이가 가장 어린 왕발(王勃)이 「등왕각서(滕王閣序)」를 지어 명성을 날렸다. 『고문진보』「등왕각서」의 앞에 붙어있는 주에 다음과 같은 말이 있다. "왕발의 자는 자안(子安)으로, 어려서부터 빼어난 재주가 있었다. … 아버지의 임소로 가서 모시려고 가는 길에 종리(鍾離)를 지나게 되어서, 9월 9일 이 정자에 모여 이 서문을 지었다.(勃字子安, 少有逸才. … 後到父任所, 省侍, 道過鍾離, 九月九日, 會此而作此序.)"

267 첨궁선(添宮線): 『형초세시기』「십일월(十一月)」. "또 위진 연간에 궁중에서 붉은 실로 해의 그림자를 재었는데, 동짓날부터는 매일 그림자가 실 하나만큼 길어졌다.(又魏晉間, 宮中以紅線量日影, 冬至後日影添長一線.)"

"옛날에 공공씨(共工氏) 아들이 동짓날 죽어 돌림병 귀신이 되었는데, 그가 붉은 팥을 무서워했던 까닭에 팥으로 예방하는 것이다."[268]

"두부를 만드는 법은 어느 때부터 시작되었습니까?"

"한(漢)의 회남왕(淮南王) 유안(劉安)이, 사람들에게 용력이 있는 것을 싫어하여 두부를 만들어 먹여 살찌고 둔하게 만들어서 힘을 쓰지 못하게 만들었다고 한다.[269] 음력 12월 납평(臘平)은 예로부터 있는 날인데, 하나라 때에는 가평(嘉平)이라 하고, 은나라 때에는 청사(淸祀)라 하고, 주나라 때에는 대사(大蜡)라 하고, 진(秦)나라 때에는 가평이라 하고, 한나라 때에는 납평(臘平)이라 하였다.[270] 납이라는 말은 '렵(獵)' 자와 글자 뜻이 서로 비슷한 까닭에 당나라 때에 호부 시랑(戶部侍郎) 소경(蕭炅)이 엄준(嚴俊)과 함께 복날과 납평을 논하다가 복납(伏臘)을 잘못 말하여 당시 사람들이 '복렵 시랑(伏獵侍郎)'이라 부르며 조롱하였다.[271] 너희들도 매번 명절을 당하면 옛사람의 착한 행실을 본받고 나쁜 행실은 경계할 것을 생각한다면

---

268 공공씨(共工氏) … 것이다: 『형초세시기』 「십일월」. "공공씨에게 재주가 부족한 아들이 있었는데, 동짓날에 죽어서 돌림병 귀신이 되었다. 붉은 팥을 두려워하기에 동짓날에는 팥죽을 쑤어 돌림병 귀신을 쫓는다.(共工氏有不才之子, 以冬至死爲疫鬼. 畏赤小豆, 故冬至日作赤豆粥以禳之.)"

269 회남왕(淮南王) … 한다: 『본초강목』 「두부(豆腐)」. "두부를 만드는 법은 한나라 회남왕 유안으로부터 시작되었다.(豆腐之法, 始於漢淮南王劉安.)"

270 음력 … 하였다: 『고금사문유취』 「납(臘)」. "하나라는 '가평(嘉平)'이라 하고, 은나라는 '청사(淸祀)'라 하고 주나라는 '대사(大蜡)'라 하고 한나라는 고쳐서 '납(臘)'이라 하였으니 납이라는 것은 '사냥할 렵(獵)'이다. 사냥을 해서 짐승을 잡아서 조상에게 제사를 지내는 것이다.(夏曰嘉平, 殷曰淸祀, 周曰大蜡, 漢改曰臘, 臘者獵也. 因獵取獸以祭先祖.)"

271 복렵 시랑(伏獵侍郎): 『고금사문유취』 「불식랍자(不識臘字)」. "당나라 「엄준전(嚴浚傳)」에, 호부 시랑(戶部侍郎) 소경(蕭炅)이 엄준과 대화하다가 증상복랍(蒸嘗伏臘)을 '복렵(伏獵)'으로 잘못 말하였다. 엄준이, '조정에 복렵 시랑(伏獵侍郎)이 있단 말인가?'하고 소경을 기주 자사(岐州刺史)로 내보냈다.(唐嚴浚傳, 户部侍郎蕭炅, 嘗與浚言蒸·嘗·伏·臘, 乃爲'伏獵.' 浚曰: '省中而有伏獵侍郎乎?' 乃出炅爲岐州刺史.)"

'세 사람이 길을 가면 반드시 나의 스승이 있다.'[272]라는 말씀과 같지 않겠느냐."

만수원의 시 모임

날씨가 화창하고 경치가 아름다운 어느 한식날이었다. 두효자와 유한당이 자녀들을 데리고 만수원의 앙관대에 올라 풍광을 두루 살펴보다가 두효자가 유한당에게 말하였다.

"부인이 늘 시 짓는 것은 부녀자의 일이 아니라 하여 평생 시 한 수 지은 일이 없고, 나 또한 시 짓기에 힘쓴 적이 없소. 이제 나이가 들었고 자손이 여럿이니, 이전의 경계를 깨고 시 한수를 지어 늘그막의 낙을 삼아도 무방할 듯하오."

"옛날에 양박(楊璞)의 부인[273]과 두고(杜羔)의 아내[274]가 모두 시를 지어

---

272 세 사람이 … 있다: 『논어』「술이」. "공자께서 말씀하셨다. '세 사람이 길을 가면 그중에 반드시 나의 스승이 있으니, 착한 자를 보고 따르고, 착하지 못한 자를 보고 자신의 잘못을 고친다.'(子曰: '三人行, 必有我師焉, 擇其善者而從之, 其不善者而改之.')"

273 양박(楊璞)의 부인: 원문에는 양자운(揚子雲)으로 되어 있으나 양박의 오기이다. 『고금사문유취』「처시전행(妻詩餞行)」. "송 진종이 태산에서 봉선의 예를 하고 천하의 은자를 찾아 기(杞) 사람 양박을 얻었는데, 시를 잘 지었으나 황제를 대해서는 시를 못 짓는다고 하였다. 황제가 '집을 떠날 때 경에게 시를 지어 주던 사람은 없던가?'라고 묻자 양박이 말하였다. '제 아내가 지어 주었습니다. 정신 잃고 술에 탐닉하지 말고, 제멋대로 시를 읊지도 마오. 오늘 관아에 붙잡혀 가서는 단번에 늙은 머리가 잘려 돌아온다오.' 황제가 크게 웃고는 그를 놓아 산으로 돌려보냈다.(眞宗東封, 訪天下隱者, 得杞人楊璞, 能爲詩, 召對自言不能. 上問, '臨行有人作詩送卿否?' 璞曰: '獨臣妻有詩一首云. 更休落魄貪盃酒, 亦莫猖狂愛詠詩, 今日捉將官裏去, 這回斷送老頭皮.' 上大笑, 放還山.)"

274 두고(杜羔)의 아내: 『고금사문유취』「처시면부(妻詩勉夫)」. 당나라 때의 문인 두고가 과거에 누

남편에게 주었는데, 그 부인들의 학문 공부가 어떠한지는 모르겠습니다만 첩 또한 늘그막에 시를 짓는다고 어찌 의리에 큰 해가 되겠습니까. 다만 육십여 년 동안 시 짓기를 폐하였으니 마음에 맞게 지을 수 없을 듯합니다."

조카딸이 곁에 모시고 있다가 말하였다.

"양박의 부인이 송행시(送行詩) 지었다는 말은 전에 보았지만, 두고의 아내가 시를 지었다는 것은 듣지 못하였습니다."

"두고가 여러 번 과거에 떨어지니, 아내 유 씨((劉氏)가 시를 지어 남편이 오는 길에 받게 하였다.

良人的的有奇才　　낭군은 분명히 뛰어난 재주 지녔는데
何事年年被放回　　무슨 일로 매년 낙방하고 돌아오시나
如今妾面羞君面　　이제는 낭군 얼굴 보기 부끄러우니
君到來時近夜來　　만약 오시려거든 밤중에 오소서

두고가 시를 보고는 집에 돌아가지 않고 다시 서울로 돌아가 과거를 보아 우수한 성격으로 급제하니 유 씨가 또 시를 지어 보냈다.

長安此去無多日　　장안은 이곳에서 멀지 않은데

차 떨어지고 집으로 돌아오는 길에 아내가 먼저 첫 번째 시를 보내왔다. 시를 본 두고는 즉시 발걸음을 돌려 마침내 과거에 급제하였다. 그러자 아내가 두 번째 시를 보내왔다고 한다. 시는 본문에 제시된 것과 같다.

鬱鬱蔥蔥佳氣浮　　왕성하고 상서로운 기운 떠도네
良人得意靑年少　　합격한 낭군은 아직 젊은데
今夜醉眠何處樓　　오늘 밤 취해 어느 곳에서 주무시나

후대의 사람들이 '남편을 타이르고 풍간하는 뜻이 있다.'[275]라고 일컬었다."

"옛날 부인들 중에도 또한 시를 지은 사람이 있었군요."

"어찌 이뿐이겠느냐. 옛날 부인이 그 남편의 급제한 소식을 듣고 버선과 함께 시를 부쳐 보내기를,

細襪宮鞋巧樣新　　곱게 만든 새 버선 아름답게 만들어져
殷勤寄與讀書人　　책 읽는 당신에게 은근히 부치네
好將穩步靑雲上　　부디 평지를 밟듯 벼슬길에 오르세요
莫向平康謾惹塵　　기생집에서 놀다가 먼지 묻히지 말고요

후대의 사람들이 '완곡하면서도 경계하는 뜻이 있다.'[276]라고 일컬었다."

두효자가 말하였다.

---

275 남편을 … 있다: 『고금사문유취』「처시면부」. "가히 그 남편을 바른길로 권면하였다고 이를 만하다.(可謂能勉其君子以正矣.)"

276 완곡하면서도 … 있다: 『고금사문유취』「처시권계(妻詩勸戒)」. "옛날 학교에 있는 남편에게 그 아내가 버선과 함께 시를 지어 보냈다. … 그 간하는 것이 완곡하고 절실하며 또한 올바름을 잃지 않았다.(昔有居上庠者, 妻以詩寄鞋襪云 … 其規風婉切, 亦不失其正者也.)"

"옛날에도 시 짓는 부녀자들이 많았으니, 부인도 재삼 사양하지 말기 바라오. 내가 한 수를 지을 테니, 이어서 차운(次韻)하구려."

"군자께서 먼저 한 구를 먼저 지으시면, 첩이 한 구를 이어 짓는 식으로 하여서 율시를 이루는 것이 좋을 듯합니다."

두효자가 시를 지었다.

佳日高樓坐　좋은 날 높은 누대에 앉으니
乾坤氣色新　천지 경치가 새롭구나

유한당이 지었다.

千花爭向日　천 송이 꽃은 다투어 해를 향하고
萬柳各成春　만 가지 버드나무는 제각기 봄을 이루었네

또 두효자가 지었다.

魚鳥含至樂　물고기와 새는 지극한 즐거움을 머금었고
琴樽不染塵　거문고와 술동이는 티끌에 물들지 않았네

또 유한당이 지었다.

願將三月景　바라나니 삼월의 경치처럼

養得一家仁　온 집안의 인(仁) 길러 이루기를

시가 완성되니, 두효자가 한 번 읊어보고 부인에게 말하였다.

“오래 시를 안 지었다더니, 나보다 더 잘 짓는구려.”

“시구의 좋고 나쁨은 의논할 일이 아닙니다. 평생 짓지 않던 일을 이제 와서 적극적으로 권하시기에 억지로 지었더니, 서투른 말이 나와 도리어 한 번 웃게 됩니다.”

이때 원 부인이 손자와 증손자들을 여럿 거느리고 올라왔다. 두효자와 유한당이 바삐 누대에서 내려와 부축하여 상석에 모셨다. 자리가 정해지자, 손녀가 베낀 시를 가지고 원 부인 앞에 펴 놓고 글을 짓던 사연을 고하였다. 원 부인이 크게 웃으며 말하였다.

“오늘 한식 명절을 맞이하여 이러한 훌륭한 일이 있으니, 집안의 화목함을 볼 수 있구나.”

마침 말을 타고 앞에 난 길을 따라 오는 사람이 있었다. 소저가 멀리 바라보더니 그를 가리켜 말하였다.

“오는 사람이 누군지 모르겠으나, 이른바 ‘말 위에서 한식을 맞이하도다.’[277]라고 하겠습니다.”

오는 사람이 점차 가까이 다가와 문 옆에 있는 버드나무에 말을 매어 두고 문으로 들어와 당에 오르니, 유한당의 외손자였다. 문안 인사를

277 말 위에서 … 맞이하도다: 『당음』「도중한식(途中寒食)」. “말 위에서 한식을 맞이하니, 길 가는 도중에 늦봄이 되었구나.(馬上逢寒食, 道中屬暮春.)” 이 시는 송지문(宋之問)의 시이다.

드리고 앉으니 원 부인이 시 쓴 종이를 보여주며 말하였다.

"이게 네 외조부모의 시이니라."

외손자가 바삐 손으로 펼쳐 보고는 크게 기뻐하여 여쭈었다.

"왕할머니께서는 어찌 시를 짓지 않으셨습니까?"

"나는 나중에 와서 시를 지을 때 없었던 것뿐이다."

"왕할머니께서도 시를 지으시면, 두 할머님께서 지으신 시를 가지고 돌아가 어머니께 보여 드리면 기뻐하실 것이니 어떠합니까?"

"네가 그리 간청하니 그만둘 수 없겠구나. 이미 나이가 들어 시 짓기를 그만둔 지 오래되어 잡되이 글을 이루기 어려우니, 네가 고시의 한 짝을 외우면 내가 고시 한 짝을 외워 첫 구를 이루고, 내가 고시의 안짝을 외우면 유한당이 바깥짝을 외워 둘째 구를 이루고, 다음에는 손자며느리가 이어서 율시를 이루는 것이 어떻겠느냐?"

"참으로 옳으신 말씀입니다. 이 또한 옛날에 시를 짓던 격식입니다."

그리하여 외손자가 먼저 외웠다.

亭皐分遠望 -王勃詩-[278]

물가에서 헤어져 멀리 바라보니 -왕발의 시-

원부인이 외웠다.

---

278 亭皐分遠望 -王勃詩-: 왕발의 「전위병조(餞韋兵曹)」. "물가에서 헤어져 멀리 바라보니, 생각이 구름이 접한 사이로까지 이어지는구나.(亭皐分遠望, 延想間雲涯)"

合沓狀奇新 -沈佺期詩-[279]

겹친 모양이 기이하고 새롭구나 -심전기의 시-

원부인이 또 외웠다.

馬繫千年樹 -盧照隣詩-[280]

천년 묵은 나무에 말을 매어두니 -노조린의 시-

유한당이 외웠다.

山歸萬古春 -杜子美詩-[281]

산에는 만고의 옛 봄이 돌아왔도다 -두보의 시-

또 외웠다.

丘中無俗事 -宋之問詩-

---

279 合沓狀奇新 -沈佺期詩-: 심전기(沈佺期)의 「무산고(巫山高)」. "무산이 지극히 높지는 않으나 겹친 모양은 기이하고 새롭네.(巫山高不極, 合沓狀奇新)"

280 馬繫千年樹 -盧照隣詩-: 노조린(盧照隣)의 「농두수(隴頭水)」. "천년 묵은 나무에 말을 매어두니, 깃발에 구월의 서리가 매달려 있네.(馬繫千年樹, 旌懸九月霜)"

281 山歸萬古春 -杜子美詩-: 두보의 「상백제성(上白帝城)」. "오늘 아침 하늘은 비가 오려 하는데, 산에는 만고의 옛 봄이 돌아왔도다.(天欲今朝雨, 山歸萬古春)"

산에는 시속의 일이 없으니 –송지문의 시-[282]

손자며느리가 외웠다.

何處染囂塵 –唐詩-[283]

어느 곳에 먼지가 물들겠는가 –당시-

또 외웠다.

鄒魯詩書地 –郎士元詩-[284]

추(鄒)·노(魯)는 시서(詩書)의 고장이니 – 낭사원의 시-

외손자가 이어서 외웠다.

在心每欲仁 –朱子詩-[285]

마음에 늘 인(仁)을 바라네 –주자의 시-

---

282 丘中無俗事 -宋之問詩-: 송지문의 「춘일산가(春日山家)」. “산에는 시속의 일이 없으니, 이 몸과 세상이 서로 어긋났구나.(丘中無俗事, 身世兩相違)”

283 何處染囂塵 -唐詩-: 왕발의 「중춘교외(仲春郊外)」. “비가 갓 갠 산 속 집, 어느 곳에 먼지가 물들겠는가.(初晴山院裏, 何處染囂塵)”

284 鄒魯詩書地 -郎士元詩-: 낭사원(郎士元)의 「송배보궐입하동막(送裴補闕入河東幕)」. “추·노는 시서의 고장이니, 응당 북소리 시끄러울 일 없으리라.(鄒魯詩書地, 應無鼙鼓喧)”

285 在心每欲仁 -朱子詩-: 주자의 「인술(仁術)」. “옛날의 어진 군자는 마음에 늘 인을 바랬네.(在昔賢君子, 存心每欲仁)”

쓰기를 마치니, 원 부인이 손자며느리를 시켜 한 번 읽히고 말하였다.

"만수원과 수월정, 앙관대의 풍경이 세상에 이름 있기에 글 하는 문인들이 문장을 많이 지었거늘, 우리 집 부녀자들은 시를 지은 일이 없더니, 이는 단지 부녀자의 소임이 아니라 하여 한 수도 짓지 않은 것이었다. 오늘 이 모임은 실로 우연히 이루어진 것이니, 바깥사람에게 말할 것 없다."

외손자가 말하였다.

"부녀자가 시를 짓는 것이 어찌 바깥에 일컬을 말이겠습니까. 오늘 지은 이 시는 표현의 격이 모두 갖추어졌습니다. 천시(天時)로 말하자면 날씨가 화창하고 경치가 아름다운 때이고, 지리(地理)로 말하자면 전당호 앞의 천하에 뛰어난 경치이며, 시로 말하자면 차운한 것이 하나의 격이요, 연구(聯句)한 것이 하나의 격이요, 고시(古詩)를 모은 것이 또 하나의 격입니다. 삼대의 고부(姑婦)가 함께 한 편의 율시를 이루었으니 또 하나의 격입니다. 인가의 낙사(樂事)로서 세상에 보기 드문 일이 한 편의 시에 모였으니, 어찌 심상하게 볼 수 있겠습니까."

그리고 시를 베껴 돌아가 모친께 보여 드리니, 어머니가 보고 말하였다.

"내 친정에 가지 못한 지 오래여서 천원기수지회(泉源淇水之懷)[286]를 금하기 어려운데, 지금 삼대의 시 모임 이야기를 들으니 내가 그 자리에 참여하지 못한 것이 매우 한스럽구나. 나도 의당 차운한 시를 지어 나의 생

286 천원기수지회(泉源淇水之懷): 『시경』「천수」. "솟아나는 저 샘물도 기수(淇水)로 흐르는구나. 그리운 위(衛)나라를 생각하지 않는 날이 없네.(毖彼泉水, 亦流于淇. 有懷于衛, 靡日不思.)" 『시경』「천수」는 위나라의 딸이 다른 제후에게 시집가서 친정인 위나라를 그리워하는 내용이다.

각을 풀어보겠다."

그리고 시를 지으니 다음과 같았다.

曉起歸寧暮　새벽에 일어나 저녁에 귀녕하니
詩章入眼新　시 지은 종이가 눈에 들어오니 새롭다
閨中三世學　규중에서 삼대가 배웠고
座上四時春　좌상에는 사계절이 봄이로다
渾室浮和氣　온 집에 화기가 떠오르고
長湖遠俗塵　긴 호수는 세속의 먼지를 멀리하네
願追今日樂　바라건대 금일의 즐거움을 따라
天下共歸仁　천하가 함께 인으로 돌아가기를

외손자가 한번 읽고 말하였다.

"삼대가 시를 지어 하나의 시축(詩軸)을 이루었으니 실로 세상에 드문 일입니다. 우리 외조부모의 늘그막 복록이 끝이 없으셔서 자손들이 번창하고 번화하며 부귀한 것이 지금 세상에 비교할 데가 없습니다. 그리고 집안의 학문과 문장이 하나의 시축 사이에서 드러나고, 또 시에 효제인후(孝悌仁厚)하고 유한당의 바르고 고요한 기상이 드러나니 어찌 가히 평범한 시축으로 볼 수 있겠습니까."

그리하여 상자에 잘 보관해 두어 두 집안에서 대대로 전하는 보물이 되었다.

남을 도울 때는 끝까지

만수원에서 십 리 정도 떨어진 곳에 벼슬이 없는 가난한 선비의 집이 있었다. 딸의 혼례를 치르려고 의복과 혼수를 간신히 장만하였는데, 하룻밤 사이에 도둑이 들어 잃고 말았다. 가난한 선비의 부인이 낙담하고 다시 혼수를 마련하기도 어려워 유한당 집에서 의복을 빌리고자 하는데 나이 많은 노인에게 감히 번거롭게 부탁드리지 못하여 주저하고 있었다. 그 이웃 사람이 마침 유한당 집에 왔을 때 그 집의 낭패한 사연에 관한 이야기가 나와서 그 사람의 마음속 일을 말하니, 유한당이 듣고 매우 측은히 여겨 자신의 옷을 빌려주고자 하였다. 손녀가 옆에 있다가 아뢰었다.

"할머님 의복을 남에게 가벼이 빌려줄 수 없으니, 젊은 사람들의 옷을 보내는 것이 좋겠습니다."

"그 집에서 나에게 옷을 빌리고자 하는 것은 내 나이가 많고 자손이 많아서이다. 세상에서 사람을 구제하는 방도는 그 사람의 마음에 들도록 한 연후에야 더욱 빛이 나는 것이다."

"그 집에서는 단지 급한 일을 해결하려고 빌리는 것이지 내심 할머님의 옷을 바라서는 아닐 것입니다."

"옛날 어느 사람이 새 수레를 만들었는데, 그 이웃 사람이 수레를 빌리고 싶었으나 새로 만든 수레여서 감히 부탁을 하지 못하였다. 그 사람이 이를 알고 수레를 부숴 버리라고 명하고는 이렇게 말하였다. '내가 수레가 있어도 남이 감히 빌릴 수 없다면, 장차 저 수레를 어디에 쓰리오.'

지금 나에게 옷이 있으나 긴급하고 중대한 일에 빌려 쓸 수 없다면, 이 옷을 다시 어디에 쓰겠느냐."

드디어 손수 상자를 열고 여러 벌의 옷을 꺼내어 봉하고 보냈다. 가난한 선비의 아내가 청하기도 전에 보내준 것에 감격하여 여러 번 치사하고, 혼례를 지낸 다음 현구고(見舅姑) 날이 멀지 않아 현구고례도 행한 후에 옷을 돌려보내려 하였다. 그런데 갑자기 폭우가 내려 지붕에 물이 새고 옷을 넣은 상자도 전부 다 물에 젖어 옷이 더러워져 입지 못하게 되었다. 가난한 선비의 부인이 이를 보고 크게 놀라 혼례를 앞두고 낭패당한 것보다 유한당의 귀중한 옷을 자신이 더럽혀 놓은지라, 마음을 졸이며 침식을 전폐하고 죽어 지각이 없고자 하였다. 유한당이 그 기별을 듣고 손녀에게 말하였다.

"그 집의 일이 참으로 측은하다. 옛날에 한신(韓信)이 남창(南昌) 정장(亭長)에게 '위덕부졸(爲德不卒)[287]하였다'라고 꾸짖으니 이는 사람에게 베푸는 것을 끝까지 하지 못하였다는 말이다. 지금 내가 옷을 빌려주었다가 낭패하였다는 말을 듣고 다시 빌려주지 않으면 그것도 위덕부졸이라 말할 수 있다."

그리고 다시 여종을 시켜 옷 여러 벌을 싸서 가난한 선비의 집에 보내며 말하였다.`

---

287 위덕부졸(爲德不卒): 『사기』「회음후열전(淮陰侯列傳)」. 한신이 출세하기 전에 남창 정장의 집에서 아침밥을 얻어먹었다. 정장이 나중에는 싫증이 나 새벽에 밥을 지어 먹고, 한신이 오자 이미 먹었다고 하며 밥을 주지 않았다. 그 후 한신이 고향인 초나라 왕이 되어 돌아와 자신이 굶주릴 때 밥을 주었던 빨래하는 아낙에게는 천금(千金)을 주었지만, 남창 정장에게는 단 일백 전(錢)만 주면서 이렇게 말하였다. "그대는 소인이다. 은덕을 베풀다가 중도에 그만두었다.(公, 小人也. 爲德不卒.)"

"현구고례 날짜가 멀지 않았는데 갑자기 낭패를 보셨다고 들었습니다. 가난한 집에는 매사에 생각이 많고 급하게 군색하니, 먼저 보낸 의복이 더러워진 것도 또한 운수입니다. 비록 우리 집 옷상자에 있었더라도 이 어려움은 피하기 어려웠을 것이니 어찌 괘념하겠습니까. 새로 의상을 보내니 대례(大禮)를 평안히 지내소서."

가난한 선비의 부인이 황망하고 감격하여 백 번 치사하고 현구고례를 마친 후 옷가지를 즉시 돌려보내니 유한당이 말하였다.

"비록 현구고례를 지냈지만 반드시 앞으로 입으실 옷이 없을 것이니, 그대로 두고 입으소서."

그리고 도로 보내고 받지 않았다.

봄에 꽃가지를 꺾지 마라

하루는 유한당이 여러 자녀들과 함께 만수원에 가 늙은 소나무 아래에 앉아 있는데 일곱째 아들 칠봉이 손으로 꽃가지를 꺾어 왔다. 유한당이 말하였다.

"지금 봄에 볕이 따스해져 만물이 좋은 때를 만났는데 어찌 꽃가지 하나라도 꺾어서 천지(天地)간 생기(生氣)를 손상한단 말이냐."

"옛날 송 인종(宋仁宗)[288]이 난간 앞에서 버들을 꺾으니 정이천 선생이 잘못되었다고 간하였는데,[289] 어머님의 경계하시는 가르침이 진실로 이러한 뜻입니다."

"정자의 말씀이 이와 같을 뿐 아니라 『예기』에서도 '나무 하나를 자르고 짐승 한 마리를 죽이는 것도 알맞은 때에 하지 않으면 효가 아니다.'[290]라고 하였다. 그런 까닭에 옛날 선왕께서 나라를 다스리심에 '도끼를 때에 맞게 숲에 들어가게 한다.'[291]라고 하신 것은 또한 이런 뜻이다."

칠봉이 만수원의 은행나무를 가리키며 여쭈었다.

"사람들이 은행나무에는 암수가 있다고 하니, 그러합니까?"

"비단 은행나무뿐만 아니라 밭의 삼과 동산의 대나무도 암수가 있다고 한다."[292]

"무슨 책에서 보셨습니까?"

"네 맏형에게 물어보아라."

칠봉이 가서 물어보니, 일봉이 말하였다.

---

288 송 인종(宋仁宗): 북송의 제4대 황제(1010~1063, 재위 1022~1063).

289 송 인종이 … 말하였는데: 『고금사문유취』「간절유지(諫折柳枝)」. "정이(程頤)가 숭정전(崇政殿)의 설서(說書)로 있던 어느 날 진강(進講)을 마치고 아직 물러가지 않았을 때에 상이 문득 일어나 난간에 몸을 기대고는 장난삼아 버드나무 가지를 꺾었다. 선생이 나아가서, '이제 막 봄이 되어 생기가 자라나는 때이니, 이유 없이 꺾으면 아니 됩니다'라고 하였다.(程頤召充崇政殿說書, 一日講罷未退, 上忽起憑檻, 戲折柳枝. 先生進曰: '方春發生, 不可無故摧折.')" 『근사록집주(近思錄集註)』, 『이락연원록(伊洛淵源錄)』 등에도 보인다.

290 나무 … 아니다.: 『예기』「제의(祭義)」. "나무 하나를 자르고 짐승 한 마리를 죽이는 것도 알맞은 때에 하지 않으면 효가 아니다.(斷一樹, 殺一獸, 不以其時, 非孝也.)"

291 도끼를 … 한다: 『맹자』「양혜왕 상」. "도끼를 때에 맞게 숲에 들어가게 하면 재목을 이루 다 쓸 수 없을 것입니다.(斧斤以時入山林, 材木不可勝用也.)"

292 밭의 … 한다: 『주역전의부록(周易傳義附錄)』 소주(小註). "또한 초목과 같은 것도 암수가 있으니, 은행나무와 오동나무, 닥나무, 삼과 대나무 등이 모두 그러하다.(又如草木之有雌雄, 銀杏桐楮, 牝牡麻竹之類, 皆然.)"

"어머니께서 주역 공부를 과연 익숙하게 하셨구나. 이건 『주역대전(周易大傳)』의 소주(小註)에 있다."

전당호 다녀온 아들과의 문답

하루는 일봉 형제가 여러 친구들과 더불어 전당호에서 배를 타고 놀았다. 유한당이 술과 음식을 장만해 종들을 시켜 작은 배로 보냈다. 일봉 형제가 친구들과 함께 배를 타고 위아래로 노닐며 종일토록 놀고 달이 뜬 후에 돌아왔다. 유한당이 말하였다.

"오늘 모였던 사람들이 몇 명이며 그 학문과 글솜씨는 다들 어떠하더냐?"

"함께 논 사람들이 20명인데, 그중 학문하는 이가 열두 명이고 글을 짓는 이가 다섯입니다. 두 사람은 글씨로 이름이 났고 한 사람은 그림으로 유명한 까닭에 오늘 놀던 경치를 그려 왔습니다."

부인이 그림을 펼쳐보고 손으로 여러 곳에 점을 찍으며 말하였다.

"옥련당(玉蓮堂)[293]의 서쪽에 가로놓인 다리는 유수교(溜水橋)이고, 보석산(寶石山)[294]의 동쪽에 마주 솟아 있는 산은 거석산(巨石山)이며, 산 아래

293 옥련당(玉蓮堂): 서호의 전당문(錢塘門)을 나오면 호숫가에 있는 빈관(賓館).
294 보석산(寶石山): 서호의 북쪽 호숫가에 위치한 작은 산.

소나무 사이에 있는 호랑이같이 버티고 있는 것은 이름이 낙성석(落星石)이고, 돌 옆에 절이 있고 절 뒤에 샘이 있으니 절 이름은 지과사(智果寺)[295]로 소흥(紹興, 1131~1162) 연간에 지은 것이고, 샘 이름은 참료천(參寥泉)[296]이니 소동파가 항주 자사로 부임하였을 때 참료자(參寥子)[297]와 노닐며 이름 지은 우물이다."

"이 말씀은 모두 저희들이 듣지 못한 말씀인데 어느 책에 있습니까?"

"『명산기(名山記)』[298]에 있다."

"오늘 샘 가장자리에 배를 대고 샘물을 떠먹는데 물이 몹시 차니 모두 논의하기를, '물은 따뜻한 샘물이 있는데 불은 차가운 불이 없다.'라고 하였습니다. 그런데 한 사람이 혼자서 '불도 차가운 불이 있다.'라고 하여 누구는 있다고 하고, 누구는 없다고 하여 분분히 의논하다가 결단을 내리지 못하였습니다."

"없다는 사람도 옳고, 있다는 사람도 옳다. 소강절의 말씀에 '따뜻한 샘물은 있지만 차가운 불은 없다.'[299] 하였으니 없다는 사람의 말은 소강절의 설에 의거한 것이다. 유자(劉子)의 말에 '차가운 불이 소구(蕭丘) 땅에

---

295 지과사(智果寺): 명 전여성(田汝成)의 『서호유람지(西湖遊覽志)』. "지과사는 옛날 고산(孤山)에 있었는데 오월왕(吳越王)이 지은 것이다. 송 소흥 연간에 이곳으로 옮겨지었다.(智果寺舊在孤山, 吳越王所建. 宋紹興間, 徙築於此.)"

296 참료천(參寥泉): 『서호유람지』. "예전에 소동파가 항주에 있을 때, 지과사의 승려 참료자와 친하여 그가 있는 곳의 샘물을 참료천이라 이름 붙였다.(先是蘇子瞻守杭州, 與智果院禪師參寥子善, 名其所居泉曰: '參寥泉.')"

297 참료자(參寥子): 소동파의 절친한 벗이었던 승려 도잠(道潛)의 호이다.

298 『명산기(名山記)』: 『명산승개기(名山勝槩記)』를 말하는 듯하다.

299 따뜻한 … 없다: 『제동야어(齊東野語)』「온천한화(溫泉寒火)」. "소강절이 말하기를, '세상에 따뜻한 샘물은 있지만 차가운 불은 없다.'(邵康節曰: '世有溫泉而無寒火.')" 같은 내용이 『통아(通雅)』, 『패편(稗編)』에도 수록되어 있다.

있다.'[300]라고 하였으니 있다는 사람의 말은 유공의 설에 의거한 것이다."

일봉이 또 말하였다.

"오늘 자리에서 벗을 사귀는 도리에 대해 의논하는데, 누구는 벗을 많이 사귀어야 좋다고 하고, 누구는 적게 사귀어야 좋다고 하니 누구의 말이 옳은지 모르겠습니다."

"두 말이 다 옳다. 『논어』에서 말하기를 '사람들을 널리 사랑하되 어진 사람을 가까이하여라.'[301]라고 하였으니, 널리 사랑하는 것은 벗을 많이 사귀는 것이고, 어진 사람을 가까이하는 것은 사람을 가리어 사귀는 것이니, 적게 사귀는 것을 귀히 여기는 것이 아니다."

"이 두 말을 겸하여 실행하면 어떠합니까?"

"그러하다. 옛날 유안세(劉安世)가 '일 년이 지나도록 글을 읽지 않을지언정 하루라도 소인은 가까이하지 못하겠다.'라고 말하였고 주자께서는 이 말이 아름답다고 기리셨으니[302] 후대 사람들이 본받을 것이니라."

칠봉이 말하였다.

"어머니께서는 계속 두 말이 다 옳다 하시는데, 이제 불가불 시비를

300 차가운 … 있다: 『제동야어』「온천한화」. "『유자(劉子)』「종화(從化)」편에 이르기를, '샘물은 성질이 차갑지만 화양(華陽)에는 온천이 있다. 그렇지만 샘물이 차다고 말하는 것은 차가운 것이 많아서이다. 불은 성질이 뜨겁지만 소구(蕭丘)에는 차가운 불이 있다. 그렇지만 불이 뜨겁다고 말하는 것은 뜨거운 것이 많아서이다.(劉子從化篇曰: '水性宜冷而有華陽温泉. 猶曰泉冷, 冷者多也. 火性宜熱而有蕭丘寒燄. 猶曰火熱, 熱者多也.')"

301 사람들을 … 하여라: 『논어』「학이」. "공자께서 말씀하셨다. '너희들은 집에 들어가면 부모님께 효도하고 밖에 나가면 윗사람을 공경하며, 말과 행동을 삼가고 믿음이 있으며, 사람들을 널리 사랑하되 어진 사람을 가까이 하여라. 이렇게 하고 남는 힘이 있으면 글을 배우는 것이다.'(子曰: '弟子, 入則孝, 出則悌, 謹而信, 汎愛衆而親仁. 行有餘力, 則以學文.')"

302 옛날 … 기리셨으니: 『회암집』「여진승상서(與陳丞相書)」. "충정공 유원성이 자제들에게 '차라리 일 년이 다하도록 글을 읽지 않을지언정, 하루라도 소인을 가까이하지 마라.'라고 말하였으니, 이 말이 참으로 의미 있는 말입니다.(元城劉忠定公有言子弟, '寧可終歲不讀書, 而不可一日近小人.' 此言極有味.)" 유원성의 이름은 안세(安世).

결단하여야 할 일이 있습니다. 오늘 우연히 도홍경(陶弘景)[303]이 젊은 나이로 관직에서 물러난 이야기를 하다가 누구는 도홍경의 이름이 '클 홍(洪)'이라 하고 누구는 '넓을 홍(弘)'이라 하며 오래도록 다투었지만 끝내 결정하지 못하였습니다. 이 일은 불가불 시비를 가리지 않을 수 없습니다."

"그것도 둘의 말이 다 옳다."

"여러 설이 분분한 일은 원래 둘 다 옳은 법이 없거늘, 어머니 말씀이 매번 이러하시니 실로 저희들이 여쭌 본의가 아닙니다."

"모든 일의 옳고 그름을 명확히 살핀 연후에야 하나는 옳고 하나는 그른 곳으로 돌려보낼 수 있다. 지금 두 말은 모두 근거가 있으니 어찌 억지로 하나를 맞고 다른 하나를 틀렸다고 한단 말이냐. 도홍경의 본래 이름이 넓을 홍(弘)인데 송나라에서 넓을 홍을 휘(諱)하기에[304] 그 후의 책에서는 클 홍(洪)으로 많이들 고쳐 썼다. 그러니 넓을 홍이라 하는 것은 본래 이름에 의거해 한 말이고, 클 홍이라 하는 것은 고친 후의 문서에 의거해 한 말이다. 사람들이 각자 본 것이 있거늘, 어찌 억지로 그 시비를 가리겠느냐?"

---

303 도홍경(陶弘景, 456~536): 중국 남북조 시대의 학자. 일찍이 벼슬을 버리고 구곡산(句曲山)에 은거하였다.

304 송나라에서 … 휘(諱)하기에: 송 태조(宋太祖) 조광윤(趙匡胤)의 부친은 조홍은(趙弘殷)이다. 이 때문에 송나라에서 '클 홍' 자를 휘한 것이다.

수월정의 가족 모임

하루는 상서가 여러 자손들을 데리고 수월정에 올랐다가 손자 칠봉을 보내어 원 부인에게 말하였다.

"오늘 날씨가 매우 좋으니 여러 며느리와 손자며느리를 데리고 함께 오기 바라오."

원 부인이 세 며느리와 손자며느리 열 셋, 그리고 손녀와 증손녀를 데리고 와 모였다. 동산에는 온갖 꽃들이 아름다움을 다투고 소나무 아래에는 학이 쌍으로 마주 보고 춤추며, 난간 밖에는 전당호 물빛과 하늘이 한 색이고, 곳곳에서 뱃노래와 고기 잡는 노래 소리가 들려왔다. 상서가 명하여 술을 올리게 하고 원 부인에게 말하였다.

"예로부터 시인과 묵객(墨客)이 벗들을 데리고 강호(江湖) 누대(樓臺)에 오르는 이가 많았는데, 한 가족의 남녀노소 삼, 사대가 한 곳에 같은 날 모여 노는 이는 세상에 드문 바니, 오늘 우리 집의 이 모임이 실로 쉽지 않은 일이오."

원 부인이 말하였다.

"맏며느리 유한당이 고서를 많이 보아 옛날 일을 많이 알고 있으니, 혹 오늘 우리 집과 같은 일이 옛날에도 있었느냐?"

유한당이 말하였다.

“옛날 이태백(李太白)의 「춘야연도리원서(春夜宴桃李園序)」[305]에서 ‘천륜(天倫)의 낙사(樂事)’를 일컬었는데, 그것은 단지 형제만 모인 것으로 말한 것입니다. 주자께서 벗에게 보낸 편지에는 ‘온 가족이 산을 유람하니 참으로 기이한 일’[306]이라고 하셨으니, 여기는 비록 온 가족이라고 말하였으나 산수(山水)를 다니면서 오르내리고 왕래하는 수고로움이 없을 수 없으며, 또한 어린아이들도 함께 갔는지는 알 수가 없습니다. 우리 집안의 오늘 모임은 길 가는 괴로움도 없이, 전당호수의 천하에 뛰어난 경치를 여러 자리 사이에 두었으며, 온 집안의 사람들이 그 사이에서 일상생활을 하니 이는 실로 인간 세상에 으뜸가는 즐거운 일입니다. 공후의 벼슬로도 바꿀 수 없으며, 이전의 사례와도 비할 데가 없습니다.”

상서가 말하였다.

“우리 집이 선대로부터 덕을 쌓아 그 음덕이 나의 대에 이르러 복이 닥치니 우리 집의 영화가 매우 크며 자손이 번창하였다. 실로 온 집안의 윗사람과 아랫사람, 남녀노소가 모두 경계하고 삼가는 마음을 가지고서 자기를 행하거나 사람을 대할 때 충실함과 신의를 위주로 하며, 의복과 음식은 검소함을 숭상하여 선대의 유훈(遺訓)을 저버리지 않는 것을 자손들의 규범으로 남겨두어야 한다. 이것을 규약으로 삼아 술을 마셔 맹세

305 「춘야연도리원서(春夜宴桃李園序)」: 『고금사문유취』「춘야연도리원서」. “복숭아꽃과 배꽃이 핀 동산에 모여 형제들과 즐겁게 천륜의 회포를 푸네. 빼어난 아우들은 모두 사혜련(謝惠連)처럼 훌륭하여, 우리들이 시를 지어 읊조림에 있어 나 홀로 사령운(謝靈運)만 못하니 부끄럽구나.(會桃李之芳園, 序天倫之樂事. 羣季俊秀, 皆爲恵連, 吾人詠歌, 獨慚康樂.)” 당의 시인 이백(李白, 701~762)의 글로 『고문진보』에도 실려 있다.

306 온 가족이 … 기이한 일: 『회암집』「답유덕수(答劉德修)」. “온 가족이 산을 유람하니 참으로 기이한 일입니다.(盡室遊山, 大是一段奇事.)”

로 삼자."

유한당이 말하였다.

"오늘 경계하시는 말씀이 실로 가득 차는 것을 두려워하는 데에서 나왔으니, 자손으로서 명을 받드는 것이 도리이니 그 누가 감히 유념하지 않겠습니까."

그리고 종손 일봉에게 명하여 상서께 술잔을 올리고 종손부(宗孫婦)가 잔을 받들어 원 부인께 올리게 하여, 차례로 잔을 전하여 어린아이들까지 모두 술잔을 돌리었다. 상서가 말하였다.

"술잔의 수가 몇이나 되느냐?"

종손부가 대답하였다.

"헤아려보니 거의 70여 잔에 이릅니다."

상서가 『근사록(近思錄)』[307]과 『열녀전』을 가져오라 하여 아들과 손자들은 『근사록』을 한 장씩 읽게 하고, 며느리와 손자며느리는 『열녀전』을 한 장씩 읽게 하고는, 읽기를 마치자 각자 경서의 가르침을 인용하여 경계하는 말을 진술하게 하였다. 유한당이 말하였다.

"이런 책들이 모두 학문에 뜻을 둔 자가 숭상하는 것이거니와, 만약 학문에 뜻을 두었다면 눈앞에 보는 것이 비록 곤충과 초목 같은 미미한 것이라도 모두 자기 몸의 행실에 비추어 이해할 수 있는 것입니다."

원 부인이 말하였다.

---

307 『근사록(近思錄)』: 송의 학자 주희와 여조겸이 주돈이·정호·정이·장재의 글에서 요긴한 부분들을 뽑아 편집한 책으로, 성리학의 핵심적인 저술이다.

"네 말이 과연 그러하다. 저 연못 가운데 연꽃은 주렴계께서 '꽃 중의 군자'[308]라고 찬미하였으니 보면 곧 군자지학(君子之學)을 생각할 수 있고, 저 숲속의 반포(反哺)하는 까마귀는 백낙천이 '새 중의 증삼(曾參)'[309]이라 하였으니 보면 곧 효자지도(孝子之道)를 생각할 수 있으며, 밭 가운데의 송아지와 늙은 소에서는 자애지정(慈愛之情)을 미루어 볼 수 있고, 모래톱 가에서 우는 물수리에서는 부부지락(夫婦之樂)을 일으킬 수 있으며, 자형화(紫荊花)[310]와 연리지(連理枝)[311]에 이르러서는 또한 형제의 우애를 능히 생각할 것이니, 이와 같이 미루어 이해하면 어느 것이 학문 공부가 아니 되리오."

유한당이 말하였다.

"옛적 소강절이 일찍이 '눈앞의 사물들로 『주역』 한 책을 지을 수 있다.'[312]라고 하였습니다. 지금 풀과 나무, 날짐승과 길짐승들을 가지고도 오륜의 질서를 삼을 수 있습니다."

---

308 꽃 중의 군자: 『고금사문유취』 「애련설(愛蓮說)」. "내가 말하건대, 국화는 꽃 중의 은일한 자요, 모란은 꽃 중의 부귀한 자요, 연꽃은 꽃 중의 군자라.(予謂, 菊花之隱逸者也, 牡丹花之富貴者也, 蓮花之君子者也.)" 「애련설」은 주렴계의 문집 『주원공집(周元公集)』을 비롯해 『고문진보』 등 여러 문헌에 실려 있다.

309 새 중의 증삼(曾參): 『고금사문유취』 「자오야제(慈烏夜啼)」. "효성스러운 까마귀여, 효성스러운 까마귀여, 새 중의 증삼이로다.(慈烏復慈烏, 鳥中之曾參.)" 새끼 까마귀는 나중에 늙은 어미 까마귀에게 먹을 것을 물어다 준다고 하여 효성스러운 새로 일컬어졌으며 반포지효(反哺之孝)라는 고사성어가 있다. 이 시는 당의 문인 백거이(白居易)의 『백향산시집(白香山詩集)』을 비롯해 『고문진보』 등 여러 문헌에 실려 있다.

310 자형화(紫荊花): 박태기나무의 꽃으로, 하나의 가지에 꽃이 무성하게 피어 화목한 형제를 비유한다.

311 연리지(連理枝): 뿌리가 다른 나뭇가지가 마치 하나의 나무처럼 이어져 자라는 것을 말한다.

312 눈앞의 … 수 있다: 출전 미상.

육예루(六藝樓)

수월정 서쪽에 육예루(六藝樓)라 불리는 곳이 있으니, 경전과 역사, 제자백가와 고금의 서화를 모아놓은 곳이었다. 장손 원성이 아홉 살 때에 육예루에 올라 오래도록 내려오지 않았다. 유한당이 가서 보니 원성이 막 서화를 펼쳐 놓고 열람하면서 깊은 생각에 빠져 있었다. 유한당이 곁에 가서 보고 있는 서첩을 보니, 주자가 친필로 쓴 「경재잠」, 안진경(顏眞卿)이 친필로 쓴 삼려대부 굴원의 「어부사」, 조맹부(趙孟頫)가 쓴 도연명의 「귀거래사」였다. 유한당이 한참 동안 보다가 원성에게 말하였다.

"서화를 볼 때에는 이해하여 보지 않으면 안 된다."

"단지 필법의 고하를 볼 뿐인데, 어떤 곳을 이해하여야 합니까?"

"주자의 평생 공부는 '경' 자를 잊지 않는 것이었다. 그런 까닭에 비록 범상한 글자라도 반드시 「경재잠」을 베낄 때에는 선비 된 자로서 이를 유념해야 하느니라. 안진경은 당나라의 절의 지킨 사람이니, 반드시 초나라 충신 굴원의 글을 써야 그 문장에 그 필법이 가히 들어맞는 것이니라. 조맹부가 「귀거래사」를 베낀 것은, 그 격을 잃었다고 할 만하다."

"어째서 그러합니까?"

"도연명은 진(晉)나라의 절의 있는 사람으로, 팽택령의 인끈을 풀어놓고 고향인 율리(栗里)로 돌아가 소나무와 국화꽃 핀 동산에서 만년을 보낸 까닭에 주자께서 『강목』에 특별히 '진(晉) 처사 도연명'이라고 써서 그 절의를 드러낸 것이다. 저 조맹부는 송나라의 종친으로 원나라의 부마가 되어 한 사람으로서 두 성씨를 섬겼으니 이는 절개를 잃은 자에 지나지 않는다. 절개를 잃은 자의 손으로 감히 「귀거래사」를 쓰다니 만약 오류선생(五柳先生: 도연명의 별호)에게 영혼이 있었더라면 어찌 분하고 한스러워하지 않겠느냐. 그리고 정자의 가르침에, '편지 쓰는 것은 선비에게 가장 친근한 일이지마는, 한결같이 좋아하다 보면 또한 저절로 바른 뜻을 잃게 된다.'[313]라고 하였다. 너희들은 이 도리를 모르고 이러한 일에 전력을 다 하는데, 그리하면 도리어 학문 공부에 해가 되느니라. 비단 편지만 그러할 뿐 아니라, 산수 보기 좋아하면서 문장 풍류 있다고 일컫는 것도 비록 여색에 침혹하는 것과는 다르지만 그러하고, 술과 시를 좋아하면서 청아한 풍모가 있다고 하는 것도 비록 이재에 분주한 것과는 같지 않지만 학문 공부에 해 되는 것은 똑같으니라. 선비가 된 자는 하나의 동작이라도 오로지 학문을 위주로 할 것이니, 그런즉 절로 도의에서 벗어나지 않게 되느니라."

복을 누리는 비결

하루는 상서의 이종 누이 섭 부인이 상서의 집에 와서 유한당에게 물

313 편지 … 된다: 『근사록』. "정명도 선생이 말씀하시었다. '편지 쓰는 것은 선비에게 가장 친근한 일이지마는, 한결같이 좋아하다 보면 또한 저절로 바른 뜻을 잃게 된다.'(明道先生曰: '至於書札, 於儒者事最近, 然一向好著, 亦自喪志.')"

었다.

"상서 어르신께서 구십이 넘으셨으니, 근력이 어떠하십니까?"

"시아버님께서는 어릴 때부터 새벽에 일어나 글 외우기를 지금까지 하루도 그치지 아니하시고, 이른 아침에 세수하시고 사당에 신알례(晨謁禮)[314]를 몹시 덥거나 추운 날에도 하루도 폐하지 아니하십니다. 걸어서 만수원 동산과 수월정에 가시는데 섬돌과 높은 난간도 부축 없이 오르시니, 근력이 대강 이와 같습니다."

"어르신의 학문 공부를 일찍이 들어서 알고 있습니다만, 무슨 양생(養生)의 도리가 있으십니까? 그리고 음식은 또 어떻게 드십니까?"

"시아버님께서는 평생 음식을 배부르게 드시지 않으시어 먹는 양에 일정한 제한이 있고, 숟가락 드는 횟수도 정해져 있어서 어릴 때부터 지금까지 수가 일정하십니다. 술을 드실 때에는 취하게 마시지 않으시고, 비록 매우 더운 날이라도 찬물을 마시지 않으시며, 말을 빨리하거나 사나운 안색을 짓지 않으시고, 부채와 화롯불을 쓰지 않으십니다. 이런 일은 학문 공부 하시느라 그러하시는 것이나, 섭생하는 방법에 저절로 부합하더이다."

"유한당께서 연세가 이미 칠십이 넘으셨으니, 음식 장만 등 집안일을 직접 주관하시기가 힘들지 않으십니까?"

"『예기』에 이르기를, '부모님께서 살아계시거든 늙었다고 말하지 말

---

314 신알례(晨謁禮): 이른 아침에 사당의 조상신께 문안드리는 일.

라.'[315]라고 하였습니다. 연로한 부모님을 모시는데 몸소 하는 것이 자식의 직분으로 당연한 일입니다. 어찌 내 나이가 많다고 늙었다고 하겠습니까. 흰 머리로 부모님을 모시는 것은 인간 세상의 즐거운 일이니, 감히 수고롭다고 하겠습니까. 며느리들이 많이 현철하여 나를 족히 대신할 만하나, 내가 스스로 즐거워서 하는 것이니, 피곤하지 않은 까닭에[316] 그들에게 맡기지 아니합니다."

"한 집안에 5대 자손 남녀의 수가 매우 많으니, 아침저녁으로 음식 마련하는 데에 무슨 규칙이 있습니까?"

"남자와 부녀자 모두 한 되의 쌀로 양식을 삼아, 하루에 먹는 쌀이 네 섬 −10말이 1섬−[317]이 되고, 노비들은 하루에 여덟 섬이 됩니다. 또한 반찬은 두 가지를 넘기지 않으니, 그다지 번잡한 일이 없습니다. 부모님 모시는 것은, 동서 두 사람이 나누어서 모시겠다고 지성으로 청하여서, 시부모님께서 허락하셨습니다. 한나라 때에 육가(陸賈)의 일[318]을 본받아 한 달에 열흘씩 나누어 모십니다."

---

315 부모님께서 … 말라: 『예기』「방기(坊記)」. "공자께서 말씀하셨다. '부모님이 살아계시거든 행동과 말에 늙었음을 칭하지 말라.'(子云, '父母在, 不稱老.')"

316 내가 … 까닭에: 『후한서』「광무제기(光武帝紀)」. 후한 광무제가 매일 조회를 보는데 해가 기울어서야 파하였고, 자주 신하들을 불러 경서의 이치를 공론하여 밤이 늦어서야 잠들었다. 황태자가 걱정하여 간하자 광무제는 "내가 스스로 즐거워서 하는 것이니, 피곤하지 않다.(我自樂此, 不爲疲也.)"라고 대답하였다.

317 10말이 1섬: 원문에 "十斗爲石(10두가 1석)"이라는 주석이 붙어 있다. 조선에서는 1섬이 소곡(小斛)은 15말, 대곡(大斛)은 20말이었기 때문에 원문에 이러한 주석이 붙은 것이다. 하루에 1명이 1되(약 572㎖)를 먹고, 중국에서는 1섬이 10말이며, 하루에 네 섬의 쌀로 밥을 한다고 하였으니 유한당 집안의 남자와 부녀자 수는 약 400명 정도가 된다. 노비들은 여덟 섬이라 하였으니 노비의 수는 약 800명이다.

318 육가(陸賈)의 일: 『사기』「역생육가열전(酈生陸賈列傳)」. 육가는 다섯 명의 아들들에게 이백금씩을 나누어주며 이렇게 말하였다. "너희들과 약속을 하자. 내가 너희들 집에 들르게 되면 너희들은 나와 시종들, 말에게 술과 식사를 제공해라. 필요한 것을 다 받고 열흘이 되면 머무는 집을 바꾸고, 내가 죽게 되거든 그 집에서 나의 보검과 수레, 말, 시종을 갖도록 하여라.(與汝約. 過汝, 汝給吾人馬酒食, 極欲, 十日而更, 所死家, 得寶劍車騎侍從者.)"

섭 부인이 또 물었다.

“남자와 여자가 하루 동안 일과로 삼는 일은 무엇입니까?”

“문침(問寢)과 시선(視饍)[319]하는 일 이외에, 자손과 남녀들은 모두 책 읽는 것으로 일을 삼습니다.”

“상서 어르신의 자손이 모두 몇 명이나 됩니까?”

“오륙 년 전에 아버님께서 만수원 넓은 뜰에 앉으시어 자손 중에 관례(冠禮)를 치른 남자들은 각각 『주역』 한 괘(卦)씩 읽도록 명하셨는데, 64괘를 다 읽고도 십여 명이 남았습니다. 그 후에 수십 명이 또 관례를 치렀습니다.”

“한 집안에 남녀노소가 이와 같이 많은데 집안이 하나같이 화목하니, 반드시 장공예(張公藝)의 ‘참을 인(忍)’ 글자 백 번 쓰던 공부[320]가 있으신 것이로군요.”

“사람의 성품은 각각 달라서 강유완급(剛柔緩急)이 절로 차이가 납니다 다만 온 집안의 사람들이 남녀노소를 막론하고 아버님의 뜻을 어기지 않으려고 밤낮으로 마음을 쓰는 까닭에 저절로 집안이 화목한 도리가 생긴 것입니다. 장공예 말씀은 후대 사람들이 본받을 만한 것이지만, 사람의 마음에 부족한 것이 있어야 참는 것이 있는 법인데, 우리 집에서는 애

---

319 문침(問寢)과 시선(視饍): 문안시선(問安視膳). 매일 문안 인사를 드리고 식사하실 때 곁에서 시중을 드는 일.

320 장공예(張公藝)의 … 공부: 『소학』 「선행(善行)」. “장공예는 9대가 함께 살아서, 북제(北齊)·수(隋)·당(唐)에서 모두 정표를 하였다. 인덕 연간에 당 고종(唐高宗)이 태산에서 봉선의 예를 하고 장공예의 집에 가서 장공예를 불러 보고 가족들이 화목하게 지낼 수 있는 까닭을 물으니 장공예가 붓과 종이를 청하여 ‘참을 인’자 백 번을 써서 올렸다.(張公藝九世同居, 北齊隋唐, 皆旌表其門. 麟德中, 高宗封泰山, 幸其宅, 召見公藝, 問其所以能睦族之道, 公藝請紙筆以對, 乃書忍字百餘以進.)” 원 출처는 『구당서(舊唐書)』, 『온공가범(溫公家範)』이다.

초부터 참을 일이 없습니다. 한 집안에 살고 있는 사람들이 형제와 숙질의 자녀에서 벗어나지 않으니, 그 사이에 만약 조금이라도 잡다한 말이 있게 되면 패륜에 가까우니, 어찌 독서하는 군자의 집안 행실이라 하겠습니까?"

섭 부인이 크게 칭찬하며 말하였다.

"인간의 복록으로 반드시 장수와 부귀, 아들 많은 것을 일컫는데, 지금 상서 어르신의 연세는 백 세가 멀지 않으시고, 부(富)는 만금에 달하며 귀(貴)는 높은 품계에 이르셨고, 부부가 해로하셔서 슬하에 자손이 남녀 수백여 명에 이릅니다. 요순과 하, 은, 주 이래로 비교하기 드문 복인 듯합니다."

"장수와 부귀, 아들 많은 사람은 세상에 많이 있습니다만, 유독 우리 아버님의 여러 복록 중 한 가지 일만은 남과 비교할 수 없습니다."

"무슨 일입니까?"

"아버님의 자손 중에 임신하여 유산한 사람이 없고, 어린아이가 요절한 경우도 없습니다. 그리고 시부모님을 모신 지 육십여 년이 되었는데, 의원을 청하고 약을 달여 본 일도 없습니다. 이런 일은 남의 집에 없는 복입니다."

"상서 어르신의 복록은 세상에 지극히 드문 일입니다. 이러므로 벗들이 어르신을 뵙고 오면, 다들 마치 신선이 산다는 낭원(閬苑)[321]과 현포(玄

321 낭원(閬苑): 신선이 산다는 전설이 전해지는 곳.

圃)[322]에서 안기생(安期生)[323]과 적송자(赤松子)[324]와 노닌 듯 표연하여 속세를 벗어난 뜻이 있다고 말하더군요."

섭 부인이 또 물었다.

"자손 중 집에서 자란 남녀 아이들은 어렸을 때부터 학문을 가르칠 수 있건마는, 다른 집에서 온 부녀자들은 어린아이와 다르니, 또한 가르치는 방법이 있습니까?"

"남자아이 가르치는 것은 학문하는 집안에서 예사로운 일입니다. 부녀자들 학문 가르치는 것은 오직 우리 집에서만 하는 일이니, 그러므로 반드시 부녀자들이 처음 왔을 때부터 가르칩니다."

"무슨 책을 가르치십니까?"

"『예기』「내칙」편과 『열녀전』과 주자가 지은 『소학』 등을 가르칩니다."

"나이 어린 부녀자들이 비록 어린아이와는 다르지만, 처음에 와서 가르칠 때 과연 잘 배웁니까?"

"새로 들어온 부녀자들이 모두 선비 집안 여자들이라 아주 무식하지는 않고, 우리 집에 들어온 후에는 학문을 일삼는 가풍(家風)을 알기 때문에 지성으로 배우려고 하고, 미치지 못하는 것을 부끄러워합니다. 재주와 지혜가 총명한 사람은 이루기가 매우 쉽고, 재주가 비록 조금 떨어져도

---

322 현포(玄圃): 곤륜산 꼭대기에 있는, 신선이 산다는 곳.

323 안기생(安期生): 신선의 이름. 낭야(琅邪) 사람으로 동해 가에서 약을 팔았으며 진시황이 동쪽을 순행할 때 만났다고 한다. 『열선전』「안기선생(安期先生)」 참조.

324 적송자(赤松子): 신선의 이름. 신농 때의 우사(雨師: 비를 내리게 하는 신)로 수정을 복용하였다고 한다. 『열선전』「적송자」 참조.

오래지 않아서 배웁니다."

"온 집안에 가족의 수가 매우 많은데 질병으로 고통 받는 사람이 별로 없다 하니, 또한 무슨 도리로 그러합니까? 원래부터 집안에서 자란 사람은 오히려 그럴 법하지만, 남의 집에서 들어온 부녀자들도 또한 모두 그러하니 실로 특이한 일입니다."

"사람의 질병은 바람과 추위, 더위와 습기를 삼가지 못해 생기는 것입니다. 우리 집 사람들은 본래 춥고 굶주리는 일이 없거니와, 또한 먼 길을 다니느라 힘들 일이 없습니다. 그리고 부녀자들로 말하자면, 우리 집에 들어온 후는 엄정한 가정의 법도를 삼가 지키고, 아버님께서 경계하시는 말씀을 감히 조금도 어기지 못합니다. 찬 곳에 있지 말라 하시면 죽을 때까지 감히 찬 곳에 있지 않고, 바람을 쐬지 말라 하시면 죽을 때까지 감히 바람을 쐬지 못합니다. 병이 중해 죽을 지경에 이르러도 몸가짐을 신중히 하여 지성으로 준행하니, 이러한 일이 비단 자손들이 부모님 받들어 모시는 도리일 뿐 아니라 또한 질병을 조심하고 양생하는 방책에 가깝더군요."

"부녀자들이 가르침을 어기지 않고 한 마음으로 봉행(奉行)하니, 모두 타고난 자질이 아름다워서겠지만, 성씨가 다른 사람도 함께 모여 있는데 모두 이와 같으니 어찌 어렵지 않겠습니까?"

"처음 아들을 위해 구혼할 때부터, 부귀한 집을 바라지 말고 빈천한 집을 피하지 않되, 반드시 학식을 갖추고 효도와 우애를 숭상하며 어질고 착한 것을 돈독히 여기는 사람을 구해 혼인을 맺습니다. 그런 까닭에 들어온 부녀자들 대다수가 어질고 순한 사람들입니다. 혹 부족한 사람이 있어도 가정의 법도가 엄정하고 보고 듣는 것이 많기에 감히 자기 성질을 부리지 못하고 자연스럽게 점차 변하는 효과가 있습니다. 이런 까닭에 몇 년이 지나면 같은 마음으로 화락(和樂)하여 조금도 패려한 행실이 없게 됩니다. 이는 부귀한 집안에서 자라 교만하고 사치스러운 습성이 밴 자와는 함께 말할 수 없는 것입니다."

섭 부인이 또 물었다.

"상서 어르신께서 강호와 누대 사이에 살며 번화하고 부귀한 즐거움을 누리시니 꽃피는 봄철이나 달 밝은 가을철 풍경이 좋을 때 가무와 놀이의 오락을 하십니까?"

"아버님께서 평생 놀이하는 것을 좋아하지 않으셨을 뿐 아니라 일찍이 왕우칭(王禹偁)이 '기녀들을 모아놓고 노래하고 춤추게 한 것은 글 짓는 사람의 할 일이 아니다.'[325]라고 한 말로 매번 자손들을 경계하십니다. 또 말씀하시기를, '자손들의 책 읽는 소리가 시원하게 통하고 구두가 분명하게 떨어지는 것이 좋은 노래보다 더 낫고, 자손들의 오가는 걸음걸이와 행동거지가 법도에 맞는 모습이 절묘한 춤보다 더 낫다. 집안이 이러하면 절로 즐거우니, 다시 무슨 연가조무(燕歌趙舞)[326]를 자랑하겠느냐?'라고 하십니다. 이런 까닭에 문과 뜰이 가지런하고 엄숙하여, 원래 잡된 놀이가 없습니다."

---

325 왕우칭(王禹偁)이 … 아니다: 『고금사문유취』 「죽루기(竹樓記)」. "저 제운루나 낙성루가 높기는 높고, 정간루나 여초루는 화려하기는 화려하다. 그러나 기녀들을 모으고 노래하고 춤추게 하는 데 그쳤으니 이런 것은 시인이 할 일이 아니라, 내가 취하지 않는 바다.(彼齊雲落星, 高則高矣, 井幹麗譙, 華則華矣. 止于貯妓女, 藏歌舞, 非騷人之事, 吾所不取.)"

326 연가조무(燕歌趙舞): 아름다운 춤과 노래. 옛날 연나라와 조나라 사람들이 가무에 능하였다고 한다.

"자손의 수가 많아서 문안드릴 때 요란하지 않나요?"

"나이 드신 부모님께 문안드리는데 어찌 감히 요란하겠습니까. 세 아들이 먼저 들어가 안부를 여쭌 후에 물러나오면 손자들이 네다섯 명씩 차례로 절하여 뵌 후 증손자와 현손자들이 예닐곱 명씩 조용히 절하여 뵙습니다. 이 예를 행할 때 엄숙함이 마치 대장군이 단에 있으면서 막하 장수들의 알현을 받는 것과 같으니, 감히 소란스럽거나 예의에 어긋날 만한 일이 없습니다. 내당의 부녀자들까지도 이 예법을 행하니, 규문의 안에서는 조정과 같다고 말하여도 과한 논의가 아닙니다."

"유한당께서는 재주가 넉넉하고 고금의 일에 박람하시니 묻습니다. 사람의 수명이 길고 짧은 것과 자손의 많고 적음을 미리 알 도리가 있는가요?"

"비록 점을 치거나 관상을 보는 사람이라도 또한 앞일을 알기 어렵거늘, 저는 부녀자로서 타고난 자질이 부족하니 어찌 알겠습니까. 다만 자손의 많고 적음은 사람 성품의 강하고 부드럽기에 달렸더이다. 대개 유순하고 착한 이는 자녀를 많이 기르고, 성격이 굳세고 사나운 이는 그 해를 쉽게 받으니, 우리 집으로 보아도 일고여덟 명 둔 이도 있고 대여섯 명 둔 이도 있고 서너 명 둔 이도 있으니 모두 품성의 강하고 부드러움에 말미암은 것입니다만, 우리 집에서는 과도히 굳세고 사나운 이는 없기에 아들 세 명 못 둔 이는 없습니다. 온 집안사람이 매양 이러한 이야기로 서로를 경계합니다."

"이치인 즉 그러하거니와 혹 착한데 자식 없는 자가 있고, 악하면서 자식 많은 자가 있으니 이는 무슨 이치입니까?"

"악하고 자식 많은 이가 착하고 자식이 없는 이보다 적고, 착한데 자식 없는 이는 악하고 자식 많은 이보다 적습니다. 빗대어 말하자면 불은 뜨거운 것이 일반적인 이치로되 혹 차가운 불이 있고, 물은 차가운 것이 일반적인 이치로되 혹 온천이 있는 것 같습니다. 이는 모두 예외적인 이치이니, 어찌 일반적인 이치를 버리고 예외적인 것을 취하겠습니까? 주자께서 '매서운 서리가 불고 몹시 추운 겨울이라 하여도, 온화한 바람과 따스한 햇볕이 어찌 조금도 없겠는가.'[327]라고 말씀하셨으니 안회가 단명하고 백도(伯道)가 자식 없는 것[328]을 일반적인 이치로 따질 수는 없는 것입니다."

"인가의 길흉이 많이 부녀자로부터 말미암는 까닭에 『사기』를 보아도 하우 씨(夏禹氏) 일어날 때 도산 씨(塗山氏)[329] 계셨고, 걸(桀)이 망할 때 말희(妺喜) 있었고, 은나라 탕(湯)이 일어날 때 유신 씨(有莘氏)[330] 계셨고, 주가 망할 때 달기(妲己) 있었고, 주 문왕에게는 태사(太姒) 계셨고, 무왕에게는 읍강(邑姜)이 계셨고, 주나라가 쇠할 때 유왕(幽王)에게 포사(褒姒) 있었으니

327 매서운 … 없겠는가: 『회암집』「답반숙도(答潘叔度)」. "그러나 매서운 서리가 불고 몹시 추운 때라 하여도, 어찌 온화한 바람과 따스한 햇볕의 기미가 조금도 없을 수야 있겠습니까. 그렇다면 많은 쪽이 이길 따름입니다.(然嚴霜大凍之中, 豈無些小風和日暖意思? 要是多者勝耳.)"

328 백도(伯道)가 … 없는 것: 『소학』「선행」. "진(晉)의 우복야(右僕射) 등유(鄧攸)가 영가(永嘉) 말년에 석륵(石勒)에게 패하여 사수(泗水)를 건넜다. 등유는 소와 말에 처자식을 태우고 도망하였는데 또 도적을 만나 소와 말을 빼앗겨서 아들과 동생의 아들 유(綏)를 업고 걸어서 가게 되었다. 등유는 두 아이를 모두 보전할 수 없다고 생각하고 아내에게 말하였다. '동생은 일찍 죽었고 그의 자식은 이 아이 하나뿐이니, 이치 상 후사를 끊을 수 없소. 단지 우리 아이를 버리는 것이 마땅하오. 다행히 우리가 살아남게 된다면, 우리는 나중에 마땅히 아이를 둘 것이오.' 아내는 울면서 따랐다. 이에 그 자식을 버리고 떠났는데, 끝내 후사가 없었다.(晉右僕射鄧攸, 永嘉末, 沒于石勒, 過泗水. 攸以牛馬負妻子而逃, 又遇賊, 掠其牛馬, 步走, 擔其兒及其弟子綏, 度不能兩全, 乃謂其妻曰: '吾弟早亡, 唯有一息, 理不可絶. 止應自棄我兒耳. 幸而得存, 我後當有子.' 妻泣而從之, 乃棄其子而去之, 卒以無嗣.)" 원 출처는 『진서(晉書)』「양리열전(良吏列傳)」이다.

329 도산 씨(塗山氏): 하나라 우임금의 비.

330 유신 씨(有莘氏): 은나라 탕임금의 비.

제왕이 천하를 얻고 잃는 것도 부인의 선악에 많이 달려 있는데, 하물며 인가의 흥하고 망하는 것도 그렇지 않겠습니까. 공자의 어머니 안 씨(顔氏)와, 맹자의 어머니 장 씨(仉氏)가 극히 어질고 착하신 까닭에 성인을 낳으시고, 정자의 어머니 후 씨(侯氏)와 주자의 어머니 축 씨(祝氏)가 모두 어진 어머니였기에 어진 아들이 있으니, 오늘 유한당 말씀이 과연 의리의 핵심을 깨달으신 말씀이십니다."

"인가의 남자된 자는 가도의 성쇠가 남자로부터 말미암는다고 생각해서 부지런히 착한 일에 힘쓰고, 부녀자 된 자는 가도의 길흉이 부녀자로부터 말미암는다고 생각해서 부지런히 착한 일에 힘써, 마음에 늘 두려워하고 서로 경계하면 어찌 집안이 세차게 흥하지 않을 수 있겠습니까."

섭 부인이 좋은 말이라고 탄복하였다.

"유한당의 집안이 전적으로 어질고 선하며 화합하고 순하기로 일을 삼아 부부 사이에도 「관저」[331] 장(章)의 기운이 있고, 뭇 형제들의 우의는 「당체(棠棣)」[332] 장의 기상이 있고, 자손들의 번성함은 「종사」 장[333]의 기상이 있으니, 내 무슨 공부로 그러하신가 알지 못하였습니다. 지금 유한당 말씀을 들으니 과연 그 근본이 있었던 줄 알겠습니다."

섭 부인의 어린 딸 왕 소저가 나이 아홉에 모친을 따라와 옆에 있다가 말하였다.

"『주역참동계(周易參同契)』에 '제비와 참새는 봉을 낳을 수 없고, 여우

331 「관저」: 주석 169 참조.
332 「당체(棠棣)」: 『시경』 「당체」. 주자의 주에, "「당체」는 형제가 잔치하는 악가이다(此燕兄弟之樂歌)."라고 하였다.
333 「종사」: 주석 170 참조.

와 토끼는 말을 젖먹일 수 없다.'[334]라고 하였으니, 어진 어머니 없이 어진 아들이 어찌 나오겠습니까."

유한당이 말하였다.

"세속의 부녀자들이 이런 의리를 모르고 한갓 무당이나 점쟁이를 숭상하며 자손의 복을 구할 따름이니 실로 개탄스럽지요. 지금 소저의 말은 총명하여 이치에 맞으니, 어찌 좋지 않겠어요."

전당호의 명승지

섭 부인이 유한당에게 또 물었다.

"세상에서 전당호를 천하 명승지로 일컫는데 집안사람이 그 가운데서 생활하시니 전당 풍경을 두루 다 보셨던 때가 있었습니까?"

"전당호 옆에서 육십여 년을 살았으되 부녀자의 몸이 되어 한 번도 둘러보지 못하였으니 실로 한스럽습니다."

"비록 눈으로는 보지 못하였지만 반드시 귀로 들은 것이 있으실 것이니, 유한당이 들으신 말씀을 듣고 싶습니다."

"자세히 말할 수는 없고, 다만 귀로 들은 바를 그 대강만 말씀드리겠

334 제비와 … 없다: 『주역참동계고이(周易參同契考異)』, "제비와 참새는 봉을 낳을 수 없고, 여우와 토끼는 말을 젖먹일 수 없다.(燕雀不生鳳, 狐兎不乳馬.)"

습니다.

전당호 문이 호수 옆에 서 있어 그 이름을 옥련당(玉蓮堂)이라 합니다. 옥련당 북편에 누대가 하나 있으니 이름을 내작루(來鵲樓)라 합니다. 그 서편에 유수교(流水橋)가 있고, 다리 아래 물의 흐름이 매우 거세고 천 척 높이의 폭포가 공중에 걸려 있어 어지러운 물방울이 마치 은이 흩날리는 것 같고, 폭포소리는 옥이 부서지는 것 같다고 합니다. 다리를 지나 서편으로 조금 가면 산기슭에 의지한 절이 있으니 이름을 소경사(昭慶寺)[335]라 하는데 송 소흥(紹興) 연간에 창건한 절입니다. 그 북쪽에 석함교(石函橋)가 있고, 다리 서편에 보석산(寶石山)이 있습니다. 산의 바위에 장즉지(張卽之)[336]가 '호산승개(湖山勝槪)' 네 글자를 크게 쓴 것이 있습니다. 산의 봉우리가 사자처럼 생겨 사자봉(獅子峰)이라 부르고, 돌의 형세가 마치 별이 떨어지는 모양 같기에 낙성석(落星石)이라 부릅니다. 그 곁에는 간송대(看松臺)라 하는 누대가 있고 누대 밑에 유천(乳泉)이 있으니, 물의 색깔이 희고 물맛이 달아 이러한 이름을 얻게 된 것입니다. 석벽이 둘러서 있고 석벽에 천연의 힘으로 그림이 그려진 것 같으니 그 형상이 세상에 전해집니다. 진시황이 신선 구할 때에 배를 매어 두었던 곳이라고 하여 이름을 남선석(纜船石)이라 합니다.

절벽은 모두 붉은 색이고, 골짜기는 길고 깊으며, 인가는 흩어져 있어 바둑 둔 모양 같고, 닭 울고 개가 짖는 소리는 구름 속에서 나는 듯합니

335 소경사(昭慶寺): 전당호에 위치한 절로 967년 창건되었다.
336 장즉지(張卽之, 1186~1263): 남송의 서예가로 자는 온부(溫夫), 호는 운료(樗寮)이다.

다. 또 한 고을이 있으니, 산이 빙 둘러있고 물이 맑으며, 골짜기가 깊은데 그 안에 자양서원(紫陽書院)이 있으니, 주자의 제사를 지내는 곳입니다. 갈옹정(葛翁井)이 있으니, 옛날 갈치천(葛稚川)[337]이 단사(丹砂) 만들던 우물이라 합니다. 위에는 호두암(虎頭巖)[338]이 있는데, 옛적 망기(望氣)하는 자가 항주(杭州)에 왕기(王氣)가 있다고 하여 잘랐습니다. 지금까지도 돌이 잘라진 흔적이 남아 있습니다. 검문관(劍門關) 북편에는 금고동(金鼓洞)과 수반동(樹攀洞)이 있으니, 거기 돌을 두드리면 북 소리가 난다고 합니다.

그 아래 송나라 장수 악비(岳飛)[339]의 무덤이 있어 지금도 길 가는 사람들이 말에서 내려 경의를 표합니다. 서쪽에는 경화산(瓊華山)이 있는데, 송나라 처사(處士) 진숭진(陳崇眞)[340]이 살던 곳이기에 매년 6월 24일의 고을 사람들이 남녀가 운집하여 술과 음식을 많이 차려 놓고 제사 지내기를 지금까지 폐하지 아니합니다. 절벽 위에 장지기(蔣之奇)[341] 전자(篆字)로 통천동(通天洞) 세 글자를 써 놓았습니다. 또 연지령(臙脂嶺) 북편에 석봉이

---

337 갈치천(葛稚川): 동진의 도사 갈홍(葛洪, 283~343). 치천(稚川)은 그의 자이고 호는 포박자(抱朴子)이다.

338 호두암(虎頭巖): 『서호유람지(西湖遊覽志)』. "호두암은 산의 형태가 돌출되어 마치 호랑이의 머리 같다. 오와 월 지역이 왕성할 때 기운을 살피는 자가 말하기를, '항주에 왕기가 있습니다.'라고 하였다. 태조(太祖)가 이를 깎도록 명하여서, 지금은 잘려 떨어졌다.(虎頭巖, 山形突出, 若虎頭然. 吳越王盛時, 望氣者云, '杭州有王氣.' 藝祖命鑿之, 今斷落矣.)"

339 악비(岳飛, 1103~1142): 남송의 장수로 금을 물리치는 데 많은 공이 있었으나 재상 진회(秦檜)의 모함으로 억울하게 죽임을 당하였다. 시호가 무목(武穆) 또는 충무(忠武)이고, 민족 영웅으로 추앙되었다.

340 진숭진(陳崇眞): 『서호유람지』. "신소뢰원(神霄雷院)은 송 함순(咸淳, 1265~1274) 연간에 도사 진숭진이라는 자가 민 땅으로부터 와서 이곳에 터를 잡았다. 벼락을 잘 다스렸기에 칙명으로 뇌원(雷院)을 지어 살게 하고 충소진인(冲素眞人)이라는 호를 내렸다. 매년 6월 24일 사람들이 모여 비용을 써 가며 제사 지내기를 지금까지도 그치지 않는다.(神霄雷院, 宋咸淳間, 羽士陳崇眞者, 自閩來卜居於此. 善雷法, 因勅建雷院以居之, 賜號冲素眞人. 六月二十四日, 郡人雲集, 設醮捨貲, 至今不廢.)"

341 장지기(蔣之奇, 1031~1104): 북송의 문인으로 자는 영숙(穎叔)이다.

있으니 올라 바라보면 전당의 모든 산들이 비단병풍처럼 둘러져 있고, 한 줄기 긴 호수는 거울처럼 맑고 구름 그림자가 거꾸로 드리워져 있으며 물과 하늘이 한 빛입니다. 고깃배와 채방(彩舫: 오색으로 화려하게 장식한 유람선)이 오리나 갈매기와 더불어 안개 자욱한 물결 사이로 나타났다 사라졌다 하고, 아득한 호수 빛은 마치 흰 비단 같고, 멀리 푸른 바다를 접하여 넓고 먼 것이 끝이 없습니다.

또 절승문(絶勝門)[342]이 있으니 그 이름 쓴 것을 혹자는 갈홍(葛洪)의 글씨라고 하고, 혹자는 송지문(宋之問)의 글씨라고 합니다. 잠깐 문을 나오면 산의 모습이 층층이 겹쳐 천 송이 부용꽃이 물에서 갓 피어난 듯합니다. 아래에 금대교(錦帶橋)가 있는데, 복숭아와 버드나무, 온갖 풀과 꽃이 사면에 무성합니다. 그 곁에 사현사(四賢祀)가 있으니, 당나라 때 업후(鄴侯) 이필(李泌)[343]과 백거이(白居易)[344]와 송나라 때 학사 소식(蘇軾)[345]과 처사 임포(林逋)[346]를 제사 지내는 곳입니다. 세 사람은 항주 태수를 지냈고, 임포는 항주에 살았습니다. 그 앞에 매화 몇 그루가 있는데 처사가 학을 가르치던 곳이라 합니다. 망호정(望湖亭)이 있으니 천 겹 오산(吳山)이 책상

342 절승문(絶勝門): 『서호유람지』. "영은선사(靈隱禪寺)는 진(晉) 함화(咸和, 326~334) 원년에 혜리(慧理)라는 승려가 지었다. 편액에 '절승각장(絶勝覺場)'이라고 쓰여 있는데, 전하기로는 갈홍이 썼다고 하고 혹자는 송지문이 썼다고도 한다.(靈隱禪寺, 晉咸和元年, 僧慧理建山門. 扁曰: '絶勝覺場', 相傳葛洪所書, 或云宋之問書.)" 갈홍은 동진(東晉)의 도사로 자는 치천(稚川)이고, 송지문은 당의 시인으로 자는 연청(延淸)이다. 위 편액은 지금 '최승각장(最勝覺場, 수많은 사람들이 깨닫는 도량)'으로 되어 있다.

343 이필(李泌, 722~789): 당의 정치가로 여러 훌륭한 업적을 남겼으며, 항주 자사로 있으면서 선정을 베풀었다.

344 백거이(白居易, 772~846): 당의 시인으로, 항주 자사로 있으면서 서호에 백제(白堤)라는 제방을 건설하는 등의 치적을 남기고 선정을 베풀었다.

345 소식(蘇軾, 1037~1101): 북송의 시인으로, 항주 자사로 있으면서 서호에 소제(蘇堤)라는 제방을 건설하는 등의 치적을 남기고 선정을 베풀었다.

346 임포(林逋, 967~1028): 북송의 은일 시인. 항주의 서호 고산(孤山)에 숨어 살았다.

앞에 깔려 있습니다. 또 호심정(湖心亭)이 있어 완연히 한 마리의 학이 물 가운데에 우뚝 서 있는 듯하고, 봉황이 우는 소리가 대나무 처마에 울리고, 달빛은 난간의 꽃 그림자를 움직이니, 이 정자 위에 오르면 표연히 우화등선(羽化登仙)할 기운이 난다고 합니다. 정자 위에 붙여놓은 시가 많아 모두 기록할 수 없는데, 오직 연선산인(蓮仙散人) 정엽(鄭燁)의 시[347]를 말씀드리면 다음과 같습니다.

亭立湖心	정자가 호수 가운데 서 있어
儼西子載扁舟	우뚝하니 서시를 조각배에 실은 듯
雅稱雨奇晴好	비 내리는 날 기이하고 맑게 갠 날도 참으로 좋구나[348]
席開水面	자리가 수면 위에 펼쳐진 듯하니
恍東坡遊赤壁	동파가 노닐던 적벽의 황홀함이여
偏宜月白風清	달 밝고 바람 시원하니 참으로 좋구나

전당 북편에 청파문(清波門)이 있고, 석벽에 『주역』 가인(家人)괘와 『중용』의 「악기(樂記)」편을 써서 새기었는데 세간에서는 사마온공(司馬溫公)[349]

347 정엽(鄭燁)의 시: 정엽의 「호심정주명(湖心亭柱銘)」. 한문본의 원문은 오기가 많아 장대(張岱)의 『서호몽심(西湖夢尋)』에 나오는 원문을 참고해 고쳤다.

348 비 내리는 날 … 좋구나: 소동파(蘇東坡)의 「음호상초청후우(飮湖上初晴後雨)」에 나오는 "물빛이 가득 넘실거리니 갠 날이 참으로 좋고, 산색이 아스라하니 비 내리는 날도 기이하구나. 서호를 서시에 견주고 싶으니, 옅고 진한 화장이 모두 잘 어울리는구나.(水光瀲灩晴方好, 山色空蒙雨亦奇. 欲把西湖比西子, 淡妝濃抹總相宜.)"의 뜻이다.

349 사마온공(司馬溫公): 북송의 문인 사마광(司馬光, 1019~1086). 『자치통감(資治通鑑)』을 편찬하였다.

의 글씨라 합니다. 이것이 전당호 경치의 대강이니, 비록 눈으로 보지는 못하였으나 매양 여러 자손들이 보고 와서 말을 해 주기에 들어서 알거니와 이와 같은 기이하고 빼어난 경치를 지척 사이에 두고서도 한 번도 둘러보지를 못하니 어찌 평생의 지극한 한이 되지 않겠습니까?"

"전당호의 뛰어난 경치를 비록 보지 못할지라도 이 집 동산의 수풀이 볼 만한 것이 많다고 하던데 과연 그러합니까?"

"동산과 누대의 뛰어난 경치를 와서 본 사람들이 모두 '전당호 경치보다 못하지 않다.'라고 합니다. 만수원만 말하여도 나무가 많은 것으로 그 이름을 얻었으니, 봄날이 한창일 때 붉은 꽃과 잎사귀가 서로 비치고, 진귀한 새들이 지저귀며 위아래로 날아다니며, 녹음이 가득 우거져 어느 곳이든 쉴 수 있습니다. 가을 날씨가 맑고 선선한 때면 동산에 가득한 나뭇가지에 잘 익은 과일이 주렁주렁 달려있으니, 두보 시의 '혹은 붉은 것이 마치 단사 같고, 혹은 검은 것이 옻칠과 같구나.'[350]라고 하는 구절과 같습니다. 이 동산의 모습을 그림으로 그려내면, 단풍이 나무에 들면 비단으로 수놓은 휘장을 친 듯하여, 당시(唐詩)에서 '단풍잎의 붉기가 이월의 꽃보다 더하구나.'[351]라고 한 것입니다. 수월정으로 말할 것 같으면 난간 밖에 호수에 한 점 티끌이 없어 평평한 것은 거울 같고, 푸른빛의 수많은 물결에 흩어진 고깃배와 유람선들이 뱃노래 화답하는 것은 아침과 낮

350 혹은 … 같구나: 두보(杜甫), 「북정(北征)」. "자잘하게 수많은 산열매가, 도토리, 밤과 골고루 섞여 나는구나. 혹은 붉은 것이 마치 단사 같고, 혹은 검은 것이 옻칠과 같구나.(山果多瑣細, 羅生雜橡栗, 或紅如丹砂, 或黑如點漆.)"

351 단풍잎의 … 더하구나: 두목(杜牧), 「산행(山行)」. "수레 멈춘 것은 늦가을 단풍으로 물든 숲을 사랑하기 때문이니, 단풍잎의 붉기가 이월의 꽃보다 더하구나.(停車坐愛楓林晩, 霜葉紅於二月花.)"

에 볼 만한 경치이고, 호숫가에 달이 돋아 천 리의 모래사장이 밝게 빛나고 여러 난간(欄干)을 대낮같이 밝게 비추는데 사면의 봉우리는 푸르스름하여 마주보고 천지가 텅 비어 있는 듯하여 마치 하늘과 땅이 아직 나뉘지 않은 때 같으니 이는 달밤에 볼 만한 경치입니다. 봄과 가을, 낮과 밤의 모습이 각기 다르니 어느 경치를 먼저 보려 하실지 모르겠습니다."

"마침 봄에 왔으니 먼저 만수원의 봄 경치를 보고, 다음으로 수월정의 낮 경치를 보고 싶습니다. 만일 며칠 후 날씨가 좋으면 또 수월정 야경을 보고, 올해 가을에 다시 와 만수원 가을 경치를 보아서 봄과 가을, 낮과 밤의 경치를 모두 보고 싶은데, 가능할까요?"

만수원 유람

유한당이 만수원에 가는 문을 열라고 명하고 며느리와 조카딸 수십 명을 데리고 섭 부인, 왕 소저와 함께 만수원으로 가서 문을 나서서 북쪽으로 수십 보를 가니 대나무 숲과 꽃, 풀 사이에 널찍하여 천여 명이나 앉음직한 뜰이 나왔다. 큰 소나무가 높이 솟아있고 푸른 버드나무가 가볍게 휘날리는 뜰을 지나 백여 보를 가니 숲과 산기슭 사이에 높은 누대가 하나 있는데 마침내 누대에 올라 바라보니 전당 호수가 무릎 아래 놓여 있고 하늘과 땅끝이 훤히 드러나 보여 완연히 별세계 같았다. 섭 부인이 누대 위에 앉아 사면을 둘러보고는 말하였다.

"이렇게 빼어난 경치는 세상에 드문 보물입니다. 부녀자가 가히 감상할 바 아니요, 비록 남자 중에서도 신선의 인연이 있는 자라야 가히 볼 만합니다."

왕 소저가 말하였다.

"참으로 주자의 시에 '하늘빛과 구름 그림자가 함께 배회하고 있구나.'[352]라고 이른 말과 같습니다."

유한당이 말하였다.

"소저가 요즘에 염락문자(濂洛文字)[353]를 공부한다는 말을 들었더니 그 말이 과연 딱 들어맞는 말입니다."

섭 부인이 말하였다.

"이 대는 무슨 대입니까?"

"집안 남자들이 매양 여기에 올라 별자리를 보는 누대인 까닭에 앙관대라 이름 붙였습니다."

"아까 소나무와 대나무 사이에 만들어 놓은 넓은 뜰은 무슨 뜰입니까?"

"아버님께서 집안사람이 많기에 한 곳에 나란히 앉으려면 다른 넓은 누각은 사람을 받아들일 수 없기에 따로 이 뜰을 만들어 두시고 남녀 자손이 동시에 줄지어 앉는 곳으로 만드셨습니다."

"그 뜰에 자주 모이십니까?"

---

352 하늘빛과 … 있구나: 『회암집』「관서유감이수(觀書有感二首)」. "작고 네모난 연못은 거울처럼 열려있는데, 하늘빛과 구름 그림자가 함께 배회하고 있구나.(半畝方塘一鑑開, 天光雲影共徘徊.)"

353 염락문자(濂洛文字): 성리학에 관한 글을 가리킨다. '濂'은 염계(濂溪) 주돈이(周敦頤), '洛'은 낙양(洛陽)의 정호(鄭顥)·정이(程頤) 형제를 가리키는데 모두 성리학의 대학자들이다.

"날씨가 화창한 때에, 시부모님께서 자손들을 데리고 흥이 나는 참에 모이는 것이니 자주 잔치를 차려 모이지는 않습니다. 모이기는 일 년의 서너 번 정도이고, 자손 중에 문희연(聞喜宴)[354] 할 일로 모이기는 오십 년에 삼십여 번 정도 됩니다."

섭 부인과 여러 부인이 북쪽으로 백여 걸음 정도 가니 왼쪽에는 복숭아와 자두나무가 우거진 계곡이 있고, 오른쪽에는 매실과 은행나무 숲이 있어 온갖 꽃이 만발하여 아름다움을 다투고 향기가 가득하며 바위 사이로는 시냇물이 졸졸 흐르는 것이 옥을 울리는 듯하고, 꽃 속에서 우는 새소리가 골짜기마다 들려왔다. 붉은빛과 초록빛이 서로 비추니 영롱하여 이루 형용할 수 없었다. 섭 부인이 말하였다.

"이 동산의 이름을 만수원이라 한 것은 실로 꽃과 풀, 나무가 많은 데서 말미암았거니와 그 속에 이름 모를 것이 참으로 많습니다."

유한당의 손녀가 곁에 있다가 말하였다.

"당시(唐詩)에 '시냇가의 나뭇잎은 겨우 색깔 분간하겠고, 산에 핀 꽃들은 이름을 모르겠네.'라는 구절이 참으로 오늘 만수원 풍경을 이른 것입니다."[355]

섭 부인이 웃으며 말하였다.

"소저의 재주는 과연 할머니의 문장을 배웠군요."

또 동쪽으로 수십 걸음을 가니 수풀이 끝나고 들판이 펼쳐졌는데 작

354 문희연(聞喜宴): 과거에 급제한 사람들을 축하하는 잔치 자리.
355 시냇가의 … 모르겠네: 왕발(王勃), 『왕자안집(王子安集)』 「마평만행(麻平晩行)」. "시냇가의 나뭇잎은 겨우 색깔 분간하겠고, 산에 핀 꽃들은 이름을 모르겠네.(澗葉纔分色, 山花不辨名.)"

은 누각이 평평한 언덕을 의지해 서 있었다. 섭 부인이 말하였다.

"이 누는 무슨 누입니까?"

"앞뜰이 매우 넓기에 농사철이 되면 집안 남자들이 여기에 올라 봄가을 밭 갈기와 추수하기를 감독하기에 이름을 관가정(觀稼亭)이라 합니다."

"이 뜰의 넓기가 십여 리가 넘는데, 모두 이 집의 논밭입니까?"

"간혹 다른 사람의 것이 있기는 하나, 거의 우리 집 것입니다."

"한 해 추수한 것은 어느 정도이고, 어디에 쓰십니까?"

"의고 곁에 또 별고(別庫)를 두어서 곡식을 추구하면 먼저 이 창고에 들여 제사에 쓰고, 그 나머지는 집안사람들이 먹는 식량으로 씁니다."

누각에 잠시 앉아있자 이윽고 시비(侍婢) 수십 명이 상을 이고 꽃 사이의 길로 왔다. 그릇이 정결하고 차린 음식이 풍성하니 섭 부인이 말하였다.

"옛 사람이 '갑자기 오는 손님은 있어도 갑자기 음식을 차릴 수 있는 주인은 없다.'[356]라고 하였는데, 오늘 차린 음식은 갑자기 차렸다고 할 수 없을 정도로 풍성하군요."

"나이 든 부모님을 모시는 집이어서 음식이 늘 있는 것이지 따로 차린 것은 아닙니다."

식사를 마치고 섭 부인이 온 길로 돌아가고자 하니 유한당이 말하였

356 갑자기 … 없다: 『서경잡기(西京雜記)』에 나오는 조원리(曹元理)의 일화. 조원리는 계산에 뛰어났다. 친구 진광한(陳廣漢)을 방문했을 때 재산이 많은 진광한이 술과 육포만 몇 근 내어오자, 조원리가 상대방의 재산을 헤아리면서 어찌 이리 차린 것이 박하냐고 말하였다. 그러자 진광한이 부끄러워하며 "갑자기 오는 손님은 있어도 갑자기 음식을 차릴 수 있는 주인은 없네.(廣漢慚曰: '有倉卒賓, 無倉卒主人.')"라고 답하였다.

다.

"오던 길로 돌아가려고 하면 멀 뿐만 아니라 새롭게 볼 것이 없으니 다른 길로 돌아가시는 것이 어떻겠습니까?"

"좋습니다. 오직 주인이 안내하시는 대로 하지요."

마침내 층계를 내려가 수풀 사이로 걸어가니 작은 누각 여섯이 한 곳에 나란히 서 있었다. 섭 부인이 말했다.

"이것은 무슨 누각입니까?"

"누각은 여섯이지만, 이름은 모두 같아서 육예루라고 합니다. 첫째 누에는 예서(禮書)를 모아두고, 둘째 누에는 악서(樂書)를 모아두고, 셋째, 넷째, 다섯째, 여섯째 누에는 각각 사(射)·어(御)·서(書)·수(數) 책을 모아 둡니다. 만약 예법을 의논하려고 하면 첫째 누에 와서 마음껏 예서를 보고, 만약 음악을 의논하려 하면 둘째 누에 와 마음껏 악서를 봅니다. 사·어·서·수의 일도 또한 이와 같이 합니다."

섭 부인이 감탄하며 말하였다.

"상서 어르신의 가학(家學)이 미치지 않은 데가 없으되, 육예로 말하여도 세상 사람들이 상서 어르신 자손들을 먼저 헤아리더니, 오늘 이 육예루를 보니 어찌 이러한 공부 없이 그러할 리 있겠습니까."

그리하여 첫째 누에 올라 예서를 구경하고 둘째 누에 올라 악서를 구경하고 감탄하였다.

"'예(禮)와 악(樂)은 모름지기 잠시라도 몸에서 떠나서는 안 된다.'[357]라

357 예와 … 안 된다: 『예기』 「악기」. "예(禮)와 악(樂)은 모름지기 잠시라도 몸에서 떠나서는 안 된

하였으니, 이렇게 책을 많이 쌓아 두고 힘써 공부하는 것이 비단 남자의 도리일 뿐 아니라 비록 부녀자로 말해도 어찌 보고 듣는 것이 없겠습니까."

그리고 차례로 사·어·서 세 누를 올라 구경하고 마지막에 여섯째 누에 이르러 왕 소저에게 말하였다.

"네가 늘 수학을 말하더니 오늘 여기 왔으니 유한당께 물어서 배우면 어떻겠느냐?"

유한당이 말하였다.

"소저는 자못 총명하니, 수학을 응당 분명히 알 것입니다."

그리하여 왕 소저에게 물었다.

"수학은 부녀자에게 요긴한 공부는 아니나, 지금 부녀자에게 속한 일을 물을 것이니 곧바로 대답할 수 있겠느냐? 「공작동남비(孔雀東南飛)」에 '사흘에 다섯 필 옷감을 짠다.'[358]라 하였다. 한 필이 40척이니 하루 짠 것이 몇 자, 몇 치, 몇 푼인가?"

소저가 즉시 대답하였다.

"66척 6촌 6푼이고 남은 두 푼은 숫자로 헤아리기 어려우니, 말하자면 셋으로 나눈 것의 하나라 하겠습니다."

유한당이 웃으며 말하였다.

"시험하여 물었는데 대답이 매우 민첩하니 수학에 유의(有意)하던 줄

다.(禮樂不可斯須去身.)"

358 사흘에 … 짠다: 『악부시집(樂府詩集)』「초중경처(焦仲卿妻)」. "사흘에 다섯 필 옷감을 짜는데도, 어르신은 느리다고 미워하시네.(三日斷五匹, 大人故嫌遲.)"

가히 알겠구나."

섭 부인이 육예루에서 내려와 수월정에 오르니, 호숫물은 매우 푸르러 하늘과 같은 빛이었다. 석양이 비껴 산 그림자가 거꾸로 물에 비치고, 전당호 전부가 모두 드러나 가린 것이 없었다. 섭 부인이 말하였다.

"수월정의 빼어난 경치가 과연 유한당 말씀과 같습니다."

왕 소저가 말하였다.

"소동파 시에 '산인지 구름인지 멀어서 잘 알 수 없더니'[359]라고 한 글귀가 참으로 이곳의 경치를 이른 말입니다. 물 위에 여러 배들은 두보의 시에 '봄 강물에 배 띄우니 하늘 위에 앉은 것 같다.'[360]라고 한 말과 같습니다."

섭 부인이 말하였다.

"네 말이 과연 옳다. 그 대구(對句)에 '노년의 꽃구경은 안개 속에서 보는 것 같다.'라는 말이 또한 오늘 내가 꽃구경하는 모양이로다."

유한당이 말하였다.

"두보 시의 한 구절을 노소가 나누어 인용하였는데 모두 잘 들어맞고 또 소저의 인용한 시가 상황에 모두 핍절하게 맞아 떨어지니 그 재주가 남보다 뛰어납니다. 여러 남매가 다 이러합니까?"

"이 아이가 비록 남자로 태어났어도 재주가 제 형들보다 못하지 않을

---

359 산인지 … 없더니: 『동파전집(東坡全集)』 「서왕정국소장연강첩장도(書王定國所藏煙江疊嶂圖)」. "산인지 구름인지 멀어서 잘 알 수 없더니, 안개와 구름 걷히자 의연히 산이로다.(山耶雲耶遠莫知, 煙空雲散山依然.)"

360 봄 강물에 … 같다: 두보, 「소한식주중작(小寒食舟中作)」. "봄 강물에 배 띄우니 하늘 위에 앉은 것 같고, 노년의 꽃구경은 안개 속에서 보는 것 같구나.(春水船如天上坐, 老年花似霧中看.)"

것인데, 단지 한스러운 것은 여자로 태어난 것뿐입니다."

섭 부인의 축수

산에 석양이 걸치고 원근에 찬 안개가 끼었다. 섭 부인과 유한당, 여러 부인이 저무는 해를 타고 천천히 걸어 돌아오니 상서공이 내당에 들어와 섭 부인에게 말하였다.

"만수원과 수월정의 여러 경치를 과연 다 볼 수 있었던가?"

"수월정은 바닷물 색이 아득하여 끝이 없어 보이는 것이 상서공의 흉금 같고, 전당호의 여러 산들이 아득하고 푸르러 움직이지 않고 묵직하게 서 있는 것은 상서공의 기상 같고, 만수원의 초목이 울창한데 소나무와 대나무가 홀로 빼어난 것은 상서공의 높은 절개 같고, 앙관대에서 일월이 빛나고 별들이 찬란한 것은 상서공의 문장 같더이다."

상서가 웃으며 말하였다.

"누이의 말솜씨는 나이가 들어도 쇠하지 아니하였군. 무슨 말이 그리 지나친가. 본 것을 사실대로 듣기를 원하네."

"호숫물이 깊고 맑아 티끌에 물들지 않은 것은 상서공의 청아(淸雅)한 모습 같고, 뭇 산이 좌우에 무수히 벌여 있는 것은 상서공의 자손이 번성한 것 같고, 수목과 화초가 봄에 꽃 피고 여름에 무성한 것은 상서공이 백 년 번화하는 것 같고, 진귀한 짐승과 기이한 새가 서로 화답해 우는 것은 상서공의 온 집안이 화목한 것 같더이다."

"누이의 말은 나올수록 신기하고 이상하니, 감히 다시 청할 수 없겠네."

"제가 지금 전당호와 만수원, 수월정과 앙관대 풍경으로 노야(老爺)를 찬미하였으나 오히려 충분히 말하지 못하였으니, 또 『시경』의 구절을 가지고 송축의 말씀을 드리리다. 떠오르는 해와 같고 차오르는 초승달과 같으며, 남산의 장수함과 같고 막 흘러오는 냇물과 같으며, 울창하게 나는 대나무 같고 무성하게 자라는 소나무 같이 노야의 복록이 무궁하소서.[361] 이 말씀으로 축수합니다."

그리고 상서 부부에게 술을 부어 나오니 상서가 받아 마시고 원 부인을 돌아보며 말하였다.

"섭 누이의 말이 재주가 있을 뿐 아니라 본디 복이 많은 사람이기에 송축하는 말도 이와 같이 풍부하니 세간의 부녀자들이 범상한 말도 반드시 이렇게 한다면 어찌 좋지 않겠소."

"어진 누이의 말을 문자로 형용하여 놓으면 또한 좋은 말이 되겠습니다."

그리고 술을 다시 부어 섭 부인께 헌수하였다. 유한당이 말하였다.

"오늘 말씀에 오직 육예루만 말씀하지 않으신 것은 어째서입니까?"

"육예루는 풍경으로 논할 것이 아닙니다. 실로 세상에 다시없는 경륜

361 『시경』의 … 무궁하소서: 『시경』「천보(天保)」에서 '막 흘러오는 냇물과 같다.(如川之方至.)', '차오르는 초승달과 같다.(如月之恒.)', '떠오르는 해와 같다.(如日之升)', '남산의 장수함과 같아 이지러지지 않고 무너지지도 않는다.(如南山之壽, 不騫不崩)'를 인용하였고, 「사간(斯干)」에서 '울창하게 나는 대나무와 같다.(如竹苞矣.)', '무성하게 나는 소나무와 같다.(如松茂矣.)'를 인용하였다.

이니, 대장부로서 사방에 뜻을 둔 자가 그 누각 위에서 전력으로 공부하여 조정에 나아가 우리 황제를 보필하여 예악의 다스림을 이룩하여 우리 명나라로 하여금 주나라 팔백 년의 밝은 문물을 다시 보게 할 것입니다. 이 육예루 하나가 제일가는 장관이니 어찌 가히 다른 풍경 본 것과 함께 논하겠습니까?"

상서가 바깥채로 나가니 섭 부인이 말하였다.

"노야께서 평소에 시를 좋아하시더니 요즘도 지으십니까?"

"때때로 지으시되 많아서 다 기억할 수 없으나 다만 한 시구의 기상이 매우 좋아 잊을 수 없습니다."

"무엇입니까?"

"'누대에서 일천 꽃나무를 대하였고(樓對千花樹), 뜰에는 오세손이 성큼성큼 걷는다(庭趨五世孫).'라는 시구 하나가 가히 사실과 같다고 이를 법합니다."

섭 부인이 재삼 읊조리고 말하였다.

"시도 좋거니와 노야가 복록을 누리는 기상을 볼 수 있습니다."

맏아들 일봉의 환갑잔치

상서공의 나이 구십사 세에 장손 일봉도 환갑이 되었다. 두효자가 상서공에게 아뢰었다.

"맏이 일봉의 환갑 생일이 멀지 않았으니 술과 음식을 장만하고 내외의 자손들을 모으고자 합니다."

"만약 내 자손의 생일을 전부 따진다면 일 년 삼백육십일 중에 비는 날이 있겠느냐."

"환갑은 다른 생일과 다르고, 또 삼대의 환갑은 세상에 보기 드문 일이오니 이 일을 그냥 보내기는 또한 섭섭할 듯합니다."

상서가 허락하지 않고 내사(內舍)에 들어와 유한당에게 말하였다.

"오늘 아들이 들어와 일봉의 환갑이 머지않았다 하고 잔치 마련하기를 청하였는데 내가 허락하지 않았다."

"한 집에서 삼십 년 만에 삼대가 환갑을 넘기는 것은 실로 세상에 보기 드문 경사입니다. 이렇게 보기 드문 경사가 있는데 적막하게 지나가는 것은 또한 일반적인 처사가 아닙니다. 술과 음식을 간략히 차려 그 경사를 축하하고, 지나치게 크게 말아 삼가 넘치는 것을 경계하면 어떻겠습니까?"

"과연 그러하다. 할아비가 손자의 환갑을 보는 것은 매우 드문 일이다. 잔치를 베풀어 경사를 축하하는 일을 멈출 수 없을 듯하구나."

두효자가 오천 금을 내어 술과 음식을 장만하고 만수원의 넓은 뜰을 닦았다. 이날 모인 수천 명 중에서 상서공의 자손이 천여 명이었다.

상서공의 사위 태학사 위천경(衛天景)이 「수연서(壽宴序)」를 지었으니 다음과 같다.

"옛사람이 말하기를, '하늘이 착한 사람을 내리시매 반드시 많은 복을 주신다.'[362]라고 하였다. 이 말을 오늘 상서 어르신의 집안에서 가히 증

362 하늘이 … 주신다: 『공자가어(孔子家語)』 「재액(在厄)」. "착한 일을 하는 사람은 하늘이 복으로써

험할 수 있다. 천하의 사람들이 향년(享年) 높은 것을 복으로 일컫고, 자손 많은 것을 복으로 일컫고, 젊은 나이로 급제하여 벼슬을 높이 하는 것을 복으로 일컫는다. 이 세 가지 중에 한 가지라도 얻으면 사람들이 부러워하지 않음이 없거늘, 하물며 지금 상서께서는 한 몸에 세 가지 복을 모두 가지셨으니 이것이 어찌 하늘이 주신 바가 아니겠는가.

대개 향년을 의논하면 상서 어르신의 춘추가 94세요, 아들 세 명이 다 팔십이 가깝고 장손이 오늘 환갑을 맞았으니 천하의 희한한 복이라 이를 것이다. 자손으로 말하자면 상서 어르신의 아들이 세 명이고, 손자가 17명이고, 증손자가 50명이고, 현손이 180명이고, 오대손 십여 명 어린아이가 앞에 벌려 있으며, 그 나머지가 앞으로 얼마가 될지는 헤아릴 수가 없으니 비록 곽분양(郭汾陽)[363]이라 하여도 또한 비기기 어려우니 이를 의논하자면 또한 천하의 희한한 복이라 말할 것이다. 그리고 과거하여 벼슬한 것으로 말하자면 상서께서는 관직은 예부 상서이시고 칠십에 치사(致仕: 나이가 많아 벼슬을 사양하고 물러남)하셨고, 두 아들은 모두 높은 벼슬에 올랐고, 손자 중에 등과한 자가 10명이요, 장손은 지금 상서가 되었고, 그 나머지도 모두 외직의 벼슬을 하고 있다. 증손자와 현손자 항렬에는 등과한 자가 거의 40여 명으로, 문학과 재주로 세상에 이름이 알려졌다. 외손 중에서는 상서 부부의 외손 수백 명 중에서 등과한 자가 또한 30여 명에 달한다.

보답하고, 나쁜 일을 하는 사람은 하늘이 화로서 보답한다.(爲善者, 天報之以福, 爲不善者, 天報之以禍.)"

363 곽분양(郭汾陽): 당나라 때의 명장이자 정치가인 곽자의(郭子儀, 697-781). 안사의 난을 평정한 공으로 분양왕(汾陽王)에 봉해졌다. 슬하에 8남 8녀를 두었는데 아들과 사위가 모두 높은 관직에 올랐으며 손자 이하 후손들도 번창하였다.

천하의 희한한 이 세 가지 복을 받은 일이 어찌 근본 없이 그러하겠는가? 상서공께서는 조상 대대로 덕과 인을 쌓은 지 수백 년만에 공의 대에 이르러 비로소 발복한 것이다. 상서공께서는 지극히 인후하고 선한 성품으로 집안의 가르침을 돈독히 실천하시고 자라신 후에는 스승을 모시고 도를 배워 평생 한 마디 말, 한 가지 행동이라도 '인후유선(仁厚柔善)' 네 글자의 밖에 벗어나지 아니하였다. 눈 사이에 자욱하게 봄바람과 온화한 기운이 나와 상 아래에서 절하여 뵙는 이들이 상서로운 기린과 봉황을 본 듯이 바라보니 이는 사람이 억지로 이를 수 있는 일이 아니다. 하늘이 이러한 사람에게 이러한 복록을 내려준 것이 어찌 우연한 일이겠는가.

회혼례(回婚禮: 부부가 혼인하여 함께 맞이하는 예순 돌을 기념하는 잔치)는 세상에서 속례(俗禮)라 이르되 상서공이 회혼례를 지내고, 또 아들 세 사람이 다 회혼례를 지내고, 소자 천경(天景)이 공의 집에 들어와 사위가 되어 일흔두 살이 되어 작년에 또한 회혼례를 지내니 이 또한 상서공 슬하의 좋은 일이라고 말할 수 있을 것이다. 오늘 또 장손의 회갑을 맞이하여 잔치 자리에 모인 사람이 수천이고, 상서공의 자손이 과반을 넘으니, 천고이래로 형통함과 복록을 겸비함이 어찌 상서공의 집 만한 것이 있겠는가.

상서공께서 소자에게 명하여 수연의 서문을 지으라 하시니, 평소 공경하고 우러르던 마음으로 어찌 감히 늙고 병들었다며 사양하겠는가. 억지로 붓을 잡고 먹을 풀어 세 가지 복록을 기록하나니, 상서공의 복록을 구하고자 하는 세상 사람들이 먼저 상서공의 덕을 두텁게 하고 인을 숭상한 것을 배우면 어찌 복을 구하는 첩경이 아니겠는가? 강과 산의 웅장한 풍경과 잔칫상의 풍성한 술과 음식은 굳이 기록하지 않는다."

『幽閒堂謝氏言行錄』 원문

幽閒堂謝氏, 處士光翰之女. 母盧氏, 翰林學士元景之女. 處士家自祖先敦尙學文, 盧氏家亦以德行文章, 表著一世. 幽閒堂生於大明神宗皇帝萬曆五年, 丁丑四月十九日. 生質穎慧, 自嬰兒時有向學誠, 伯兄員外郞萬春愛其姿稟淸粹, 敎以『小學』經傳諸書, 在六七歲, 學已進就. 每謁父母, 退處深閨, 沈潛文義, 一日無間. 員外郞深愛之, 名其所居之室曰'幽閒堂.' 小姐辭曰: "人有堂號, 成德君子事, 幼穉女兒, 安敢當此." 然一室諸人, 咸以是稱之, 故因爲別號.

謝處士好觀星文, 每夜與諸子仰察躔次之順逆. 癸未春, 處士夜觀星象, 謂長子員外郞曰: "賊宿見東方, 而度數稍遠, 意者十年及十一年後, 必有兵起之象." 員外郞對曰: "星象著見東方, 而不犯中國分野, 非中國憂, 〃在外國." 時幽閒堂年纔七歲, 在傍告曰: "若有兵亂, 則小人國必犯君子國." 員外郞曰: "汝何以知之?" 對曰: "古語云, '歲在龍蛇, 君子嗟歎.' 若使君子嗟歎, 則稱兵者非小人國乎." 處士笑曰: "女兒之看文察理, 頗精深." 後十年壬辰, 果有倭寇侵朝鮮, 皇帝遣將救之. 處士聞之曰: "女兒前言, 若合符契. 今年是龍蛇歲, 朝鮮稱君子國也."

幽閒堂方讀『小學』, 問曰: "'忠臣不事二君'一句, 當入君臣有義條件, '烈女不更二夫'一句, 當入夫婦有別條件, 而合以言之, 何也?" 員外郎曰: "一人之言, 不可分以異之. 且編書之法, 上篇將盡, 提起下篇之義, 以示文理接續之意. 汝以七歲幼兒, 看文不汎."

一日, 讀「小學題辭」, 員外郎問曰: "元亨利貞, 分屬於春夏秋冬, 故不差其次序, 仁義禮智, 亦屬四時, 則不曰仁禮義智, 何也?" 幽閒堂對曰: "此無深義. 元亨利貞, 旣屬四時, 故依四時流行之序, 仁義禮智, 分屬四方, 故依東西南北待對之位." 員外郎擊節嘆曰: "流行待對之理, 雖讀書男子, 知之者鮮, 汝能辨於幼穉之時."

一日, 讀『小學』「立敎」篇, 問於員外郎曰: "'坐不邊, 立不蹕, 耳不聽淫聲, 目不視邪色.' 是男子學問上工夫, 何獨於婦人而稱之? 雖以婦女, 亦不可暫忽於平時, 而何獨於妊子時言之也?" 員外郎曰: "汝所問甚精緊. 男子與婦人, 有志於修身者, 何時不然. 〃『列女傳』所引, 特爲婦人妊子時胎敎事也."

一日, 幽閒堂立廳事門傍, 員外郎自外而入, 問曰: "何爲倚門傍而立也?" 對曰: "哥〃常言, '父母存, 行不中道.' 小妹今日謹欲體行立不中門之訓." 員外郎笑曰: "今旣以門起說, 汝能擧古人說門處爲對乎?" 對曰: "'行不履閾', '出入門戶, 必後長者', '戶開而開, 戶闔亦闔', 莫非古訓之可行者." 員外郎曰: "汝能又擧『史記』中說門者爲言乎?" 對曰: "『史記』中千門萬戶, 何可盡言. 雖然, 王孫賈老母之倚門, 陶淵明穉子之候門, 爲人母止於慈, 爲人子止於孝, 顧此二門, 不過一蕭條柴門, 而由其母慈子孝, 以傳於後世, 豈不美哉." 員外郞大贊曰: "雖在尋常問答, 必據倫常爲證, 可知篤厚之行."

員外郞第三弟方讀書, 員外郞問'屬猪'出處, 弟不能對. 員外郞暴怒甚急, 切責過度, 幽閒堂告曰: "哥〃愛弟深, 故責弟厚, 然辭氣急遽, 非君子學文工夫. 且示小兒之道, 不可遽先暴怒." 員外郞謝曰: "'屬猪'非深遠文字, 而小弟不知, 故切責之際, 不覺辭氣之急遽. 汝今據理言之, 余反悔悟也." 幽閒堂問曰: "'屬猪'在何書而有何義也?" 員外郞曰: "在宋書而余亦不知其義也." 幽閒堂掩口微笑, 員外郞怪而問之. 對曰: "昔宋太祖趙匡胤生於丁亥歲, 而亥屬猪, 故因以稱之." 員外郞大喜曰: "小弟不知屬猪出處, 故受責於我, 〃今不知屬猪者之義, 難免受責於汝矣."

十月既望, 月入松簷, 菊釀方熟. 處士與諸子, 把酒論文, 員外郞謂幽閒堂曰: "昔蘇學士子瞻赤壁之遊, 卽此日也." 對曰: "哥〃所尙在文章, 故追想蘇學士之風流, 小妹則異乎兄長之思." 曰: "何傷也? 亦各言其思." 對曰: "朱晦庵先生, 淸溪月夜, 與許進之彈琴, 作「招隱操」, 非十月既望乎. 哥〃既言赤壁之遊, 小妹當洗盞更酌." 因酌菊花酒一盃進之. 員外郞大喜曰: "余又思得十月既望之遊. 吳用[364]翰之黃山, 非此日乎?" 幽閒堂笑曰: "兄長之思, 只在文章士而已. 小妹又得一思, 顔若愚與諸學者講『心經』, 亦在此

[364] 用: '龍'의 오기이다.

日矣.” 員外郎曰: “汝則所思, 皆在賢人君子, 此余之所不及也. 然蘇公之作「前赤壁賦」, 在七月既望, 汝亦記得古賢人七月既望事乎?” 對曰: “兄哥既以前後赤壁事起問, 小妹亦以『心經』爲對. 程敏政以七月既望, 作『心經』一篇.” 員外郎嘆曰: “汝聰明過人, 雖達宵問答, 不可當也.”

員外郎喜酒, 每當佳辰, 與諸友會飮, 而屢有沈醉之失, 處士深憂之. 幽閒堂諫曰: “哥〃喜讀『周易』, 而何不用節飮之義也. 孔子曰: ‘父母惟其疾之憂.’ 若不節飮而生病, 則其貽父母憂何.” 員外郎謝曰: “汝言誠切, 我當止酒.” 因作「戒酒箴」一篇, 揭諸壁上, 一切斷飮, 不近於口者, 久矣. 幽閒堂問曰: “兄哥更不起酒念耶?” 員外郎曰: “誓約既定, 復何有念.” 幽閒堂笑曰: “何言之易也. 潛伏之心, 不可豫測.” 其後員外郎自僚友讌會所歸, 謂幽閒堂曰: “今日讌席, 旨酒盈樽, 芳香滿樓, 不無酒念之起.” 對曰: “信然. 昔程明道先生曰: ‘十六歲時頗喜田獵, 一自治心之後, 更無此念.’ 周濂溪先生曰: ‘何易言也. 此心潛伏, 觸機易發, 則乃復如初矣.’ 其後十餘年, 暮過田間, 見野夫田獵, 不覺喜心之發, 固思周先生前言. 兄哥之戒飮, 不幾近於程先生之獵乎. 竊想程先生不復有喜獵之心, 伏願兄哥固守斷飮之戒, 雖遇旨酒, 不復起念, 則學者工夫, 亦可觀於飮食一節.” 員外郎曰: “汝言切着, 吾當銘心.”

處士少時讀書時, 傳會聖賢言仁條, 作『資仁錄』二卷, 命諸子作序, 使幽閒堂見之. 幽閒堂遍觀上下, 告曰: “製作雖佳, 而但下段不及上段, 且無上下關鎖之義.” 處士笑曰: “何謂鎖[365]?” 對曰: “文不關鎖, 則不能成章. 第以「小學題辭」言之, 上有‘凡此厥初’, 下有‘乃復其初’, 此則以一‘初’字關鎖也. 上有‘是曰秉彝’, 下有‘幸玆秉彝’, 此則以‘秉彝’二字關鎖也. 觀此一篇, 可以知文章之體制矣.” 處士召員外郞, 以幽閒堂言〃之, 對曰: “誠然. 作序未畢, 二弟請繼述其下, 故使之續成矣. 未知序文體製, 故如是疏漏矣.”

一日, 員外郞與諸弟, 賞花後園, 幽閒堂進生魚膾. 問曰: “哥〃知此魚名乎?” 員外郞曰: “或稱半面魚, 或稱比目魚.” 幽閒堂曰: “又有一名, 稱王餘魚.” 曰: “何以謂之?” 對曰: “昔越王捕魚錢塘, 膾其一半, 捨其一半於水, 更生爲魚而只存半體, 故因名王餘魚.” 諸兄弟大笑曰: “世稱吾兄弟博覽, 未嘗知此, 今日乃知不及小妹也. 每見汝聰明, 恨不爲男子.” 幽閒堂曰: “雖男子, 不尙實行而只稱博覽, 則不足爲貴. 況女子規模, 謹守閨範, 豈可以博覽爲尙乎. 適膾生魚, 偶記前聞, 而且座上無外人, 故發此語. 今聞諸兄博覽之稱, 不勝愧赧.” 後數日, 皇帝賞春後苑, 釣魚於太液池, 會士設科而命題以王餘魚. 滿場多士, 無一人知者, 幽閒堂第三兄, 以所聞於幽閒堂者, 主意製進, 得壯元科. 謝恩殿陛, 帝問王餘魚出處, 壯元不能對, 〃以實, 帝嗟賞曰: “汝兄弟俱以文學名世, 汝妹又如是, 可謂‘有是娚有是妹.’” 壯元以殿中問答, 歸而傳家人, 家人莫不稱榮, 獨幽閒堂不悅曰: “禮云, ‘公庭不言婦女.’ 三哥立身之初, 違禮如此, 豈不可慨乎. 小妹惶恐聲聞之出於門外, 況朝廷上乎.” 慨歎者數日.

365 鎖: ‘關鎖’의 ‘關’자를 잘못하여 빠뜨린 것이 아닌가 생각된다.

一日, 諸兄弟朝謁父母, 往幽閒堂書室, 對案不讀, 默坐愀然. 諸兄問曰: "有何憂思?" 小姐歎曰: "人生世間, 周覽名山大川, 以懷胸襟, 一快也. 案上儲奇文僻書, 園中列名花異草, 起居其間, 養成文章, 二快也. 少年登科, 抱展經綸, 上佐天子, 致大有之治, 下守家聲, 耀門戶之榮, 三快也. 小妹生爲女子, 不能做此三快, 深處閨中, 行步惟恐下堂, 言語惟恐出簾, 經綸不過紡績針線, 事業不過酒醬籩豆. 雖有知慧, 不可使豫國政而幹家蠱, 豈不爲平生至恨耶." 員外郎曰: "文章功業, 非人〃所能爲. 雖曰男子, 庸〃碌〃, 生無益於世, 死無聞於後, 則何足有稱. 但文章功業之外, 別有第一等工夫, 雖以婦女, 謹篤於學文上工夫, 謹身勅躬, 經明行修, 不失天賦之性, 而稱以哲婦賢媛, 則豈羨世間庸碌之丈夫耶. 小妹姿稟近道, 力行家庭間學文工夫, 爲女中君子, 則豈不美哉. 父母兄弟每見汝知慧特達, 文才出倫, 未嘗不慨嘆. 今聞汝言, 益覺恨."

幽閒堂九歲時, 家內失火. 家人蒼黃, 奔走於救火, 幽閒堂開祠堂中門, 獨立中門內. 家人問其故, 幽閒堂曰: "擧室之人, 奔急於救火, 我以小兒, 無力可助. 萬一火延祠宇, 則急遽之際, 或難開門, 故預開以待, 旣開門矣, 不可暫虛, 故立以守之." 處士聞之, 歎曰: "女兒知慮, 每事如此, 吾所以深恨不爲男子也."

幽閒堂年旣及笄, 一時富貴家, 多有求婚者. 處士皆不許, 謂長子員外郎萬春曰: "尙書杜元庸, 其家孝友, 世襲篤行. 且其長子天復, 酷肖其父云, 允合吾意." 對曰: "小妹賦性仁厚, 氣象和順, 大是受福之器, 杜尙書家, 敦尙孝悌, 後進蟬赫, 兩家結親, 實爲允愜." 使媒妁行之, 杜尙書大喜曰: "吾與謝公, 交契深密, 久慕其行檢之美. 今結秦晉之好, 豈偶然事." 卽有許書.

處士夫人將治資裝, 欲以豐侈, 處士曰: "嫁娶子女, 爲其父母之心, 豈有愛惜. 但奢易召禍, 儉以受福. 今世士夫家, 未始不以奢華致災, 吾見多矣. 況吾家, 以淸儉名世, 豈可墮家法乎." 員外郞曰: "杜尙書家, 亦尙儉德. 且長子天復, 自十歲前, 誠孝卓異, 遠近或稱杜孝子. 謹修禮法, 素守淸雅. 必不以華麗爲美. 且敎迪年少之道, 亦不可以奢侈導之矣."

前時, 處士親友陳舍人, 遭親喪, 貧無以營葬. 處士賻以白金數百兩, 使之成禮. 舍人時爲蜀郡太守, 聞處士家婚期, 送文錦五十疋. 處士以書謝還之, 入謂盧夫人曰: "陳太守送文錦, 助女兒婚." 夫人曰: "旣以不用文繡爲意, 則何可受人之賜. 君子之辭受取與, 不可不愼." 處士笑曰: "已還之矣. 欲聽夫人言而問之, 其言乃如是, 實吾家夫人." 陳太守見謝處士之還送文錦, 歎曰: "此人淸素, 吾所深艶, 而但高潔處, 還爲一病."

杜孝子行親迎禮, 幽閒堂將歸舅家, 母夫人盧氏臨門戒之曰: "往之汝家, 必敬必戒, 夙夜無違. 世間婦女, 多有事舅姑不若事父母者, 實爲慨然. 父母之敎養女子, 不過爲適人, 計無貽父母之憂而已. 至若舅姑之於新婦, 則期望甚大, 門戶之計, 子孫之托, 全在於是, 其所寵愛之心, 豈下於父母也. 爲人婦者, 當體此心, 必敬必愼, 以盡婦道, 惟恐絲毫之或違, 一言一事, 必稟長者, 則在舅姑可爲賢婦, 在君子可爲賢妻, 有子有女, 敎以義方,則在子女亦爲賢母, 惟此三事, 實汝職責. 子孫之蕃昌, 福祿之安享, 由我一心之仁善. 敦行孝悌, 崇尙禮義, 則天必降之以百祥, 人間吉凶禍福, 莫不由身, 可不戒愼哉. 人之事舅姑者, 孰不欲盡其誠敬. 但世間婦女, 少有誠敬工夫, 鹵莽義理之學, 故能盡婦道者鮮矣. 汝則家庭間見聞, 異於他人貿〃, 且汝姿稟仁孝聰明過人, 父母嚮汝之心, 不獨慈愛而已, 實有所期待. 事舅姑如事父母, 待君子之親戚如待我之親戚. 愛君子之兄弟娣妹如愛我之兄弟娣妹, 一室之內, 無闕和順之德行, 則斯可不負父母敎訓之至意矣." 小姐低首恭聽再拜曰: "惟恐不堪, 不敢忘命."

幽閒堂禮見舅姑, 擧止動作, 自中規度, 進退周旋, 自合儀節. 杜尙書大喜謂夫人袁氏曰: "新婦姿稟之仁善, 已有前聞, 今見眉目秀朗, 容儀厚重, 必享福祿. 吾家慶幸, 孰逾於是也." 夫人曰: "非但家庭間敎訓深至, 自是天稟卓異也." 時尙書姨妹朱氏, 爲吏部侍郎賀文中妻者, 亦來與讌. 朱氏自幼時, 解相人之術, 而謂非婦女事, 未嘗出諸口. 尙書謂朱氏曰: "少弟平日, 未嘗與老妹論相法者, 以其爲雜術也. 今日可爲我破戒, 論新婦之相." 朱夫人笑曰: "公前日每戒我知此法, 今日爲新婦出言. 公之子婦, 何異我婦. 但新婦在家時, 好尙學文, 得無有笑於中心耶?" 尙書曰: "昔孔子外祖相叔梁紇, 呂公相漢太祖, 古人亦有論相之法."

朱氏乃曰: "大抵觀相之法, 相心爲上, 相貌爲下, 容止在先, 顔面在後. 今觀新婦之相, 動作珍重, 步履安詳, 大得龜格, 至貴之相. 遐壽必得, 子孫必昌. 且以顔面言之, 眉目秀麗, 可驗中心之仁善. 中岳端正, 帶得吉祥之氣. 輔頰豐盈, 口脣止重, 財帛豐足, 食祿萬鍾. 對坐不能見耳, 有名滿天下之格. 吾嘗遍觀親戚間諸婦女, 而未有如新婦之兼備貴格者. 豈不可賀乎.” 尙書大喜曰: “長妹之言明透, 實爲吾家之慶幸. 吾平日不喜酒, 今日可飮老妹之賀酌.” 命新婦酌酒, 連飮三盃.

幽閒堂自歸杜氏後, 孝奉舅姑, 承順君子, 友愛兄弟, 厚待親戚婢僕, 隣里一辭稱譽. 袁夫人有不安節, 幽閒堂晝宵殫竭, 親嘗藥餌, 暫不離側, 見者莫不歎服. 尙書奇愛之曰: “新婦一動一靜, 非年少婦女所可及, 非生知之姿[366], 豈能如是乎.” 夫人曰: “新婦救病之節, 小無差忽, 煎茶煮粥, 必身爲之, 坐臥起居, 必親扶之, 務盡便體之道, 使病者極安, 此我疾之所以卽蘇也.”

袁夫人將造尙書朝服, 幽閒堂請代製, 夫人曰: “朝服異於他衣, 不可不精縫, 可前坐裁製.” 幽閒堂手持刀尺, 與小姑議裁, 運手神速, 不終日而製畢, 夫人甚奇之. 明日尙書着入朝參, 稱其甚宜. 自是之後, 尙書四時衣服, 豫爲備置, 未嘗有窘速之端.

幽閒堂夜起讀書, 杜孝子覺寢而與問曰: “讀何書?” 對曰: “『詩傳』也.” 言未已, 鷄初鳴. 幽閒堂曰: “「鄭風」, ‘女曰鷄鳴, 士曰昧朝.’ 此詩之夫人, 極其賢哲. ‘風雨凄〃, 鷄鳴喈〃.’ 此詩之婦女, 極其淫亂. 同是鄭國之詩, 同是鄭國之鷄, 人之善惡, 判然不同, 何也?” 杜孝子曰: “孟子有訓曰: ‘鷄鳴而起,

---

366 姿: ‘資’의 오기이다.

孳〃爲善者, 舜之徒也. 鷄鳴而起, 孳〃爲利者, 蹠之徒也.' 夫人之言, 誠如是訓." 幽閒堂曰: "人之善惡, 固不可判別於大事. 鷄鳴之初, 纔緣一念之萌, 而乃有善惡之分. 學者工夫, 不可不愼於思慮初萌之時. 故陳南塘「夙興夜寐箴」曰: '鷄鳴而起, 思慮漸馳. 盍於其間, 澹以思[367]之.' 示戒之意切矣."

尙書親友張道士, 一日來見尙書曰: "公家先山, 天下吉地, 子孫蕃昌. 非但蕃昌, 子孫中多有賢人君子. 且案山七峯對立, 而第一峰最高秀. 長子宜生七子, 而長孫宜爲君子人. 吾曾論此山, 三十年後必回吉運, 今年當三十年. 公有抱孫之慶耶?" 尙書曰: "無有." 道士曰: "吉運所回, 必有其應, 我言不虛." 尙書入內舍, 問夫人曰: "諸子婦中有妊娠者耶?" 夫人對曰: "冢婦謝氏懷孕, 已五朔矣." 尙書大喜, 出謂道士曰: "子婦有身, 已過五月. 可生於今年." 道士賀曰: "昔蔡九峰先山, 對案有九峰而中峰最秀, 故蔡先生兄弟九人, 先生學文高明, 人稱稟中峰粹氣, 因號九峰, 今公家先山七峰對峙, 宜生七子, 而文明秀麗, 各有其應矣." 因逐年論難矣. 其後果如道士言, 連生七子, 尙書名其孫曰: 一峰, 二峰, 三峰, 四峰, 五峰, 六峰, 七峰.

幽閒堂旣有身, 袁夫人戒起居飮食之節曰: "婦人姙子時, 立不蹕, 坐不邊, 目不視邪色, 耳不聽淫聲, 已著於『列女傳』, 且以醫書言之, 多有禁忌. 狗肉·猪肉·無鱗魚·蟹·蛤·薏苡·麥芽·木麥·莧菜·雜茸·芥·薑·蒜醋[368]等

367 思: '整'의 오기이다.
368 蒜醋: '山椒'의 오기이다.

物, 毋過煖, 毋過冷, 毋過飽, 毋過飢, 毋沈醉, 毋登高, 毋臨深, 毋擧重, 毋勞力, 臨朔毋沐首, 毋頻梳, 毋高聲大言等節, 皆是古昔名醫, 明察天地造化之理, 人道否泰之運, 以立言垂戒也. 其可忽乎. 若或犯忌, 則害歸於胎, 〃雖在腹, 旣是吾子, 則爲人母者, 豈可不忍一時之耆慾, 以犯害子之事乎. 幼而受病, 異於長成, 實爲難治, 況受病胎中乎. 兒自遊戲而受傷, 其爲父母之心, 不堪惻憐, 豈可因吾身之不愼, 以胎害於子乎. 世俗婦女, 但知生子後慈愛之情, 而不知在腹時, 戒愼之節, 多犯禁忌, 實爲慨然." 幽閒堂對曰: "立不蹕, 坐不邊, 不但婦人姙子時事, 亦爲男子修身之工. 不視邪色, 不聽淫聲, 不但在於『列女傳』, 姦聲亂色, 不留聰明, 已載『禮記』篇中. 不登高, 不臨深, 是人子事親之道. 食無求飽, 爲君子學文之工. 古聖已垂訓, 名醫亦有戒, 而朱夫子有兒在胎中受病之喩. 聖訓慈敎, 該當體行."

杜孝子待幽閒堂甚敬, 相對如賓, 未嘗有戲慢之語. 閨閤之內, 和氣灑洽, 所議惟在事親治家之道而已. 一日, 幽閒堂謂杜孝子曰: "人子奉親之道, 不徒在衣服飮食之間, 養志爲難. 孔子謂曾子曰: '修身節用, 以養父母.' 以孔子之聖, 告曾子之聖, 而所言不出'修身節用'四字, 事親之道, 宜體聖訓而行之. 舅姑天性仁厚, 親戚知舊之間, 好行周卹之恩. 今見家產, 雖足於奉養, 而未給於施與之節. 別爲營立財產, 添助舅姑施與時用, 則亦可爲養志之一端矣." 杜孝子曰: "我亦有此志, 未及遂矣. 今聞夫人言, 實獲我心. 願善爲我區畫." 幽閒堂曰: "南郭黃雲坪所收, 歲入三千金, 而不入於上下衣食之經用, 都歸於糜費. 願自今以始, 與家人爲約一切節用, 則自有羸餘. 三年爲計, 則幾至萬金. 又買置紅雲一坪, 則歲入亦不下三千金, 兩坪所收,不納於家中之用, 別營義庫, 爲舅姑施與時資用之財, 則斯可爲養志之道矣." 孝子嗟賞曰: "經綸甚周密, 古人有義庄[369]之規, 吾欲倣以行之."

幽閒堂曰: "兩坪所入歲, 不過六千金, 似不給於廣施, 但用財之節, 始有定規, 然後終亦不紊. 願詳立節目." 孝子曰: "今此規畫, 實出於夫人經綸, 亦可以詳定節目." 夫人曰: "生財有限, 用財無窮, 不可不量入而爲出. 施與之節, 當設五等, 親戚知舊中甚貧窮者, 當吉凶大事, 則用一等例. 其餘以次爲等, 至於二三四五, 而漸次減殺, 則六千金財, 僅可備用. 次第添補, 幾至萬金, 則庶可以廣施矣. 且補添之道, 家內丈夫之爲朝廷官者, 不分內外, 月俸之餘, 勿營子孫之産業, 盡歸義庫, 則庶可豐足. 豐足之後, 給數漸加, 則不但施及於親戚知舊, 雖行路初見之人, 亦可以廣濟矣, 不但爲今日奉承之道, 庶可作日後子孫輩, 出義行善之資." 孝子大喜曰: "夫人經綸, 竊非世俗婦女所可及. 吾前見處士公每言義倉規法之美, 今日所畫, 出於家庭間見聞." 因依其言而行之, 其後果如其計, 義庫之財, 恰至萬金. 舅姑欲有所施, 則孝子稟以行之, 自是之後, 親戚知舊, 視義庫之財若己財焉.

杜孝子二弟, 俱登科第, 家門崇顯. 幽閒堂謂孝子曰: "尊舅官至禮部尙書, 二子俱登高第, 一爲白虎觀舍人, 一爲翰林苑編修官. 一門烜赫, 到此極盛. 人家但知貪戀富貴, 不知盛滿之戒, 則不敗者鮮矣. 吾家自先世以學識見稱, 豈可不念滿損謙益之理乎. 願從今廢科, 專事學文, 敎訓子姪, 敦尙行義, 則人間至樂, 孰有加於此哉." 孝子曰: "吾亦欲廢科者, 非獨爲盛滿之

369 庄: '倉'의 오기이다.

懼, 兩弟立身奔走於仕宦, 侍在親側, 惟吾一身, 何可慕戀科宦, 不念離側乎. 古人云, '一日之養, 不以三公換.' 吾將廢擧, 夙夜侍親, 以察起居, 寒煖之節. 今聞夫人言, 實合吾意. 夫人有『周易』工夫, 大得謙卦之義." 幽閒堂曰: "身爲婦女, 或觀『周易』, 而豈有工夫之可稱, 雖免無識, 豈無如此之思慮乎." 杜孝子從此廢科.

幽閒堂小姑請見夫人所作之詩, 幽閒堂曰: "吾家長兄與群弟讀書時, 吾亦從傍, 有所得聞, 而至於文章之才, 亦甚鹵莽, 豈有所作. 雖有能詩之才, 非婦女事, 故果無所作之詩也." 其後七夕日, 將曝曬衣服, 小姑來見, 箱篋間有小紙. 展以視之, 有詩曰:

我是儒家女　年方小學時
詩書元事業　任姒卽吾師
修己宜三省　治心有九思
童蒙須養正　日誦晦庵詩

小姑見詩喜曰: "今日乃得幽閒堂詩." 持以告于袁夫人曰: "幽閒堂每以不作詩爲言矣, 今乃得其詩." 袁夫人見而嘆曰: "果是早得學文之工." 曰: "何以知之?" 夫人曰: "'年方『小學』時, 童蒙須養正.' 必是八九歲時所作也." 小姑問於幽閒堂曰: "此詩之作, 在何時?" 答曰: "自十歲後, 無一句語, 似是十歲前作也." 小姑曰: "古人七歲有「送兄」詩一首, 百里奚妻有「扊扅歌」一章. 幽閒堂一詩, 可知學文之早成. 詩豈在多."

幽閒堂尤謹於奉祭之道, 先期三日, 灑掃室堂, 明潔衣裳, 籩豆器用, 必勤洗滌, 酒漿菹醢, 務盡潔精, 謂家人曰: "讌饗飮食, 非不尙潔而尙味爲主, 故務極豊侈, 惟祭需異於是, 一有不誠, 則易致不潔精, 不潔精則神不饗, 可不懼哉." 臨祭三日不怠.

袁夫人親姪女問於幽閒堂曰: "夫人處事, 莫不盡善, 可謂生知之姿[370]. 如小弟, 姿[371]稟浮薄, 學識鹵莽, 固不可學得. 今見夫人言使御婢僕, 雖似山禽野獸之類, 一爲兄長之所使, 則莫不盡忠輸誠, 有何善道而然也?" 幽閒堂曰: "使御婢僕, 別無他道. 先敎以孝弟于父母兄弟, 則彼雖賤人, 義理之言, 庶可信聽, 然後能知事主之道. 凡有爲父母之事, 主人曲意聽從, 若其無父母者, 加意顧卹, 則上下之情, 自然交孚矣. 先恩後威, 厚待輕責, 非但人君之使臣, 將帥之御衆, 私家之使婢僕, 亦可用此道矣. 人情莫切於飢寒, 故古人告君之辭曰: '聖主不飢而知人之飢, 不寒而知人之寒. 中主飢然後知人之飢, 寒然後知人之寒. 庸主腸飢而不知人之飢, 膚寒而不知人之寒.' 能知飢寒之在人而使無甚切, 則人非木石, 豈不感化乎. 此非但用於家內婢僕, 君子之待人接物, 固當如是矣. 昔晉時陶淵明送一力于子, 以書戒之曰: '彼亦人子, 可善遇之.' 陶先生節義有識之君子, 而接人以'善遇'二字爲言, 則人家婦女, 使御些少婢僕, 而豈有踰於'善遇'乎." 袁小姐稱善不已.

---

370 姿: '資'의 오기이다.
371 姿: '資'의 오기이다.

幽閒堂教訓諸子, 自幼時專尙學文工夫曰: “學之一字, 始見於『書傳』「說命」篇, 而非別件事. 不過彝倫間, 日用常行之事. 人之有行而有違於孝悌忠信, 則何面目立於天地間乎. 學之爲言效也, 前所未知效以知之也. 天下之百技千工, 莫不有學, 弓人爲弓, 矢人爲矢, 皆使後知從先知, 而學爲何獨於君子而稱之也. 雖以工技之學, 孜〃致勤, 然後乃可有成, 則況君子義理之工乎. 世人養子, 溺於慈愛, 不知教訓者, 固不足論, 雖以敎子之家言之, 只敎文字, 望成文章之才, 而不知學文之工. 謂以學文, 乃是別人所做, 不欲自己擔當, 但尙浮虛文章, 圖所聲名, 耽戀富貴, 故世無敦尙學文之家. 風俗日偸, 世道漸卑, 更難回三代之治. 世道之憂, 雖非婦女之事, 而古有漆室嫠婦之歎, 若使今世亦有〃識婦女, 憂歎世道, 豈可爲僭濫乎. 今余此言, 誨汝諸子, 一以爲家門之責, 一以爲世道之望. 君子學文之工, 當先理會彝倫上當然義理. 欲知義理之學, 先讀聖經賢傳, 句〃理會, 字字體行, 然後方可謂學文工夫矣.” 第五子五峰跪告曰: “慈堂晝夜警勅之辭, 不出人論行實之外, 使不肖小子輩, 欲做上等君子人, 諸子雖不肖, 敢不服膺而銘心乎. 前日戒勅, 非不切實, 而未有如今日之懇到, 謹當書紳而籍記耳.”

五峰又告曰: “欲爲學文, 須讀『中庸』, 『大學』. 願聞『庸·學』大旨. 『中庸』主一誠字, 而言性不言心, 『大學』主一敬字, 而論心不論性, 二聖人之言, 若有所偏, 何也?” 幽閒堂曰: “不可以糟粕言之, 汝可往問于汝伯兄與大人前.” 五峰往問于伯兄, 伯兄曰: “聞以知之, 不若自得, 汝可深自理會.” 五峰又問于大人, 〃〃曰: “汝慈氏云何?” 五峰以慈堂言告之, 大人曰: “存心養性, 何莫非工夫.” 五峰更以父與兄言告慈氏, 幽閒堂曰: “汝大人言誠是. 惟心惟性, 何闕一, 是故朱夫子作『中庸』序擧心字, 作『大學』序擧性字, 合心與性而言之, 固非二致也." 五峰大喜曰: "今日始得『庸』·『學』大旨矣." 長子一峰自外入聞之, 告幽閒堂曰: "小兒於經義, 自得大有益, 故所以不答前問矣. 慈堂徑先言之矣." 幽閒堂曰: "小兒急於聞知, 奔走往來, 故吾嘉其意而言之耳."

幽閒堂好看『周易』, 手不釋卷, 一峰曰: "慈堂於經傳中, 偏喜『周易』." 幽閒堂曰: "汝則好何書?" 對曰: "『庸』·『學』, 於學文上, 有誠敬工夫, 故好二書." 幽閒堂曰: "汝言誠是. 然余之好『周易』者, 天地造化之理, 陰陽消長之理, 雖非婦女之所可與知, 而經傳訓戒之辭, 莫不畢載於一部『周易』中. 『〃庸』誠字之義, 在乾卦, 『大學』敬字之義, 在坤卦. 二卦已兼『庸』·『學』之大旨, 而不但此也, 大禹氏惡旨酒, 孔夫子不多食, 已著於'節飮食'三字. 『禮記』之口容止, 『論語』之不多言, 自在於'愼言語'三字. 古聖人千言萬語, 經傳中戒辭訓語, 無不在於易, 是故此余之所以偏好也. 『中庸』之篤恭天下平, 『大學』之治國平天下, 誠敬極致之功, 而不外乎『周易』'天下文明'四字矣.

幽閒堂第三子, 方讀『詩書[372]』「七月」篇, 問於幽閒堂曰: "七月流火, 何義也?" 幽閒堂曰: "小兒讀書, 不但知星辰度數而已, 固當體行於身上." 三峰曰: "七月流火, 有何體行事乎?" 幽閒堂曰: "雖以此句言之, 豈可無體行者乎. 昔日豳民, 仰觀火星之流, 知節序之變, 憂寒衣之授, 此則豫備於數月

372 書: '傳'의 오기이다.

之前也. 亟其升屋, 其始播百穀者, 此則豫備於來歲之耕也. 言〃事〃, 務爲豫備, 則豈不當君子學文上工夫乎. 古人有言曰: '晨不興, 廢一日之務, 春不耕, 廢一年之食, 幼不學, 廢一生之業.' 此言豈不切着乎. 故朱夫子書曰: '工夫易間斷, 義理難推尋, 日月如流, 甚可憂懼.' 汝後生輩, 有志於學問者, 豈可暫時怠忽乎. 豳民不過農夫, 猶觀火星之流, 而豫憂禦寒之備, 汝輩俱以丈夫, 天下事業, 莫非分內事, 幼而不有長遠之慮, 做孜〃之工乎. 經傳句語, 固不可泛忽看也."

幽閒堂第六子六峰, 獨坐草堂, 高聲讀書, 幽閒堂欣然往覩之, 謂曰: "古人有言, '萬物聲中, 惟小兒讀書聲最佳.' 果然." 時六峰方讀「敬齋箴」, 「夙興夜寐箴」. 幽閒堂曰: "汝知二箴之意而讀之乎?" 對曰: "知爲儆勅辭也, 未知有何深意." 幽閒堂曰: "「夙興夜寐箴」, 屬於時分工夫, 「敬齋箴」, 屬於地頭工夫." 六峰曰: "何謂時分, 地頭也?" 幽閒堂曰: "時分者, 學者之工以時分之, 朝則如此, 晝則如此, 夕則如此, 夜則如此, 〃之謂時分工夫也. 地頭云者, 觀其所居之地, 東而如此, 南而如此, 西而如此, 北而如此, 〃之謂地頭工夫也. 今以二箴言之, 則自鷄鳴時, 分排於朝晝夕夜者, 「夙夜箴」之爲時分工夫也. 擇地而蹈, 出門如賓者, 「敬齋箴」之爲地頭工夫也. 不能理會文義, 而徒能讀之, 則書自書, 我自我, 有何益於身乎." 六峰對曰: "今承教辭, 庶可有覺時分地頭之義, 不但在二箴, 以四時四方言之, 四時屬時分, 四方屬地頭, 有曰'瞬息之頃'者, 屬時分語也, 有曰'咫尺之間'者, 屬地頭語也." 幽閒堂曰: "汝善推移理會, 汝才不下於諸兄也."

幽閒堂勤於女紅, 嘗臨機織布. 小姑來見曰: “幽閒堂年歲不少, 而親勤紡績, 不其勞乎?” 幽閒堂曰: “昔公父文伯之母, 以國相之母, 而猶勤績事, 我以何人, 不親婦女職乎.” 小姑曰: “幽閒堂每言事〃, 固當以身體之. 今以織機言, 亦有體行事乎?” 幽閒堂笑曰: “我每令兒曹讀書時, 勿爲泛看, 以體身行, 以此機言之, 豈無體行者乎. 長而爲經, 有天經之理, 廣而爲緯, 有地緯之理. 天經地緯之大, 可見於此. 小〃之機, 以梭言之, 一往一來, 聯績不絶者, 天文日月之往來, 地理潮汐之進退, 亦可驗矣. 欲知天地造化之理者, 於此機, 不可無心見也. 且昔有斷機勉學者, 孟子之母, 樂羊之妻, 以是激之, 一爲亞聖而作百世之師, 一爲名將而立中山之功. 爲人母, 爲人妻者, 見此織機, 亦可體念矣. 曾母投杼之事, 古人引以爲告君聽讒之喻, 君臣之間, 當以此杼爲戒, 以婦女言之, 愼勿信聽讒言, 以索家道矣.”

一日, 雨雪交下, 風寒凜栗. 有客弊衣破冠, 踵門而告曰: “朝食已闕, 作行甚難, 願乞一飯而行焉.” 尙書急賜煖酒, 繼進朝飯. 長子稟告曰: “來客見甚矜憐, 願給義庫之財.” 尙書曰: “給以中等例.” 對曰: “觀其顔, 髮已衰, 恐難自食其力. 時又甚寒, 若使此人還家而稍免飢寒, 則宜給上等例.” 尙書曰: “然. 俄聞其言云, 有老母.” 孝子承尙書命, 以一等例給之. 其人拜謝, 尙書曰: “財雖在我庫, 乃天下之財, 客亦天下之人, 以天下之人, 用天下之財, 而有何可謝之爲.”

第四子四峰, 入告于幽閒堂曰: “外舍來客, 着衣甚薄, 難禦風寒, 願解我衣〃之.” 幽閒堂曰: “其人長短, 何如?” 第二子二峰告曰: “四弟之意, 其仁厚可愛, 而全不解事. 四弟短小, 來客長大, 雖給不着, 事不誠實. 我有所脫衣, 願給之." 幽閒堂曰: "汝言好〃." 二峰使其妻持衣而來, 妻曰: "所脫之服, 其製已久, 且絮甚薄. 今有新製一襲, 如欲給之, 給以新件, 則非但爲今冬禦寒之備, 庶可推及於來歲矣." 幽閒堂使侍婢, 封衣出外舍, 婢還報曰: "客去已移時矣." 二峰曰: "旣有與客之意, 雖已遠去, 豈可中止. 急追給之." 蒼頭追及於十里之餘, 傳主人意而給衣, 容[373]瞠慌感激, 向奴致謝, 因解其橐, 以所得義庫之錢, 分以與之, 以慰寒程遠來之勞. 奴辭曰: "主家義庫之設, 用於周窮之地, 小主人之送衣, 出於惻隱仁善之意. 在奴固當奉行主意, 何可受此財物, 以傷吾主之意乎." 固辭不受, 其客還入, 謝于尙書曰: "一室老少, 皆是仁人君子, 固不可言語形容, 至於奴僕之賤, 皆知仁人君子之義矣."

一日, 有客至門告曰: "家勢甚貧, 生活無路, 願得義庫之財, 以爲資生之計." 尙書招孝子議之, 對曰: "此人年紀彊壯, 可以耕田而食, 力讀書而成名, 亦可爲工商之業, 而廢此四民之事, 全爲游手, 豈不貧乎. 見無婚喪之急, 不可只因家貧一端而給義庫之財." 尙書曰: "吾意亦然." 使蒼頭回報曰: "義庫節目, 若當婚喪, 若有親患, 及行路狼狽者, 救卹其急. 不可只以家貧而給之."

杜孝子入內語于夫人, 幽閒堂曰: "義庫之財, 固不可浪用, 今聞其人廢四民之業, 流離無依, 始雖渠罪, 聞甚惻然. 昔伊尹曰: '匹夫不獲, 其心愧恥, 若撻于市.' 如使伊尹在今之世, 則見此輩人, 而豈不愧恥乎. 張橫渠「西

---

373 容: '客'의 오기이다.

銘」曰: '凡天下疲癃殘疾, 煢獨鰥寡, 皆吾兄弟之顚連而無告者.' 人各以「西銘」爲志, 則如此無依之人, 豈非惻隱中一物耶. 門外來客, 知非悖戾而敗家者, 必是早喪父母, 幼而失敎, 且無世業, 以保其身. 若使此人, 敎以士農工賈中一業, 依才力之所及而俛焉, 惟日孜〃, 使自有成, 則是亦君子敎人之道也." 杜孝子稱善曰: "人皆以「西銘」爲心, 則天地間一物一事, 豈不爲丈夫之所任耶. 以義敎之, 則豈有不動得人也. 我欲招其人而敎之." 長孫女小姐, 在傍告曰: "敎人有成, 豈非仁人之事. 但人心異古今, 何可知其感化也. 雖然, 在君子之道, 固當敎之而已." 幽閒堂曰: "人心豈有古今之異. 今以醫書本草言之, 古之甘者, 今亦甘, 古之苦者, 今亦苦. 以草木之無知, 其味無古今之異, 人爲萬物之靈, 天性豈異於古今也. 敎而有成者, 如草木味之不變甘苦也, 夫敎而無成者, 如草木因其烹飪之失宜, 而變其正味也." 小姐曰: "此孟子所訓, 人皆可以爲堯舜也." 杜孝子出就外舍, 招客戒之曰: "人知游衣游食之好, 則不但飢寒切己, 亦不保天性. 執四民中一業, 勤身不怠, 則流丐可免, 家道可成, 豈非客之職責乎. 願從今立心期於有成也." 客曰: "幼而早孤, 長而失敎, 貧窮無依, 久作流丐. 今承敎辭, 不勝愧赧." 因有所給而送之矣.

其後有客着衣鮮明, 乘馬駿良, 至門而請謁於杜孝子曰: "年前乞人, 承受孝子之敎, 旓歸勤耕稼, 家道漸成, 一擧趾而不敢忘杜孝子之恩, 是以來謝." 孝子歎曰: "使天下之人, 皆如客之遷善, 則堯舜之治, 豈難行於今世也." 命酒而送之, 入內語曰: "前日流客, 衣輕乘肥, 非復昔日狀云, '以勤力耕農, 能致家勢.' 其人可佳." 幽閒堂曰: "人性皆善, 豈有敎而不成者乎."

一日, 朱夫人來, 與幽閒堂終日談話曰: "年少輩, 每言與幽閒堂語, 都見豐厚氣象, 自不覺中心之愛慕, 今日接辭, 雖在片言半辭之間, 小無傷人害物之心. 多男多福之慶, 不但著於相格, 相人之論曰: '面相不如心相好.' 夫人之心相, 可驗於今日矣." 幽閒堂曰: "我平生別無工夫之可稱, 但未嘗出輕薄妄淺之言, 以示兒曹也." 朱夫人曰: "人之言語, 貴尙忠厚, 不可以輕淺做去." 幽閒堂曰: "誠然. 昔漢武帝聞東方朔善占, 乃召問曰: '朕夜夢殿角二瓦, 墜化爲鳥而飛去. 是何兆也?' 朔對曰: '宮女二人, 必有暴死.' 帝大笑曰: '朕非得夢, 佯問以試之. 汝不知而妄解.' 朔正色對曰: '夢雖虛事, 猶尙有合, 人之有言, 自異於夢, 豈可不合.' 言未已, 有哭聲自宮中出, 帝急使人問之, 果有二宮人相爭, 墜欄而死. 武帝大奇方朔之言, 而史氏之記傳後世者, 戒人之擇言而發也. 世之學者, 宜可體念, 而在婦女, 尤當戒愼也." 朱夫人曰: "引據之言, 切著於愼言之道."

朱夫人又問曰: "聞幽閒堂敎諸子婦, 各以學文, 而能善體行, 使之能行, 豈不難哉." 幽閒堂曰: "丈夫與婦人, 敎非難事, 敎之能行, 實難." 朱夫人曰: "此『書傳』所謂'匪知之難, 行之惟艱'之義也." 幽閒堂曰: "口能言之, 不能行之, 則此所謂'鸚鵡能言語, 不離於飛禽'也. 以文敎之, 不若以言敎之, 以言敎之, 不若以身敎之, 身敎之效, 其驗最速. 假令小兒出入之際, 見長者之不踐閾而行, 則其郊[374]勝於讀'行不履閾'千遍; 飮食之際, 見長者之不多食, 則其效勝於讀'食無求飽'百番. 一言一行, 一動一靜, 不以非義示之, 則自然信長者之敎, 而行之易矣. 在敎人之道, 大有益矣." 朱夫人曰: "敎人

374 郊: '效'의 오기이다.

之道, 若是切到, 豈有不感化者乎. 此等事, 莫非敎人妙方, 而幽閒堂外, 能行此道者, 鮮矣."

萬曆四十年[375]丙午, 翰林學士朱之蕃, 寄書於尙書公曰: "奉皇帝命, 出使朝鮮, 俺友之作詩贈行者, 不爲不多, 而此間不可無公之一語, 願乞一章, 以慰萬里行役之勞." 尙書謂長子天復曰: "今我年老, 文字酬應, 甚難." 對曰: "知舊遠征, 作詩送行, 古人之所尙也. 朱翰林奉命出使, 異於私行. 且朝鮮雖外國, 山川傜[376]俗, 有名天下, 禮樂文物, 稱小中華. 此人此行, 不可不有詩贈之." 尙書曰: "然. 亦不可孤[377]遠求之意." 命長孫一峰奉硯, 曾孫元星磨墨. 幽閒堂展紙, 公援筆作詩曰:

海東邦運似皇朝　　伊昔檀君亦幷堯
二十五年今古事　　君行應復聽衢謠

寫畢, 向幽閒堂曰: "知此詩意乎?" 對曰: "知之矣. 我中國與朝鮮, 同爲箕尾分野, 故中國有文明之運, 則朝鮮亦有文明之運. 在昔唐堯卽位於甲辰, 而後二十五年戊辰, 檀君建國於朝鮮, 帝堯·檀君, 俱以聖人, 同做文明之治. 大明太祖高皇帝, 創業於戊申, 而後二十五年壬申, 康獻王開國於朝鮮, 太祖·康獻, 俱以聖君, 亦做文明之治, 前後二十五年之運, 同符於中外之

375 四十年: '三十四年'의 오기이다.
376 傜: '謠'의 오기이다.
377 孤: '顧'의 오기이다.

國, 豈不異哉. 其意包含於二句之詩, 不但文體之得格, 其於送行之意, 甚得體制矣.” 尙書大笑曰: “歷代帝王之運, 中國外國之事, 雖以丈夫, 鮮能知之, 汝以婦女, 如見掌紋, 豈不奇哉. 我每見諸孫之聰明, 未嘗不愛其學母也.” 幽閒堂對曰: “素未博覽, 復何有知. 俄承下敎, 適有前聞, 而仰復矣. 下敎如是, 不勝愧赧.”

尙書送詩于朱翰林, 〃〃奉使而還, 復以書遺尙書曰: “今玆東國之行, 快遂平生壯觀. 禮樂文物, 濟〃有儀, 江湖樓坮, 處〃奇壯, 可與中國相埒而不下矣. 所贈詩章, 東國文人之見者, 稱之以非秦漢以後文章, 華國之道與有光矣.” 因以所畫平壤練光亭一圖, 所書衿[378]川‘回[379]瀾石’三字刻印者, 送之. 尙書與諸子孫, 展以視之, 幽閒堂在傍告曰: “平壤卽周武王時, 箕子白馬東出所都之地. 必有井田舊墟, 勿畵練光亭江山, 畵來井地形制, 則豈不美哉. 且以此時言之, 武王之聖焉, 而爲主於中原, 箕子之聖焉, 而出居於東國, 此亦可見其天地之運同回也. 朝鮮服箕子敎化, 婦女貞節, 甲於諸國, 山川雖隔萬里, 未嘗不馳心而嚮慕也.”

袁夫人弟袁侍郞妻楊夫人, 問於幽閒堂曰: “敎兒之道, 曾聞夫人言, 則莫如以身敎之, 此言切着, 謹當體行. 但鞠養小兒, 有何善道? 今見幽閒堂家兒, 生則善長, 未嘗有早夭之慽, 有妙方而然耶?” 幽閒堂曰: “古昔名醫有言曰: ‘寧醫十丈夫, 難醫一婦人. 寧醫十婦人, 難醫一小兒.’ 盖小兒骨節未

378 衿: ‘金’의 오기이다.
379 回: ‘廻’의 오기이다.

堅, 氣血未調, 裹在襁褓, 未知病祟之所在, 難以針藥試之. 長者之病, 由於飮食之不節, 寒暑之不謹, 皆其自致也, 惟小兒則不然, 由長者之不愼, 可不戒哉. 保養小兒之道, 當知天地造化之理, 然後乃可論也. 如我鹵莽於學識者, 何知其理也." 楊夫人曰: "天地造化之理, 似不可容易言之, 願聞幽閒堂家中養兒之法." 幽閒堂笑曰: "吾家別無他法. 但以一過字, 爲戒凡間事理, 莫不以過爲失, 尤爲戒於養兒之地. 勿過飽, 勿過飢, 勿過煖, 勿過冷, 勿使過啼, 勿使過笑, 勿頻〃負抱, 勿頻〃弄戲, 使自起坐, 而勿以人力起坐, 使自行步, 而勿以人力行步. 一靜一動, 必須天地自然之理, 若使徑先坐起行步, 則外若愛兒, 實爲害兒, 此無異於揠苗也. 養小兒如養稺苗, 豈可如宋人之悶[380]其苗之不長而揠之乎."

楊夫人曰: "幽閒堂家兒始生之時, 着以何衣?" 幽閒堂曰: "裹以襁褓, 別無所着, 古昔名醫有言曰: '以七八十老人襯身之服裹之, 則兒必長壽.' 此言似有理. 幼兒氣血不足, 以老人津液之所染者, 裹其身體, 則似有益矣." 楊夫人曰: "洗兒亦有法耶?" 幽閒堂曰: "水傍之人, 多以寒水洗之, 或以全體沈於寒水者, 或以寒水注於全體者, 此則洗之過也, 多有見敗. 吾家洗兒之時, 慮臍中之風入, 裹腹而不洗矣." 楊夫人曰: "幽閒堂家中之兒, 多有不經痘者, 經亦甚順, 有何妙方而然也?" 幽閒堂曰: "尊舅每令小兒, 服黑荏子自生油, 故尊舅許多子孫, 不經者半, 已經者半, 而經亦甚順, 此或有效耶." 楊夫人曰: "兒子始生之初, 可知吉凶耶?" 幽閒堂曰: "醫書言, '聽其啼聲, 而卞其吉凶.' 又言, '手無隆骨, 則不吉於匍匐之時, 足無隆骨, 則不吉

---

380 悶: '閔'의 오기이다.

於行步之時.' 聽其啼聲, 而分揀實難, 觀其手足, 則庶可驗矣."

楊夫人曰: "養兒之道, 古今異, 宜欲法上古, 則宜其有害矣." 幽閒堂曰: "誠然. 上古之人, 巢居而穴處, 草衣而木食, 兒在胎中, 已耐風寒暑濕, 故生而無害矣. 今世之人, 爲其兒母者, 煖衣飽食, 深房複壁, 謹避風寒, 胚胎十朔, 培養如此, 旣生之後, 豈可如上古世乎. 雖然, 長處深房, 亦是過煖, 百日之後, 微〃灑風, 小〃見陽, 兒啼不止, 勿使急抱而乳之, 母有煩懣之氣, 勿乳而洗乳飼之, 勿暴怒於兒傍, 勿大聲於兒側, 此等諸節, 爲婦女者, 不可不一〃愼旃."

楊夫人曰: "兒有腹中, 有卞男女道耶?" 幽閒堂曰: "此等之說, 雖在醫書, 而盡信書, 不如無書. 十朔非久, 豫知何爲." 楊夫人曰: "聞尙書公有神方, 尙書公子孫, 多行此法而生男. 願問於尙書公而知之." 幽閒堂曰: "尊舅通達於天文地理·人事物則, 於此等法, 無所不知, 而每言此法若存, 則十人孕胎, 宜生十男, 而或有一二不合者, 不可準信. 大凡生男而善養, 自有第一法, 而世俗婦女, 鮮有行者, 實爲慨然. 人之多男, 實爲慶福. 故華封祝唐堯而壽富多男, 詩人頌周文而則百斯男, 自古多男之慶, 實爲人道之重. 爲人父母者, 先行仁心仁德, 胸無一分殺害之心, 口無一分暴惡之言, 見人之幼, 而推其幼吾幼之情, 則作善降祥, 天道昭然, 豈無多男之慶乎. 世之婦女, 不知務此義理, 但知愛已之子, 而不卹他人之幼, 惟求醫書之益母草, 曆書之壬子日, 豈不慨然乎." 楊夫人曰: "尙書公心德如是仁厚, 幽閒堂又如是仁善, 受福, 豈不有本乎."

幽閒堂孫女九歲讀『論語』, 問於祖母曰: "『書傳』有曰: '人心·道心', 孟子稱'養心'[381], 一人之身, 有何衆心? 且孔子之訓曰: '操則存, 舍則亡', 其曰'存亡'何也?" 幽閒堂曰: "汝所問, 頗精深. 昔范淳夫女讀『孟子』問曰: '心有二乎?' 朱子聞之曰: '范女不識孟子, 可識心.' 今汝言亦一般, 汝欲知之, 問于汝伯父. 雖然, 經義之深奧者, 汝以女子, 知而何用." 對曰: "心學工夫, 男女何殊. 不識經義, 有何成就之望. 每承如此下敎, 不勝生爲女子之恨." 幽閒堂曰: "生於形氣之私, 謂之人心, 出於性命之正, 謂之道心." 對曰: "生於形氣之私, 則爲人慾耶?" 幽閒堂曰: "朱子之訓, 固不必以人慾稱也. 汝則謂心有二, 何也? 不但有人心·道心, 有謂本心焉, 有謂大人心, 有謂赤子心, 汝可於『心經』見之." 小姐曰: "人心生於形氣之私, 道心出於性命之正, 則堯舜禹之相傳心法, 而不先言道心, 何也?" 幽閒堂曰: "凡間言語, 多有先輕而後重, 人心·道心之先後, 別無輕重之可論, 而戒在人心, 故似或如是立言矣. 先儒之訓, 別無先後輕重之論, 人之讀書, 當以聖賢正心之訓, 存心之戒, 着力體行. 若但以經書句語, 習於口頭, 則有何益於吾身乎."

幽閒堂曾孫女, 十一歲讀『禮記』, 問於幽閒堂曰: "道路男子由右, 女子由左, 此男女異路之義也. 若以事勢言之, 則來人之右, 爲去人之左, 去人之右, 爲來人之左. 使男子來, 則與去女子同路, 豈男女異路之義乎?" 幽閒堂曰: "此非以人之左右爲言, 以路之左右爲言也." 對曰: "有先儒論耶?" 幽閒堂曰: "別無註釋之分解也." 又問曰: "男女授受不親, 禮也. 若或保抱幼兒, 則方其授受之際, 亦行不親之禮耶?" 幽閒堂曰: "是不難. 皆坐奠之而後取

---

381 養心: 한글본을 따라 '良心'으로 보고 번역에 반영하였다.

之, 授受幼兒, 亦可用此禮也. 且立以授兒, 極其危殆, 萬一失手, 則豈不傷害乎." 方語之際, 其兄入而聞之, 笑曰: "古語云, '未有學養子而嫁者也.' 汝則先學養子之方耶?" 小姐對曰: "古之婦女, 幼而讀「內則」, 『列女傳』 等書, 婦事舅姑之章, 婦人妊子之篇, 廢而不讀耶. 范淳夫女, 幼而學『孟子』, 其大人敎女時, 除却'幼吾幼'一句而不敎耶." 其兄大笑曰: "汝所問文義精深, 故偶發此語, 而戱耳." 幽閒堂曰: "'幼子常示毋誑.' 小兒所親, 何可戱語及之."

一日, 幽閒堂諸子女, 往萬樹園, 採取藥材, 第二十五孫紫[382]星, 採持蒼朮, 問曰: "蒼朮之名, 何以稱朮也?" 幽閒堂曰: "凡識草木之名, 雖非緊要工夫, 而孔子曰: '多識於草木禽獸之名.' 汝可往六藝樓, 攷字彙書而見之. 蒼朮之朮字, 如朮始生時, 故以是得名也." 紫[383]星曰: "他藥之名, 亦皆如是耶?" 幽閒堂曰: "藥材之名, 或有以色名之者, 黃柏·玄蔘, 是已. 或有以味名之者, 甘草·苦蔘, 是已. 人蔘·鉤藤, 以形而名之也. 半夏·忍冬, 以時而名之也. 以性味得名者, 當歸則歸於血分. 以產地得名者, 川弓[384], 生於川地." 紫[385]星曰: "閩薑, 生於閩地者耶?" 幽閒堂曰: "閩薑生於閩地, 而品甚佳美, 故別有稱名, 而閩中是朱子所居地, 我每見此薑, 未嘗不貴重也."

紫[386]星又問曰: "不但草木之爲藥, 昆蟲鳥獸, 亦可爲藥. 倉庚何鳥, 服之則可止婦女之妬忌然否?" 幽閒堂曰: "此在『山海經』, 倉庚以其夫婦之相

---

382 紫: '觜'의 오기이다.
383 紫: '觜'의 오기이다.
384 弓: '芎'의 오기이다.
385 紫: '觜'의 오기이다.
386 紫: '觜'의 오기이다.

愛自別, 故或有此理耶." 紫[387]星曰: "古有婦女之妬忌, 而著於史策者耶?" 幽閒堂曰: "昔晉太傅謝安妻劉氏, 甚於妬忌, 太傅以未蓄姬妾, 爲憂. 家侄等諷諫於夫人曰: '「關雎」·「螽斯」, 皆是后妃不妬忌之德, 而以傳於後世矣.' 夫人知其諷諭之意, 還問曰: '「關雎」·「螽斯」, 誰所作也?' 對曰: '周老作.' 夫人曰: '周老男子, 使太姒氏作, 則必無是語.' 宋任皐, 官至兵部尙書, 太宗賜送美妾二人, 其妻甚妬忌, 太宗聞之, 置酒金甁, 送于皐妻曰: '此酒飮則必死. 欲飮而死耶, 能止妬忌耶?' 皐妻拜詔曰: '妾與皐少甚窮賤, 今享富貴, 若使家蓄姬妾, 則生不如死, 願飮賜酒而死.' 太宗謂皐曰: '人不畏死, 不可以死恐, 朕不能禁, 卿亦何爲.' 因命別置他處. 謝太傅之夫人, 任尙書之夫人, 雖日服倉庚, 難醫其病矣." 幽閒堂子婦孫婦孫女, 諸婦人侍坐, 第二孫女大笑曰: "謝公·任公, 俱不能禁其家人之妬忌, 而官至太傅·尙書. 其朝之用人可知矣. 以婦女見君子之沈惑女色, 則規諫可也, 豈可以妬忌名於一世, 使仕官之君子, 貽笑於朝廷. 如此婦女, 何足擧論." 第五孫婦笑曰: "不但名於一世, 載在史記, 遺傳千世, 尤爲慨然." 幽閒堂曰: "婦女雖在閨閤, 善惡間一言一事, 自然綻露, 播傳一時. 不但一時播傳, 以傳於後世, 豈非戒愼恐懼者乎."

幽閒堂奉侍舅姑, 極致誠敬, 夙夜洞屬, 暫時不怠, 每尙書入內舍, 則幽閒堂下階, 扶上几席, 親自鋪設, 而務極便體, 書冊整置案上, 而不差卷秩, 器用淨洗, 點檢而置諸左右, 侍側不離, 先意承順. 尙書謂袁夫人曰: "我每

---

387 紫: '觜'의 오기이다.

以夫人爲知己之友, 今冢婦如是, 又得一知己."

一日, 尙書自外入, 謂幽閒堂曰: "牡丹花何以謂鹿含花也?" 對曰: "宮苑養鹿, 口含牡丹花一朶而去, 故因以名之." 尙書曰: "考取類聚中牡丹花所記之卷而來." 對曰: "已置諸案上矣." 尙書曰: "汝何以知我之披閱而豫對也?" 對曰: "兒子輩來言, 水月亭牡丹盛開, 祖父與賓朋, 親往賞之云. 故意者座上必有牡丹花酬酌, 或牡丹花題詠, 敢取所記之書, 以待披覽矣." 尙書大喜, 顧謂諸女及諸孫女曰: "汝輩亦往舅家, 凡事每如是穎悟, 則豈不承舅姑之寵乎." 又謂幽閒堂曰: "鹿含花汝旣知之, 又有此對乎?" 對曰: "有之. 鶯銜桃, 是已." 小姑請問鶯銜桃出處, 幽閒堂曰: "古者飛鶯銜取櫻桃而去, 故亦以名之." 曾孫在傍曰: "唐詩有云, '非關御苑鳥銜殘.' 不稱鶯銜矣." 幽閒堂曰: "鶯非鳥耶. 鶯字音低, 不合於律, 故變用鳥也. 汝亦作詩, 隨字高低, 變通用之, 可矣."

幽閒堂侍尊姑, 必宿於近密夾室以察, 興寢起居之節, 尊姑有問, 則雖在深夜, 必攝衣整坐而對. 尊姑悶其屢起, 雖欲有問而止之. 一夜, 尊姑覺寢, 謂幽閒堂曰: "我欲有問而夜冷燭滅, 可於枕上爲對." 〃曰: "古人言, '不以昭〃爲禮, 冥〃惰行.' 豈可以暮夜敢忽乎." 袁夫人歎曰: "汝是女中蘧伯玉也."

一日, 朱夫人來, 幽閒堂進饌. 朱夫人食畢, 謂幽閒堂曰: "年少輩每從幽閒堂家來者, 皆言飮食精潔, 盤器整齊, 愛而不忍捨也. 何設而然也?" 幽閒堂曰: “有何別法. 『論語』曰: ‘食不厭精, 膾不厭細.’ 朱子釋之曰: ‘食精則養人, 膾麤則害人.’〃家接賓之節, 不可以不精之物饋之. 每以是戒勅於家人上下矣.” 朱夫人曰: “供設飮食之際, 濟以薑桂之物者, 所以助其味也. 飮食之中, 多有禁忌, 願問於幽閒堂以教家中婦女.” 幽閒堂曰: “此等事, 習於醫藥者知之, 我以婦女, 何可有知. 但人家婦女, 全不知禁忌而供設, 則易致傷害. 昔有人請奴於程子宅曰: ‘將採桑白皮爲藥, 而曝陽則有毒, 使他人採取, 則易爲見欺, 而先生宅奴子, 必不欺人受害, 故敢請焉.’ 雖以僕僕之賤, 知爲害人, 則必致戒愼, 況人家之婦女乎. 自燧人氏教人火食之後, 凡間飮食, 未有不入火氣者, 烹飪之際, 焦火有法, 一節用武, 一節用文, 適於緩急, 然後其味乃佳. 貴不在奢侈而在精潔, 至於禁忌之方, 竹笋如桑白皮曝陽則不食, 來檎多食則生眼疾, 茄子多食則生痢疾, 銀杏小兒多食則發驚風, 蒜椒不可竝蜜而食, 眞瓜不可沈水而食, 竝蔕而結者有毒, 柿與茸不可竝酒而食, 鷄兩脚白者不可食, 鵝不可和蘇葉而食, 鷄卵不可與苦椒竝食, 鱉頭尾有毒, 鼠之骨有毒, 狗鼻赤者不可食, 牛肉橐駝不可與生鮮竝食, 鯉魚不可與赤豆竝食, 燒酒不可與桃實竝食, 河豚決不可食. 造泡遇鹽則鮮, 酒遇柿則傷, 燒酒與藥酒一時竝飮則必受其病, 人家待客之時, 極可戒愼. 尤可禁其一切奢侈. 古有一朝士, 家勢稍足, 飮食極其奢美, 全尙口腹之慾, 謂門下往來之僧曰: ‘吾非炭火所炊之飯, 不食也.’ 其後家産蕩殘, 徒步以行過河橋, 得粟米炊瓦鐺, 甘食勝於粱肉, 其僧曰: ‘此飯亦炭火所炊耶?’ 朝士大慙. 人家苟慕一時富貴, 全尙奢華而評品飮食高下, 實非美事也.”

幽閒堂第三孫雲星, 告于祖母曰: “昨夜第六叔父與第七叔父, 登水月亭仰觀炲, 觀星宿之度數相論曰: '二月驚蟄節氣, 在明日.' 小孫在傍, 問其故, 七叔曰: '可於方書見之.' 因以不敎, 願從祖母學焉." 幽閒堂曰: "凡觀天文之法, 有察星色者, 有占星氣者, 然後可知前頭之吉凶. 若觀太陽之所在, 只驗節候之早晩, 則已有度數之定, 復何難知. 今以二月驚蟄候言之, 則太陽運行, 在二十八宿中胃[388]宿第十度, 淸明三月節, 太陽在壁宿第八度, 立夏四月節, 在胃[389]宿初度, 芒種五月節, 在畢宿第八度, 小暑六月節, 在井宿十三度." 雲星告曰: "七月以後, 小孫欲爲推知." 因屈指數曰: "立秋七月節, 在婁宿第七度. 白露八月節, 在張宿十一度. 寒露九月節, 在軫宿第六度, 立冬十月節, 在氐宿第二度. 大雪十一月節, 在尾宿第二度. 小寒十二月節, 在奎宿第七度. 立春正月節, 在女宿第五度." 幽閒堂曰: "汝善爲推知矣. 其運乃如是矣."

雲星大喜, 急出外舍, 告于七叔曰: "小侄亦知星宿之運." 因數太陽所在之次, 不差十二月之候, 七叔大笑曰: "汝必從祖母學得矣." 又謂雲星曰: "汝更告于慈堂問曰: '星宿之中, 有臼星, 有破臼星, 其狀相似, 其名各異, 何也?'" 雲星以七叔言來告于祖母, 幽閒堂笑曰: "汝叔使汝來問耶? 臼星若雄臼, 狀正置之, 其上有若杵狀之星, 故謂之臼星. 破臼星者, 側置之, 上無杵星, 廢而不用, 故謂之破臼星. 然而星宿之名, 雖儒者之所知, 而亦非童穉, 急切工夫也." 雲星以祖母言, 告于七叔, 〃〃曰: "昨夜仰觀二宿, 疑其得名之異, 今聞慈堂言, 不但使汝有聞, 我亦有知矣."

388 胃: '危'의 오기이다.
389 胃: '危'의 오기이다.

幽閒堂長孫女告于祖母曰: "讀書丈夫, 皆謂堯·舜·禹·湯·文·武爲聖王, 孔子·顔·曾·思·孟及濂洛群賢爲聖賢. 小女不知其姓名及生卒年歲, 身爲女子, 知亦無用, 而全然蒙昧, 則極爲羞恥, 願從祖母學焉." 幽閒堂曰: "雖女子, 過於無識, 則甚固陋, 我其大略言之, 汝可記得. 帝堯陶唐氏, 伊祈姓, 名放勳, 帝嚳子, 母慶都任身十四月生, 帝嚳之在位六十三年, 丁亥歲也, 帝堯在位百年, 壽一百十七歲. 帝舜有虞氏, 姚姓, 名重華, 瞽臾[390]子, 母握登, 見大虹, 感而生之, 帝堯之四十一年, 甲申歲也, 在位五十載, 壽一百十歲. 夏后氏, 姒姓, 名文命, 鯤之子, 母有莘氏, 見星感而生之, 帝堯之戊戌, 六月六日也, 在位十年, 壽一百歲. 殷王成湯, 子姓, 名履, 母扶都氏, 見白氣貫月, 感而生之, 夏孔甲之二十七年戊辰也, 夏桀無道, 諸侯尊爲天子, 在位三十年, 壽百歲. 周文王姬姓, 名昌, 王季子, 母太任, 文王庚丁元年壬寅生, 封爲西伯, 戊寅卒, 壽九十七歲. 武王名發, 文王之子, 母大[391]姒, 殷王庚丁十二年癸丑生, 殷紂無道, 率諸侯伐之, 諸侯尊爲天子, 在位七年, 壽九十三. 此六君, 萬古聖王, 盛德事業, 載在經傳.

孔子名丘, 字仲尼, 父魯人叔梁紇, 孔子外祖顔公見叔梁紇, 大奇之, 歸問長女曰: '叔梁紇年紀雖多, 爲人魁偉, 汝能往事之乎?' 長女不答, 復問其次, 〃女又不答, 第三女徵在氏對曰: '父命不可違也.' 顔公大喜曰: '汝往善事, 子孫必昌.' 徵在氏見叔梁紇, 年高大懼, 禱于尼丘山, 生孔子於周靈二十一年庚戌, 周敬王五十一年壬戌卒, 壽七十三. 顔子名回, 字子淵, 父

390 臾: '瞍'의 오기이다.
391 大: '太'의 오기이다.

魯人顏無繇, 母姜氏, 周敬王七年戊子生, 三十八年己酉[392]卒, 壽三十二. 曾子名參, 字子輿, 父魯人曾點, 母氏之姓, 後世無傳焉, 周敬王十六年丙申生, 周考王五年乙巳卒, 壽七十. 子思名伋, 孔子之孫, 伯魚之子, 生年後世無傳, 周威烈王丁丑卒, 壽或云一百十餘歲. 孟子名軻, 字子輿, 父雛人激公宜, 母仇[393]氏, 周威烈王四年乙丑生, 周赧王二十六年壬申卒, 壽八十四. 此五聖人, 萬世聖人. 孔子之『論語』, 曾子之『大學』, 子思之『中庸』, 孟子之『孟子』, 其立言足以有徵. 顏子獨無所著述者, 以其早卒也.

若論濂洛諸賢, 則宋太祖乾德五年丁卯, 五星聚奎, 以啓文明之運云. 邵康節先生, 名雍, 字堯夫, 洛陽人, 宋眞宗大中祥符四年辛亥生, 仁[394]宗十年丁巳卒, 壽六十七. 周濂溪先生, 名敦頤, 字茂叔, 道州人, 母鄭氏, 宋眞宗天禧元年丁巳生, 神宗熙寧六年癸丑卒, 壽五十七. 張橫渠先生, 名載, 字子厚, 開封人, 父殿中丞迪, 宋眞宗天禧四年庚申生, 神宗熙寧十年丁巳卒, 壽五十八. 程明道先生, 名顥, 字伯淳, 河南人, 父太中大夫珦, 母候[395]氏, 宋仁宗明道元年壬申生, 神宗元豐八年乙丑卒, 壽五十四. 伊川先生名凞[396], 字正叔, 明道之弟, 明道生翌年癸酉生, 宋禧[397]宗大觀元年, 丁亥卒, 壽七十五. 朱子名熹, 字元晦, 別號晦庵, 婺源人, 父吏部員外郎松, 母祝氏, 宋高宗乾[398]炎四年庚戌生, 孔子生於庚戌, 故後人有詩曰: '庚戌聖人生.' 寧

---

392 酉: '未'의 오기이다.
393 仇: '仉'의 오기이다.
394 仁: '神'의 오기이다.
395 候: '侯'의 오기이다.
396 凞: '頤'의 오기이다.
397 禧: '徽'의 오기이다.
398 乾: '建'의 오기이다.

宗慶元六年庚申卒, 壽七十一, 朱子傳堯舜·孔孟之道, 故稱以孔子更生, 而近世學者, 各異門路, 多有排斥, 其爲世道之戞不少, 實是慨然."

小姐把筆記之, 第七子七峰見之, 喜曰: "雖以丈夫, 留意於此等事者, 鮮矣. 汝以女子, 欲以學知甚, 是奇愛. 慈堂今至年老, 而於群聖人生卒年干支, 小無差錯, 聰明强記, 非小子輩所可企及也."

冬至後, 幽閒堂二十七孫翼星, 年十一歲, 持新曆考節氣早晚, 幽閒堂曰: "汝知此書而見之耶?" 對曰: "節氣之外, 亦有別般可考者乎?" 幽閒堂曰: "雖看半行文字, 理會推見, 則天地萬物之理, 家國平治之道, 斯可推知矣. 若不理會, 則聖經賢傳, 如誦己言, 有何一分可益者乎. 況此曆盡天地流行之氣, 草木昆蟲, 盛衰變化之理, 俱在此中, 豈可泛忽看之乎." 翼星曰: "天地之流行, 寒暑之進退, 可驗於此書, 草木之盛衰, 昆蟲之變化, 亦在於此耶?" 幽閒堂曰: "正月蟄蟲始振, 獺祭魚, 二月鷹化爲鳩, 玄鳥至, 桃始華, 三月戴勝降于桑, 四月麥秋至, 六月腐草爲螢, 七月鷹乃祭鳥, 八月玄鳥歸, 九月鴻鴈來賓, 豺乃祭獸, 菊有皇華, 所記甚多. 不能理會此事, 則有何益於君子格致之工也." 翼星曰: "此皆自「月令」出?" 幽閒堂曰: "有自「月令」來者, 或在「月令」之外."

翼星急請其兄禮星與弟軫星, 幷來告曰: "今日願從祖母, 學曆中所記草木鳥獸之說." 幽閒堂曰: "汝言「月令」, 可於「月令」考之." 翼星曰: "事或有目見, 不如耳聞者. 願問其詳." 幽閒堂曰: "所請旣懇, 可略言之. 正月蟄蟲始振者, 昆蟲之蟄伏於前冬者, 乘湯而動也. 人亦十月之入此室處者, 當春而分析也. 故『書傳』曰: '厥民析.' 正月之獺祭魚. 七月之鷹祭鳥, 九月之豺祭獸, 雖以無知之物, 隨時而知報本之道, 人豈不以天時隨其物産之成而以祭其祖先乎. 二月鷹化爲鳩, 九月爵入大水爲蛤, 爵則爲蛤, 〃不可以爲雀, 鷹乃化鳩, 而鳩反化爲鷹, 故此一化字之不下於爵而着於鷹也. 經傳下語, 豈可泛看. 三月戴勝降于桑, 戴勝者, 蠶月採桑時, 所來之鳥也." 軫星曰: "聞經傳下語一字不泛, 戴勝之必着降字, 何也?" 幽閒堂曰: "汝所問甚當. 戴勝之來, 在養蠶之月, 人之見之者, 知蠶月之至, 愛之若上天所使, 故必着降字也. 四月麥秋至, 百穀無不成熟於秋. 惟麥熟於四月, 故謂之麥秋. 農家舊穀既盡, 新穀未登, 麥乃成熟, 以濟匱之, 故先王重之. 『詩傳』曰: '於皇上帝貽我來牟.' 九月鞠有黃華, 二月之桃華, 三月之桐華, 皆不言色, 而惟鞠獨言者, 草木零落之時, 鞠獨帶得中央正色, 故貴重而表著也. 擧此一曆, 天地日月星辰之運行, 昆蟲草木鳥獸之變化, 皆在此中. 但觀月之大小, 節之早晩, 則有何可益乎." 禮星曰: "『禮記』言'仲春鴻雁來, 仲秋鴻雁來.' 春既言來, 則秋可言歸, 秋既言來, 則春可言歸. 而幷稱其來, 何也?" 幽閒堂曰: "汝設問精深. 仲春之鴻雁, 自南而北者, 來中國而鄕北. 仲秋之鴻雁, 自北而南者, 來中國而鄕南. 「月令」一篇, 中國人記侯[399]書也. 在仲春而見鴻雁之自南來, 故必曰'鴻雁來.' 當仲秋而見鴻雁之自北來, 故必曰'鴻雁來.' 春秋之侯[400], 記其所見, 故不言其歸而只言其來, 且言天下萬物, 若爲中國而來者然也." 禮星曰: "誠如下敎, 一曆書, 有何家國經綸之理會者也?" 幽閒堂曰: "推看此曆, 天下許多經綸, 皆在此中. 春風和氣, 顔子之氣像, 秋霜嚴肅, 孟子之

399 侯: '候'의 오기이다.
400 侯: '候'의 오기이다.

氣像. 孔子大聖人, 具四時之氣像. 後生學者, 見十二目節氣, 可想群聖人之氣像矣. 春見群生之和樂, 而思聖王賑貸之政, 秋見萬物之收藏[401], 而思先王省斂之政. 孜幼弱於仲春, 養衰老於仲秋. 以隨陽氣之盛衰, 以至春秋二分, 寒暑平均之時, 必使均衡石平度量, 天下萬國, 一濟均同, 事無大小, 而無一不適於天地節氣也. 此非學者之理會者耶."

翼星曰: "祖母教訓, 雖小事推合於大, 使義理通達, 此愚昧小孫之輩, 庶有覺也. 天地萬物, 家國平治之道, 既聞命矣. 未知正月元日, 三月三日, 五月五日, 七月七日, 九月九日, 皆爲名節, 而二月二日, 四月四日, 六月六日, 八月八日, 不稱名節, 何也?" 幽閒堂曰: "古昔聖人, 貴陽而賤陰, 故正月元日, 三〃五〃七〃九〃, 月亦陽而日亦陽, 皆爲名節, 二〃四〃六〃八〃, 月亦陰而日亦陰, 不稱名節. 十月純陰, 故嫌於無陽, 稱之以陽月. 冬至一陽始生, 故亦爲名節. 邵康節詩曰:

冬至子之半　天心無改移
一陽初動處　萬物未生時
玄酒味方淡　大音聲正希
此言如不信　更請問包犧

冬至日, 婦女獻新襪於舅姑, 爲一陽始生於地, 以新襪履以應之. 故崔

---

401 臟: '藏'의 오기이다.

駰作「襪銘」曰:

陽升於地　　日永於天

長履景福　　至于億年

諸孫又問曰: "三三五〃七〃 皆是陽之重也. 而獨於九〃, 稱重陽, 何也?" 幽閒堂曰: "洛書之數, 二四六八爲陰, 一三五七九爲陽, 而九爲陽數中之重, 故稱重陽."

諸孫又問曰: "諸名節之所尙飮食不同, 遊戲各異, 何也? 願聞其詳." 幽閒堂曰: "立春剪綵爲旗, 名以春旛者, 漢時風俗也. 剪錦爲花名, 以綵花又稱綵勝者. 唐時風俗也. 綵色造鷰, 以綵鷰名之者, 荊楚風俗也. 五種辛菜, 盛於春盤, 而稱之以五辛盤者, 於宋時尤盛, 故蘇東坡詩曰: '辛盤得靑韭, 臘酒眞黃柑.' 除夜爆竹, 作聲以驚雜鬼, 門設桃符, 以逐厲鬼, 釀屠蘇酒, 先飮幼少者, 此皆荊楚風俗, 故有『荊楚歲時記』可詳見矣. 正月七日, 謂之人日. 東方朔占有一鷄·二犬·三豕·四羊·五牛·六馬·七人·八穀, 觀其日之陰陽, 驗所屬之體咎. 又食七種菜, 上元卽新年初望, 俗尙翫月觀燈. 唐朝賜群臣黃柑, 三夜弛禁. 或有祭蠶神之法. 二月初一日, 謂之中和節, 錦囊盛百穀種, 有遺贈之風. 三月三日, 萬物和暢, 日氣淸麗, 古人有踏靑之遊, 祓除不詳, 曾點言志之對有'浴乎沂, 風乎舞雩'之語. 先儒謂曾點, '此言有堯舜氣像.' 若言十二月名節, 則甚支離, 不可盡言."

諸孫合辭告曰: "在昔孔門諸弟, 顏子所聞之言, 曾子有未聞者, 子路所聞之言, 子貢有未聞者, 今日小孫等, 同在一席, 同時得聞, 豈不盛哉. 願加詳聞." 幽閒堂曰: "寒食卽冬至後一百五日, 或六日." 禮星曰: "俗云, '晉介子推, 焚於錦山而死, 故後人憐之, 爲之寒食.' 然否?" 幽閒堂曰: "世有此說, 而若子推死日, 何可進退於二月三月也. 節近淸明, 每多惡風, 故備火患, 而寒食也. 亦稱冷節." 禮星曰: "唐朝柳宗元, 謫柳州, 寒食日未上先墓, 寄至親友而痛恨, 寒食祭墓, 自唐始耶?" 幽閒堂曰: "漢光武時, 諸將有還鄕里者, 賜以小犢, 祭其先墓, 鄕里以爲榮, 故因以爲俗尙矣." 紫[402]星曰: "秋千之戱, 出於何時?" 曰: "此亦漢時出, 而似是胡俗也." 禮星曰: "孟嘗君田文, 生於端午日, 然否?" 幽閒堂曰: "孟嘗君, 生於端午日, 而俗云長及門, 則不利父母, 故其父母, 欲不收養. 孟嘗君曰: '請高戶.' 其後王鳳·王鎭惡·胡廣, 皆生於端午日, 而胡廣始生, 其父母置葫芦中浮之, 水中有人取養. 及長, 父母欲返之, 胡廣曰: '捨所生則害於義, 捨所養則負於恩.' 自稱出於葫芦中, 因姓胡而名廣. 有生於是日者, 有死於是日者, 楚大夫屈原, 投汨羅而死. 楚人憐之, 競楫以渡, 欲濟其死, 故至今有「競渡曲」. 唐朝賜群臣衣, 杜子美詩曰:

宮衣亦有名　端午被恩榮
細葛含風軟　香蘿疊雪輕
自天題處濕　當暑著來淸
意內稱長短　終身荷聖情

---

402 紫: '𥳑'의 오기이다.

在宋而有九子粽, 沐蘭湯, 艾人之風俗, 又有宮門端午帖, 歐陽脩詩曰:

佳辰共喜沐蘭湯　　毒冷何須綵艾禳
但得皐陶調鼎鼐　　自然災沴變休祥

楚國人[403]讒逐屈原, 終身無復入君門, 願回角黍詢遺俗, 可感[404]前王惑巧言. 歐陽脩本心忠誠, 故雖在尋常題詠以示規諫之意. 後人稱之以'擧筆不忘規諫.' 七夕秋節初入, 故梧葉先落." 孟星曰: "織女牽牛, 以七夕夜, 渡銀河而相見, 果有此說乎?" 曰: "此在『齊諧記』而事極荒唐. 古者此日曝曬書冊衣服, 故世俗爭相曬乹, 誇其豊盛. 有文士郝隆, 家甚貧, 無衣服之可曬, 乃仰天而臥於中庭, 以曬其腹. 人問其故, 答曰: '我無衣服之可曬, 只有腹中之書冊.' 至今傳以爲美談. 汝輩腹中有幾卷書冊乎? 八月十五日, 謂之秋夕, 廣陵湖聲, 此時最高, 故遊人爭事往觀. 唐朝賜群臣酒, 又賜燈燭, 翫月遊賞, 長天無雲, 月色如晝. 學士蘇頲曰: '淸光可愛, 何用燈燭.' 杜子美中[405]秋月詩曰:

滿目[406]飛明鏡　　歸心折大刀
轉蓬行地遠　　攀桂仰天高

---

403 人: '因'의 오기이다.
404 感: '鑒'의 오기이다.
405 中: '仲'의 오기이다.
406 目: '月'의 오기이다.

水路疑霜雪　　　　林棲見羽毛
此時瞻白兔　　　　直欲數秋毫

又宋孫明復十四日夜有詩曰:

銀漢無星露暗垂　　玉蟾初上欲圓時
清樽今夜宜先賞　　明夜陰晴未可知

九月九日, 古稱佳辰, 唐朝賜侍臣酒, 遊上林苑, 多有所詠詩. 汝南桓景從費長房遊, 長房謂景曰: '汝家九月九日, 有災厄, 使家人絳囊盛茱萸佩之, 登高飮菊花酒, 可以禳之.' 景依其言, 擧家登高, 日暮還歸, 則家中雞[407]犬, 盡暴死. 其後因爲登高之俗. 陶淵明九日不飮, 悵然獨坐, 江州司馬, 白衣送酒. 王勃九日, 作「滕王閣序」, 故有曰: '時維九月, 序屬三秋.' 冬至一陽初生日, 影漸長, 故秦時宮女, 以紅線揆日影, 以添一線, 故謂之添宮線. 至唐亦有此俗."

禮星曰: "冬至之用豆粥, 何義也?" 幽閒堂曰: "昔共工氏子, 死於冬至日, 爲厲鬼, 畏赤小豆, 故以是禳之." 禮星曰: "造泡之法, 始於何時?" 幽閒堂曰: "漢淮南王, 惡人之有勇力, 以大豆造泡, 饋使肥鈍, 不能使勇力也. 十二月臘平古有之. 夏曰'嘉平', 殷曰'淸禮[408]', 周曰'大蜡', 秦曰'嘉平', 漢曰'臘

407 雉: '雞'의 오기이다.
408 禮: '祀'의 오기이다.

平', 臘之爲言獵也, 字義又相似, 故唐戶部侍郞蘇○[409], 與嚴準論伏臘, 論平誤稱伏臘, 一時譏笑. 稱之以伏臘侍郞. 汝輩每當名節, 思古人之善行而師之, 不善者而戒之, 則豈非三人我師之道耶."

寒食日, 風日佳麗, 萬和方暢. 杜孝子與幽閒堂, 率諸子女, 同往萬樹園, 登仰觀坮, 周覽上下. 孝子謂幽閒堂曰: "夫人每言, 作詩非婦女事, 平生未嘗有一首詩之作, 我亦未有以强之矣. 今則年齡暮大, 子孫成行, 可破前戒, 作詩一首, 以做暮年之樂, 無妨耶." 幽閒堂曰: "昔揚子雲妻·杜羔妻, 皆作詩賜君子, 未知此夫人學文之工何如, 而妾亦老年作詩, 豈爲大害義理. 但六十餘年廢却之餘, 何可隨意成章乎." 侄女在傍告曰: "揚子雲妻送行詩, 已有前見, 杜羔妻詩, 曾所未聞." 幽閒堂曰: "杜羔屢屈於科, 其妻劉氏, 作詩送于中路曰:

良人的〃有奇才　　何事年〃被放回
如令妾面羞君面　　君到來時近夜來

羔見詩, 不歸家, 還入京師, 得高弟, 劉氏又賜詩曰:

長安此去無多日　　鬱〃蔥〃佳氣浮
良人得意青年少　　今夜醉眠何處樓

---

409 ○: '炅'이 누락되었다.

後人謂之有規諷君子之意." 侄女曰: "古之婦女, 亦有作詩之人." 幽閒堂曰: "豈獨此也. 古有婦人聞君子登科, 寄襪鞋而有詩曰:

細襪宮鞋巧樣新　殷勤寄與讀書人
好將穩步青雲上　莫向平康謾惹塵

後人謂其詩, 宛轉有規戒之意." 杜孝子曰: "昔古多有婦女之作詩者, 願夫人勿復多辭. 我作一詩, 繼次其韻也." 幽閒堂曰: "君子先詠一句, 則妾聯構一句, 以成一律, 可也." 杜孝子詩曰:

佳日高樓坐　乾坤氣色新

幽閒堂詩曰:

千花爭向日　萬柳各成春

又孝子詩曰:

魚鳥含至樂　琴樽不染塵

又幽閒堂詩曰:

願將三月景　養得一家仁

詩成, 杜孝子一吟謂夫人曰: "雖云久廢, 猶勝於我." 幽閒堂曰: "無論句語之好否, 平生所不爲之事, 今因盛勸而强構, 還覺一粲方語之際."

袁夫人多率孫曾輩上來. 杜孝子·幽閒堂, 忙步下坮, 挾扶以上. 坐定, 孫女以所寫詩, 低展於夫人前, 以實告之. 夫人大笑曰: "今因百五佳節, 做此勝事, 可觀一室之和樂." 俄有一客, 騎馬遵前路而來. 小姐遠望, 指示曰: "雖未知來者之爲誰, 而可謂馬上逢寒食已而." 來客漸近, 繫馬門柳, 入門上堂, 卽幽閒堂外孫也. 禮畢坐定, 袁夫人以詩紙示之曰: "此汝外祖父母, 所作詩也." 外孫忙手展視, 大喜告曰: "王大祖母, 何以不作?" 袁夫人曰: "我則追後而來, 未及此會耳." 外孫曰: "王大祖母, 又作一詩, 則兩代祖母之詩, 歸以獻慈母, 其爲悅親, 何如哉." 袁夫人曰: "汝請甚勤, 不可已. 〃年年[410]老久廢, 雜難成章, 汝誦古詩一隻, 則我誦古詩一隻, 以成初句, 我誦古詩爲內隻, 幽閒堂亦誦古詩爲外隻, 成第二句, 次及孫婦聯成一律, 何如?" 外孫曰: "下敎誠是. 此亦有古格矣." 因誦:

亭皐分遠望-王勃詩-

袁夫人誦:

410 年: 중복인듯하다.

迨還杖[411]奇新-沈佺期詩-

又誦:

馬擊[412]千年樹-盧照隣詩-

幽閒堂誦:

山回[413]萬古春-杜子美詩-

又誦:

邱中無俗事-宋之問詩-

孫婦誦:

何處歛[414]囂塵-唐詩-

---

411 迨還杖: '合沓狀'의 오기이다.
412 擊: '繫'의 오기이다.
413 回: '歸'의 오기이다.
414 歛: '染'의 오기이다.

又誦:

雛[415]魯詩書地-郎士元詩-

外孫繼誦:

在[416]心每欲仁-朱子詩-

寫畢, 袁夫人命孫婦一讀, 謂曰: "水月亭, 萬樹園, 仰觀臺風景, 有名於世, 騷人墨客, 多有題詠, 吾家婦女, 未爲無詩, 而但以爲非婦女事, 未始有一詩之作, 今日此會, 實是偶成, 不足爲外人道也." 外孫曰: "婦人之有詩, 豈可以外道稱之. 今日之作, 象格俱成. 以天時言則風日佳麗, 萬物和暢, 以地理言則錢塘一湖, 天下勝狀, 以詩論之則次韻一格也, 聯句一格也, 集成古詩, 又一格也. 三世姑婦, 共成一律, 又一格也. 人家之樂○, 世間之希事, 幷萃於一詩, 豈以尋常詩軸看也." 遂袖詩而歸, 獻諸其母, 其母曰: "吾久未歸寧難禁泉源之思, 今聞三世詩會, 未參其席, 吾所深恨, 宜次其韻, 以紓我思." 乃作詩曰:

曉起歸寧暮　詩章入眼新

---

415 雛: '鄒'의 오기이다.
416 在: '存'의 오기이다.

閨中三世學　座上四時春
渾室浮和氣　長湖遠俗塵
願追今日樂　天下共歸仁

其子一讀告于其母曰: “三世詩章共成一軸, 實是世間罕有之事. 外祖父母晩年福祿無窮, 子孫蕃昌, 繁華富貴, 今世罕比. 且家庭間學文〃章, 著於一軸詩章之間, 且詩意帶得孝悌仁厚, 幽閒堂貞靜之氣像, 豈可以凡常詩軸者也.” 珍藏篋笥, 留作兩家傳世之寶.

萬樹園十里許, 有一寒士家. 將行女昏, 艱備衣服資裝之物, 一夜見失於盜. 寒士之妻, 失心奪氣, 更難變通, 欲借衣服於幽閒堂家, 而不敢煩請於年高老人, 趑趄不發矣. 其隣人適來幽閒堂家, 語及其家狼貝之狀, 且說其人意中之事. 幽閒堂聞甚惻然, 欲爲借用自家衣裳, 孫女在傍, 告曰: “老親衣裳, 不可輕易借人, 願借年少輩衣服.” 幽閒堂曰: “其家之必欲借我衣者, 以我享年高, 子孫多也. 凡間救人之道, 必使稱其意, 然後尤爲生色也.” 孫女曰: “其家借用之意, 只爲濟急, 非心爲此也.” 幽閒堂曰: “古人有造新車, 其隣人欲用借乘, 而爲其新造也, 不敢來請. 其人知之, 命破其車曰: ‘我有車而人不敢借, 將焉用彼車哉.’ 今我有衣, 不能借用於緊急大事, 而更何用乎.” 遂手開箱篋, 出諸件衣裳, 裹封而送之.

寒士妻感其不請而送之, 多般致謝, 行昏禮後見舅姑日不遠, 欲爲兼行此禮而還送矣. 猝遇暴雨, 屋庇滲漏, 貯衣之箱, 皆至沾濕, 汚透衣裳, 至不堪着. 寒士妻見之大駭, 不念禮見之狼狽, 老人重大衣裳, 自我汚傷, 心腹焦煎, 寢食全廢, 方欲死而無知. 幽閒堂聞其奇, 謂孫女曰: "其家之事, 極爲惻憐. 昔韓信謂南昌亭長曰: '爲德不卒.' 爲德不卒云者, 始有施而不繼其終之謂也. 今我借衣而聞其狼狽, 更不借用, 則可謂'爲德不卒'矣." 更使婢子, 裹封衣服諸件送于寒士家曰: "見舅姑大禮日字不遠, 而猝遇狼狽, 貧家凡百想多窘急, 前送衣裳之傷汚, 此亦數也. 雖在我家箱中, 難免此患, 何足掛念也. 更送衣服, 安過大禮焉." 寒士之妻, 慌忙感激, 不任致謝, 禮行後卽〃封還, 幽閒堂曰: "大禮雖行, 必無前頭可着之服, 置而衣之也." 遂還給不受.

一日, 幽閒堂與諸子女, 同往萬樹園, 坐老松下, 第七子七峰, 手折花枝而來. 幽閒堂曰: "方今春日載陽, 萬物得時, 豈可折一花枝, 損傷天地間生氣也." 七峰曰: "昔宋仁宗, 臨檻折柳, 程子諫之, 慈堂戒訓, 誠有此意." 幽閒堂曰: "但不程子之言如是, 『禮記』曰: '斷一樹, 殺一獸, 不以其時, 非孝也.' 故先王之政, 斧斤以時入山林者, 亦此意也." 七峰指園中銀杏樹而問曰: "人言此樹有雌雄, 然否?" 幽閒堂曰: "非但此樹, 田中之麻, 園中之竹, 皆有牝牡." 七峰曰: "見於何書?" 幽閒堂曰: "問於汝伯兄." 七峰往問之, 一峰曰: "慈堂『周易』工夫, 果熟矣. 此在『大傳』小註."

一日, 一峰兄弟與諸友, 舟遊錢塘. 幽閒堂設酒餠, 命婢僕乘小艇而送之. 杜生兄弟與諸友, 乘舟上下, 終日游賞, 帶月而歸. 幽閒堂曰: "會人幾何而其學文〃章, 皆何如?" 對曰: "同遊者二十人, 學文者十二人, 文章者五人, 二人以筆名, 一人以畵名, 故畵今日遊賞之景而歸矣." 幽閒堂展畵視之, 指點諸處曰: "玉蓮堂西所橫之橋卽流[417]水橋, 寶石山東對峙之山卽巨石山, 〃下松間如虎而蹲者, 名以落星石, 〃傍有寺, 〃後有泉, 寺名祗[418]果, 紹興年間以創也. 泉名參寥, 蘇東坡來守杭州時, 與僧參寥子共游而名之也." 杜生曰: "此皆小子輩, 前所未聞, 未知在何書?" 幽閒堂曰: "在『名山記』."

杜生曰: "今日泊舟泉邊, 酌飮泉水, 〃味淸冽, 座中諸議, 以爲水有溫水, 火無冷炎. 其中一人, 獨云, '火亦有冷炎.' 或言無, 或言有, 紛紜未決焉." 幽閒堂曰: "〃無者, 亦可, 曰有者, 亦可. 邵康節言曰: '水有溫泉, 火無冷炎.' 曰無者之言, 依康節說也. 劉孔照新論曰: '寒炎在蘇姑[419]地.' 曰有者之言, 據劉公說也." 杜生又曰: "今日座席, 共論交友之道, 或言多交爲好, 或言寡交爲好, 未知何說爲是." 幽閒堂曰: "此亦兩言皆是. 『論語』曰: '汎愛衆而親仁.' 其曰'汎愛'者, 爲其多交也. 其曰'親仁'者, 爲其擇人而交也. 非以寡爲貴乎." 一峰曰: "兩說兼以行之, 何如?" 幽閒堂曰: "然. 昔劉元城有言曰: '子弟寧可終歲不讀書, 不可一日近小人.' 朱夫子每稱其言之美. 後生少年, 所當體念也." 七峰曰: "慈堂議論, 每云兩是, 今有不可不決其是非者. 座上偶發陶弘景早年致仕之事, 或言陶弘景之名是洪字, 或言是弘字, 爭詰良久, 終未決焉. 此則不可不辨其是非." 幽閒堂笑曰: "此亦兩言皆是." 七峰曰: "事有聚訟, 元無兩是之端, 而母親下敎, 每〃如是, 實非小子輩質問之意也." 幽閒堂曰: "凡事明察是非, 然後乃可歸之於一是一非之地. 而今此兩言, 皆有依據, 何可强謂之此是彼非乎. 陶弘景之本名弘字, 而宋人諱弘字,

417 流: '溜'의 오기이다.
418 祗: '智'의 오기이다.
419 蘇姑: '蕭丘'의 오기이다.

其後書冊, 多有改以洪字者. 彼以弘字爲言者, 依本名言也, 彼以洪字爲言者, 據改後文書言也, 人各有見, 何可强質其是非乎."

一日, 尙書與諸子諸孫, 上水月亭, 送七峰言于袁夫人曰: "今日風日甚佳, 願與諸子婦孫婦同來." 袁夫人乃率子婦三人, 孫婦十三人, 孫女曾孫女來與會焉. 園中百花爭姸, 松下雙鶴對舞, 檻外湖光共天一色, 棹謳漁歌, 處〃相和. 尙書命進酒, 謂夫人曰: "自古騷人墨客, 携朋友遊賞於江湖樓坮者, 不爲不多, 而但一室中老少男女, 三四代同會一處, 同時遊賞, 世所稀聞. 今日吾家此會, 實不易得之事也." 袁夫人曰: "冢婦謝氏, 博覽古書, 多識往行, 或有如今日吾家事者乎?" 幽閒堂曰: "昔李太白「桃李園序」曰: '天倫樂事.' 此只會兄弟而言也. 朱夫子與友人書曰: '盡室遊山, 甚是巨[420]事.' 此則其家雖云盡室, 而遊於山水之間, 則不無登陟往來之勞, 且未知幼稺童蒙之同往也. 吾家今日之會, 旣無行役之苦, 錢塘一湖, 天下勝狀, 而置諸几席之間, 一室之人, 坐臥起居於其間, 實是人世之第一樂事. 豈以公侯而可換, 亦無前古之可擬矣." 尙書曰: "吾家自祖先, 積德百餘年, 其蔭始發於我, 榮華隆重, 子孫番[421]昌. 實是一室上下, 男女老少, 戒謹飭厲之地. 行己接人主忠信, 飮食衣服尙質儉, 勿負祖先之訓誡, 遺作子孫之規範. 以此立約, 飮酒爲誓." 幽閒堂曰: "今日戒勅, 出於盛滿之懼, 其在子孫奉承之道, 敢不惕念乎."

---

420 巨: '奇'의 오기이다.
421 番: '蕃'의 오기이다.

命長孫奉酌于尙書, 冢孫婦奉酌于袁夫人, 以次傳盃, 下至童子酌畢. 尙書曰: "酒數幾何?" 冢孫婦對曰: "籌幾數至七十餘盃矣." 尙書命進『近思錄』, 『列女傳』, 使諸子諸孫讀『近思錄』一章, 諸婦諸孫婦讀『列女傳』一章. 讀畢, 各引經訓, 以陳勉誡之辭. 幽閒堂曰: "此等書, 皆是有志於學文者所尙. 然若使志於學文, 則眼前所見, 雖以昆蟲草木之微, 皆可理會於吾身之實行矣." 袁夫人曰: "汝言誠然. 彼池中之蓮花, 周濂溪贊之以花中君子, 則見此可思君子之學, 林間之哺烏, 白樂天稱之以鳥中曾參, 則見此可思孝子之道, 田間之犢之老牛, 推見其慈愛之情, 沙上和鳴之雎鳩, 以興其夫婦之樂, 至於紫荊花連理枝, 亦可想於兄弟友悌之義, 推此理會, 則何物不爲學文上工夫乎." 幽閒堂曰: "昔邵康節嘗言, '眼前中諸物, 可作一部『周易』.' 今可因草木鳥獸, 爲五倫之序矣."

水月亭西有所謂六藝樓者, 貯經史百家語及古今書畫處也. 長孫元星九歲時, 登樓久不下. 幽閒堂往視之, 元星方展書畫, 潛心閱觀. 幽閒堂從傍觀其所展書帖, 有朱夫子親筆「敬齋箴」. 顏眞卿親筆屈三閭「漁父辭」, 趙孟頫所書陶淵明「歸去來詞[422]」也. 幽閒堂閱視良久, 謂元星曰: "凡看書畫, 不可不理會者." 元星對曰: "但觀筆法之高下, 有何理會處乎?" 幽閒堂曰: "朱夫子平生工夫, 不忘敬字. 故雖在凡常書字上, 必寫「敬齋箴」, 爲士者所當體念也. 顏眞卿以唐朝節義之人, 必書楚國忠臣屈原之文, 以文以筆, 斯可相稱矣. 至於趙孟頫之寫「歸去來辭」, 可謂失格矣." 元星曰: "何謂也?" 幽

422 詞: '辭'의 오기이다.

閒堂曰: "陶淵明, 晉時節義之人, 解綬彭澤, 歸臥栗里, 松菊園中, 以係晩節, 故朱子『網目』特書'晉處士陶淵明', 表著其節義. 彼哉, 趙孟頫以宋朝宗親, 作元家駙馬, 一人而事二姓, 是不過失節之人. 以失節之手, 敢寫「歸去來辭」, 若使五柳先生有靈, 豈不憤恨乎. 且程子之訓曰: '書札於儒者, 事最近, 一向好着, 亦自喪志.' 汝輩不知此箇道理, 而全用力於此等之事, 則返有害於學文工夫矣. 不但筆札之爲然, 好觀山水, 謂以騷雅, 雖與沈惑於女色者有異, 好尙詩酒, 謂以淸致, 雖與奔走於財利者不同, 而其爲害於學文上工夫, 一也. 爲士者, 一動一靜, 全主於學文, 則自不違於道義矣."

尙書姨從妹葉夫人, 來尙書家, 問于幽閒堂曰: "老爺年踰九旬, 筋力何如?" 幽閒堂曰: "尊舅自少年時, 晨興誦書, 到今不輟, 平明梳洗, 拜謁祠宇, 祁寒盛暑, 一日不廢. 步往萬樹園·水月亭, 層階危欄, 不用扶登, 筋力大凡如此." 葉夫人曰: "尙書公學文之工, 曾所聞知, 更有何養生之道耶? 食飮之節, 復如何?" 幽閒堂曰: "尊舅平生食不求飽, 籃飧有限, 擧匙有數, 不減於少時. 飮不至醉, 雖甚暑, 不飮冷水, 無疾言遽色, 不扇不爐. 如此等節, 雖因學文工夫, 而自然合於攝生之方矣."

葉夫人曰: "幽閒堂年歲已過七十, 親執主饋, 得無勞乎?" 幽閒堂曰: "『禮記』曰: '父母存, 恒言不稱老.' 奉侍老親, 躬自供養, 子職當然. 豈敢以吾年之高爲老乎. 白髮奉親人間樂事, 敢曰勞乎. 子婦輩多有賢哲, 足以代監, 我而自樂, 此不爲疲, 故不任於此輩." 葉夫人曰: "一室中五代子孫男女, 數麗甚多, 朝夕供饋之道, 有何立規也?" 幽閒堂曰: "丈夫與婦女, 皆以一升爲料, 一日供米, 至於四石-十斗爲石-, 奴婢則至於八石. 且食不兼味, 別無煩鬧之端. 老親供奉之節, 娣姒二人, 請得分供, 言出誠至, 故舅姑許焉. 依漢陸賈家, 規一朔之內, 分奉十日矣." 葉夫人曰: "丈夫與婦女, 一日之間, 所業何事?" 對曰: "問寢視膳之外, 子孫男女, 皆以讀書爲業."

葉夫人曰: "尙書公子孫, 幾人?" 幽閒堂曰: "五六年前, 尊舅坐萬樹園廣庭, 命子孫中勝冠者, 各讀『周易』一卦, 〃數已盡, 而尙餘十許人, 其後加冠者, 又數十輩." 葉夫人曰: "一室之中, 男女老少, 如是衆多, 而家庭之間, 一樣和睦, 必用張公藝忍字之工." 幽閒堂曰: "人性各異, 自有剛柔緩急之不齊, 而但吾家一室之人, 無論男女老少, 以無違舅姑之意, 夙夜爲心, 故自然有和順之道. 張公藝之言, 後人之所可法, 而人有不足於心, 乃有忍, 吾家初無可忍之事. 人家一室之內所居者, 不過兄弟叔侄子女而已. 其間若有一段雜說, 則實近於敗倫, 豈可謂讀書士君子之家行乎." 葉夫人大加稱贊曰: "人間福錄[423], 必稱壽富貴多男子, 今尙書公, 壽享期頤, 富致鉅萬, 貴至崇資, 琴瑟偕老, 膝下子孫, 男女率多數百餘人. 自堯舜三代後, 臾[424]有罕比之福." 幽閒堂曰: "壽富貴多男子, 世多有之, 獨我尊舅, 諸福中一事, 非他人之可比也." 葉夫人曰: "何事也?" 幽閒堂曰: "尊舅子孫中, 受胎者無半産, 幼稚者無夭. 禮奉侍舅姑六十餘年, 未始有邀醫煎藥之事. 此等事, 是人家所無之福也." 葉夫人曰: "老爺之福, 人世之罕有, 故知舊之自從尙書公來者, 皆言若從閬園·玄圃與安期·赤松, 遊飄然有出塵世之意也."

又問曰: "子孫中男女之在吾家者, 自幼時可敎以學文, 婦女之自他家來

423 錄: '祿'의 오기이다.
424 臾: '更'의 오기이다.

者, 異於幼稚之小兒, 其亦敎之有方耶?" 幽閒堂曰: "男子之敎, 以學文人家之常事. 婦女之敎以學文, 獨行於吾家, 故其敎必始於初來之時矣." 葉夫人曰: "敎以何書?" 對曰: "「內則」篇, 『列女傳』, 朱文公所作『小學』等書也." 葉夫人曰: "年少婦女, 雖異於幼稚童蒙, 而初來施敎, 果能善受耶?" 幽閒堂曰: "所聚者, 皆是士族家婦女. 不全無識, 且自入吾家後, 知家風之以學文爲業, 故至誠願學, 恥其不及. 聰明才智者, 成就甚易, 才雖小下, 不久能學矣." 葉夫人曰: "一室之人, 其數甚多, 而別無疾病之苦者, 亦何道理而然也? 家間生長之人, 猶或固然, 而婦女之自他家來者, 亦皆如是者, 實是異事." 幽閒堂曰: "人之疾病, 由於風寒暑濕, 不謹之故. 吾家之人, 自無飢寒之困, 又無遠地行役之勞. 且以婦女言之, 自入吾家之後, 謹守家法之嚴正, 尊舅戒勅之辭, 不敢一分違越. 勿使冷處, 則終身不敢冷處, 勿使觸風, 則終身不敢觸風. 以至臨危, 擧重而隨誠遵行, 故此等事, 不但爲子孫奉承之道, 亦近於謹疾衛生之方矣." 葉夫人曰: "婦女之不違敎訓, 而一心奉行, 皆是資質之美, 異姓咸萃, 箇〃如是, 豈不難哉." 幽閒堂曰: "當初爲子求昏之時, 不慕富貴之家, 不避貧賤之族, 必求有學識, 尙孝悌, 敦仁善之人而結親, 故婦女之入來者, 大抵多仁順之人. 或有不足者, 家法嚴正, 視聽衆多, 不敢售其性, 而自然有漸變效矣. 是故數年之後, 同心和樂, 小無乖戾之行. 此與生長富貴之家, 養成驕奢之習者, 不可同日而語也."

葉夫人又問曰: "尙書老爺, 居江湖樓坮之間, 享繁華富貴之樂, 春花秋月, 風景佳麗之時, 有歌舞遊行之娛乎?" 幽閒堂曰: "尊舅平生不喜遊賞, 而不但不喜, 嘗稱王禹偁之言曰: '貯妓女藏歌舞, 非騷人之事.' 每以是戒子孫. 又曰: '子孫之讀書, 聲音通暢, 句讀分明, 則其聲勝於淸歌, 子孫之行步, 折還中矩, 周旋中規, 則其儀勝於妙舞. 貯此家庭間, 自然之樂, 而更何張燕歌與趙舞也.' 是故門庭整肅, 元無雜戲矣." 葉夫人曰: "子孫衆多, 問寢之際, 得無煩鬧乎?" 幽閒堂曰: "問寢於老親, 而何敢煩鬧乎. 子弟三人先入, 問寢而退, 則孫子輩四五爲隊, 次第拜謁, 其後曾玄輩, 亦以六七分隊, 從容趍拜. 此禮之行, 肅〃若元戎臨壇, 受幕下將佐之謁見, 無敢有喧譁失禮之端. 至於內庭婦女之間, 亦行此禮, 閨門之內, 雖謂之若朝廷, 未始爲過論也."

葉夫人曰: "幽閒堂才華有餘, 博覽古今, 人之壽夭, 子孫多寡, 可有前知道耶?" 幽閒堂曰: "雖以推數觀相之人, 亦難知其前頭之事, 我以婦女稟質庸下, 有何可知. 但子孫之多寡, 由於人性之强柔. 大槪柔善之人, 多育子女, 剛猛之人, 易受其害, 今於我家觀之, 有育七八人者, 有育五六人者, 有育四三人者, 皆由於稟性之剛柔, 而吾家無過剛極猛之人, 故無未育三子者. 一室諸人, 每以此等說話, 相與誠勅矣." 葉夫人曰: "理則然矣, 而或有善而無子者, 惡而多子者, 此何理也?" 幽閒堂曰: "惡而多子者, 小於善而無子者, 善而無子者, 小於惡而多子者. 譬如火氣之煖常也, 而或有冷炎, 水氣之寒常也, 而或有溫泉. 是皆理之反常者, 豈可舍常理而取反常者乎. 朱夫子曰: '嚴霜大冬之中, 豈無些少溫和之日.' 顔子之短命, 伯道之無子, 不可以常理責也."

葉夫人曰: "人家吉凶, 多由婦女, 故以『史記』言之, 夏禹之興也, 有塗山氏, 桀之亡也, 有姝[425]喜, 殷湯之興也, 有〃莘氏, 紂之亡也, 有妲己, 周

425 姝: '妺'의 오기이다.

之文王, 有太姒, 武王有邑姜, 及其衰也, 幽王有褒姒, 帝王之得失, 亦有於婦女之善惡, 則況人家之盛衰乎. 孔子母親顏氏, 孟子母親仇[426]氏, 極其仁善, 故凡生聖人, 程子母親候[427]氏, 朱子母親祝氏, 皆以賢母, 有是賢子, 今日幽閒堂之言, 果覺得義理原頭也.” 幽閒堂曰: “人家之爲丈夫者, 以家道之興替爲由丈夫, 孜〃於爲善, 爲婦女者, 以家道之吉凶爲由婦女, 孜〃於爲善, 心常恐懼, 交相戒勅, 則豈無勃然之興乎.” 葉夫人歎服稱善曰: “幽閒堂家庭, 全以仁善和順爲務, 夫婦之間, 有「關雎」章氣, 衆兄弟之誼, 有「棠棣」章氣象, 子孫之詵〃, 有「螽斯」羽氣象, 吾未知有何工夫而然也. 今聞幽閒堂之語, 果知其有根本也.” 葉夫人小女王小姐, 年九歲, 從母氏來, 在傍告曰: “『周易參同契』云, ‘燕雀不生鳳, 狐兎不乳獜[428].’ 不有賢母, 豈可生賢子乎.” 幽閒堂曰: “世聞婦女, 不知義理, 徒尙巫卜, 以求子孫之福者, 實爲慨然. 今此小姐之言, 聰明有理, 豈不善乎.”

葉夫人又問曰: “世稱錢塘一湖, 天下勝狀, 一室之人, 坐臥起居於其間, 能有遍覽時耶?” 幽閒堂曰: “居在錢塘之傍, 六十餘年, 身爲婦女, 未得一番周覽, 實爲可恨.” 葉夫人曰: “雖未目見, 必有耳聞. 願聞幽閒堂之所聞者.” 幽閒堂曰: “雖未得仔細言之, 第以所聞於耳者, 請言其大槪焉. 錢塘門立於湖水之傍, 其名曰‘玉蓮堂’. 〃之北, 有一樓, 其名曰‘來鵲樓’. 西有流水橋, 〃下水勢甚峻, 千尺瀑布, 掛在空中, 亂沫飛銀, 落聲碎玉. 過橋而西,

---

426 仇: ‘仉’의 오기이다.
427 候: ‘侯’의 오기이다.
428 獜: ‘麟’ 자의 오기로 보이는데, 전고에 따르면 ‘馬’자로 쓰여야 한다.

行數喚地, 有寺依麓, 其名紹聖[429], 宋紹興年間所創也. 寺北有石含[430]橋, 〃西有寶石山. 石面有張朗[431]所書'湖山勝槩'四大字. 峰形如獅子, 故號以獅子峰, 石勢如落星, 故號以落星石. 傍有觀[432]松坮, 〃下有乳泉, 水色白, 水味甘, 故因以是得名. 石壁環立, 天然若畫, 圖狀世傳. 秦始皇求仙時, 繫纜處也, 因名纜船石. 斷崖皆赤, 長谷深邃, 居人散處, 宛若棊置, 鷄鳴犬吠, 聲出雲間. 又有一洞, 山廻水清, 丘壑窈窕, 中有紫陽書院, 朱晦庵先生妥靈所也. 有葛翁井, 卽古葛稚川煉丹之井也. 上有虎頭巖, 古望氣者謂杭州有王氣, 斬以下之, 至今有斷石之痕. 金門壇[433]北, 有琴[434]鼓洞·樹攀洞. 中[435]之石, 皆出琴[436]鼓之聲.

其下有岳武穆墳墓, 至今行人, 下馬而敬之. 西有瓊華山, 宋處士陳崇辰[437]所居之地, 每年六月二十四日, 洞中之人, 男女雲集, 多設酒食, 行祭宴飮, 到今不廢. 絶壁之上, 有張知已[438]所篆'通天洞'三字. 延眞嶺[439]北, 有石峰, 登以望之, 則錢塘群山, 環如錦屛, 一帶長湖, 明似鏡面, 雲影倒垂, 水天一光. 漁舟採[440]舫與鳧鷺, 而出沒於烟波, 浩渺之間, 湖光如練, 遠接滄海, 浩〃茫〃, 渺無津涯. 又有絶勝門, 題其名者, 或云葛洪筆, 或云宋之間

---

429 紹聖: '昭慶'의 오기이다.
430 含: '函'의 오기이다.
431 朗: '郞'의 오기이다.
432 觀: '看'의 오기이다.
433 金門壇: '劍門關'의 오기이다.
434 琴: '金'의 오기이다.
435 中: 앞에 '洞'이 누락된 듯하다.
436 琴: '金'의 오기이다.
437 辰: '眞'의 오기이다.
438 張知已: '蔣之奇'의 오기이다.
439 延眞嶺: '臙脂嶺'의 오기이다.
440 採: '彩'의 오기이다.

書. 小出其門, 則山容重疊, 若千朶芙蓉, 初發水中. 下有金坮橋[441], 桃柳花卉, 四面葱茂. 其傍有四賢祠, 唐時鄴侯李泌·居士白居易·宋時學士蘇軾·處士林逋, 俎豆享之. 三人作杭州守, 處士居於此地, 前有數株梅, 處士訓鶴之所也. 有望湖亭, 吳山千疊, 鋪在几案之前. 又有湖心亭, 宛似一隻鶴, 特立水中央, 鳳鳴竹篬, 月移花楹, 登斯亭也, 則飄然有羽化登仙之氣. 其上題詠多, 不盡記, 而獨蓮仙散人鄭燁所詠一句曰:

亭立湖中
儼若[442]西子載扁舟
易致[443]雨奇晴好
石開[444]水面
怳[445]如[446]東坡遊赤避[447]
偏宜月白風淸[448]

錢塘之北, 有靑霞門[449], 石壁刻『周易』家人卦, 『中庸』「樂記」篇, 世稱司

441 金臺橋臾: '錦帶橋'의 오기이다.
442 若: 빼야 한다.
443 易致: '雅稱'의 오기이다.
444 石開: '席開'의 오기이다.
445 怳: '恍'의 오기이다.
446 如: 빼야 한다.
447 避: '壁'의 오기이다.
448 鄭燁의 「湖心亭柱銘」은 오기가 많다. 원문은 아래와 같다.
亭立湖心, 儼西子載扁舟, 雅稱雨奇晴好.
席開水面, 恍東坡遊赤壁, 偏宜月白風淸.
449 靑霞門: '淸波門'의 오기이다.

馬溫公所寫也. 此是錢塘景致之大槪, 雖未目擊, 每子孫輩, 遊賞後來說, 故得以聞知, 而如此奇勝, 置諸咫尺之間, 未得一番周覽, 豈不爲平生之至恨耶."

葉夫人曰: "錢塘勝狀, 雖未得見, 此家園林, 多有可觀云果否?" 幽閒堂曰: "園林樓坮之勝, 遊人之來觀者, 皆云'不下於錢塘.' 第以萬樹園論之, 樹木之多, 以是得名, 春和景明之時, 紅綠相映, 珍禽異鳥, 和鳴上下, 蒼翠蓊盈, 隨處可休. 秋氣淸凉之時, 滿園樹枝, 霜果纍〃, 杜子美詩, '或紅如丹砂, 或黑如點漆.' 畵出此園景象, 霜染樹〃鋪若錦繡. 唐詩所稱'霜葉紅於二月花'也. 若以水月亭言之, 檻外湖光, 不染塵埃, 平如鏡面, 一碧萬頃, 漁舟米[450]舫, 歌曲互答, 此則朝晝之景也. 湖邊月出, 明沙千里, 十二欄干, 皎如淸晝, 四面峯巒, 蒼盈相對, 天地涵虛, 狀若鴻濛, 此則月夜之景也. 春秋晝夜, 其狀各異, 未知先觀何景." 葉夫人曰: "我來適値春時, 先觀萬樹園春景, 次觀水月亭晝景. 若過數日, 月色正好, 又觀水月亭夜景, 今秋又來, 遍觀萬樹園秋景, 以盡春秋晝夜之景, 可乎?"

幽閒堂命開往萬樹園之門, 率子婦侄女數十人與葉夫人·王小姐, 同往萬樹園, 出門而北, 行數十步, 竹林花卉之間, 設一廣庭, 可坐千餘人. 長松亭〃, 綠柳依〃, 過庭而行, 至百許步, 一有高坮, 立於林麓之間, 遂登坮而望, 錢塘湖水, 繞在膝下. 乾端坤倪, 軒豁呈露, 宛是別世界. 葉夫人坐坮上, 四面顧瞻曰: "如此勝景, 世間罕有寶. 非婦女所可遊賞, 雖以丈夫, 有

---

450 米: '彩'의 오기이다.

神仙宿緣, 然後斯可見矣." 王小姐曰: "正謂朱晦庵詩'天光雲影共徘徊'也." 幽閒堂曰: "近聞小姐, 有濂洛文字工夫. 其言果是着題也." 葉夫人曰: "此坮是何坮也?" 幽閒堂曰: "家內丈夫, 每登此以察星辰度數, 故名以仰觀坮." 葉夫人曰: "竹林之間, 所設廣庭, 何庭也?" 幽閒堂曰: "尊舅以家內之人衆多, 欲其同處列坐, 則凡他樓閣, 不能相容, 別設此庭, 以爲子孫男女, 同時列坐之處也." 葉夫人曰: "此庭之會, 果能頻數耶?" 幽閒堂曰: "風日和暢之時, 舅姑率子孫輩, 乘興而會者, 自不可數設讌, 而會者一年之間, 或至三四次. 子孫中聞喜宴而會者, 五十年來, 爲三十餘次矣."

葉夫人與諸夫人, 北行百餘步, 左有桃李之谿, 右有梅杏之林, 百花爭姸, 馨香馥〃, 岩間溪澗, 決〃啼玉, 花中好鳥, 谷〃和聲. 紅綠相暎, 媚眼玲瓏, 不可以盡狀. 葉夫人曰: "此園之名, 以萬樹者, 實由樹木花卉之多, 而其間多有不知名者." 幽閒堂孫女小姐在傍曰: "唐詩云, '澗草纔分色, 山花未辨名.' 正謂今日萬樹園景也." 葉夫人笑曰: "小姐才華, 果學得祖母文章也." 又東行數十步, 林盡野闊, 有一小樓, 依平皐而立. 葉夫人曰: "是何樓也?" 幽閒堂曰: "前坪甚廣, 農務届節, 則家內丈夫, 登此而監春秋耕穫, 故名以觀稼亭." 葉夫人曰: "此坪廣袤, 幾過十餘里, 盡是家內之田土耶?" 幽閒堂曰: "間或有他人之耕, 而幾是家內之庄." 葉夫人曰: "一年所收幾何, 用於何處?" 對曰: "義庫之傍, 又有一庫, 穀收先入, 則輸納此庫, 以備粢盛之供, 餘作家人計口之資." 坐樓小歇, 侍婢數十輩, 各戴饌盤, 從花間來. 器用鮮潔, 饌需豊盛, 葉夫人曰: "古人云, '有倉卒賓, 無倉卒主人.' 今日所設, 不可以倉卒言也." 幽閒堂曰: "奉養老親之家, 不可無恒飮食, 非別設也."

食罷, 葉夫人欲回來路而還. 幽閒堂曰: "還以來路, 則非但稍遠, 別無加觀, 從他路返, 何如?" 葉夫人曰: "好〃. 惟從主人之所導." 遂下層階, 步入林間, 有小六樓, 列立一處. 葉夫人曰: "是何樓也?" 幽閒堂曰: "樓則雖六, 其名同, 是六藝樓. 第一樓貯禮書, 第二樓貯樂書, 第三·第四·第五·第六之樓, 各貯射御書數之書. 若欲論禮, 則往第一樓, 放觀禮書, 若欲論樂, 則往第二樓, 放觀樂書. 以至射御書數之事, 而亦皆如是矣." 葉夫人稱歎曰: "世稱尙書公家學, 無不周徧, 雖以六藝之業, 先數尙書公子孫, 今見此樓, 豈無工夫而能然乎." 因登第一樓, 觀禮書, 登第二樓, 觀樂書, 嗟嘆曰: "禮樂不可斯須去身, 多貯書冊, 專力做工, 非但爲丈夫之事, 雖以婦女言之, 豈無見聞之益乎." 次第登覽, 終至第六樓, 謂王小姐曰: "汝每言數學, 今來此處, 可從幽閒堂學焉?" 幽閒堂曰: "小姐頗聰明, 應知數學之分明." 因謂曰: "數學雖非婦女之緊要工夫, 而今以婦女之所屬者設問, 可卽應對否? 「孔雀東南飛」行有曰'三日斷五匹'. 一匹卽四十尺. 一日所織, 爲幾尺幾寸幾分?" 小姐卽答曰: "六十六尺六寸六分, 而所餘二分, 難以數爻, 形容謂之三分, 〃之一耶." 幽閒堂笑曰: "試以問之, 所對甚敏, 可知留意於數學也."

葉夫人下六藝樓, 因上水月亭, 湖水深淸, 與天一色. 夕陽斜照, 山影倒水, 錢塘全面, 畢露無隱. 葉夫人曰: "水月亭勝景, 果如幽閒堂之言." 王小姐曰: "東坡詩云'天耶雲耶遠莫知', 正謂此地光景也. 湖上之群船, 杜子美詩'春水船如天上坐'." 葉夫人曰: "汝言誠是. 其對句, '老年花似霧中看', 亦謂我今日賞花狀也." 幽閒堂曰: "杜詩一句, 老少分用, 而皆得着題, 且小姐引據之詩, 箇〃逼切, 其才華過人. 子女諸人, 皆得如是耶?" 葉夫人曰: "此兒雖爲男子, 其才可及諸兄, 而但恨其爲女子而已."

夕陽在山, 寒烟遠近. 葉夫人·幽閒堂及諸婦人, 緩步乘暮而歸, 尙書入內舍, 問葉夫人曰: "萬樹園·水月亭諸景, 果能盡賞耶?" 葉夫人曰: "水月亭海色, 浩〃茫茫, 渺無津涯, 尙書公胸襟, 錢塘外羣山, 杳〃蒼〃, 厚重不遷, 尙書公氣像, 萬樹園草木叢茂, 松竹獨秀, 尙書公高節, 仰觀坮日月光華, 星辰照爛, 尙書公文章." 尙書笑曰: "賢妹談論, 到老不衰, 何言之過濫. 願聞眞的之見." 葉夫人曰: "湖水深淸, 不染塵埃, 尙書公淸雅之儀容, 群山無數, 羅列左右, 尙書公子孫之昌蕃. 樹木花卉, 春開夏茂, 尙書公百年繁華, 珍禽異鳥, 啼聲相和, 尙書公一門和睦." 尙書公曰: "賢妹之言, 出口新異, 不敢更請焉." 葉夫人曰: "少妹今以錢塘湖·萬樹園·水月亭·仰觀坮風景以贊老爺, 而猶未足以盡焉, 又以『詩傳』之辭頌禱焉. 如日之升, 如月之恒, 如南山之壽, 如川之方至, 如竹箭之苞, 如松柏之茂, 老爺福祿, 無疆無窮. 請以是獻祝焉." 因酌酒獻于尙書夫婦, 尙書受而飮之. 顧謂袁夫人曰: "葉妹之言, 不但才華而已, 本以多福之人, 其所頌禱之辭, 若是豐厚, 世間婦女, 凡常言語, 必能如此, 則豈不善哉." 袁夫人曰: "葉賢妹之言, 雖使形容於文字上, 亦可爲善辭也." 又酌酒而獻壽於葉夫人.

幽閒堂曰: "今日酬酌, 獨不擧六藝樓一事, 何也." 葉夫人曰: "六藝不可以風景論也. 實是世間所無之經綸, 大丈夫有志於四方者, 專力做工於此樓之上, 進在朝廷, 佐我皇帝, 做禮讓之文治, 使我大明天下, 復見周家八百年文明之郁〃. 六藝樓一事, 第一光景, 豈可與論於凡他風景閱也." 尙書因出外舍, 葉夫人曰: "老爺平生好詩律, 近亦不發耶?" 幽閒堂曰: "時〃有作, 多不盡記, 但一句詩, 氣像甚好, 故不忘矣." 葉夫人曰: "何也?" 幽閒堂曰: "'樓對千花樹, 庭趣五世孫.' 此一句可謂寫眞也." 葉夫人沈詠再三曰: "不但詩好, 可見老爺享福之氣像也."

尙書公九十四歲, 長孫一峰亦至回甲. 杜孝子告于尙書公曰: "長子一峰, 甲日不遠, 願設酒食, 以會內外子孫." 尙書曰: "若論我子孫生日, 則一年三百六旬, 亦有空日耶." 孝子曰: "回甲異於他日, 且三世回甲, 世所稀有, 虛度此日, 似爲缺然矣." 尙書不許, 入內舍謂幽閒堂曰: "兒子來言, 一峰之回甲不遠, 請爲設宴, 我姑不許矣." 幽閒堂對曰: "一室之中, 三十年間, 三世回甲, 實是世間, 罕有之慶. 有此稀慶, 寂寞過度, 亦非平常之事. 略設酒食, 以稱其慶, 勿爲廣張, 謹守盛滿之戒, 何如?" 尙書曰: "汝言誠是. 祖見孫甲日, 事甚稀罕. 設宴稱慶, 似不可已也." 孝子出五千金, 設酒饌, 加斥萬樹園廣庭. 是日會者數千, 尙書公子孫千餘人. 尙書女壻大學士衛天景作宴序曰:

"古人云, '天生善人, 必授多福.' 此言可驗於今日尙書公一門. 天下之人, 享年高者, 稱之以福, 子孫多者, 稱之以福, 早年登第, 致位崇顯, 亦稱以福. 惟此三者之中, 雖得其一, 人無不欽羡, 況今尙書公一身兼此三者之福, 豈非天上之所畀乎. 盖以享年論之, 則尙書公春秋九十四歲, 胤子三人, 皆近入耋, 長孫今日又當回甲, 可謂天下稀者之福. 以子孫言之, 則尙書公有子三人, 孫子十七人, 曾孫五十人, 玄孫一百八十人, 五代孫十餘童稚, 絲列於前, 其餘未知前頭之更生幾許, 雖以郭汾陽之頷之[451], 亦難擬, 議此亦天下稀有之福. 且以登科到位言之, 尙書公官至禮部尙書, 七十致仕, 二子俱登崇顯, 孫子中登科者十人, 而長孫今爲尙書, 其餘俱通外間之官, 曾

451 之頷之: 문장이 통하지 않는다. 아마도 누락된 글자가 있지 않을까 한다.

行與玄行幷數其登科, 則幾至四十餘人, 文學才華有名於世. 其在外孫, 尙書公夫妻, 外〃孫〃, 數百人中, 登科者亦至三十餘人. 受此天下稀有之三福, 而豈無其根本而然乎. 尙書公自先世, 積德累仁數百年, 至于公之身, 始發焉. 公以至仁純善之姿體, 家庭敎訓之篤, 及其長也, 從師而學道, 平生一言一行, 不出於仁厚柔善四箇字. 看睫之間, 藹然生春風和氣, 人之來拜於床下者, 望之若祥獜[452]瑞鳳, 此非人勉强自致也. 天之降此福於此人者, 豈偶然哉. 回昏之禮, 世間俗禮, 而公過回昏禮, 胤子三人, 俱過此禮, 如小子天景, 入於公之門, 七十有二年, 昨年又行回婚, 亦可謂我公膝下之吉事. 今日又當長孫之回甲, 讌席所會數千, 公之子孫, 過半歷數, 千古以來, 亨福兼備, 豈有如尙書公之家也. 公命我作晬宴序, 以平生欽慕之情, 豈敢以老病辭也. 强把解墨, 記以三福, 世之人欲求尙書公之福, 先學尙書公厚德崇仁, 豈非求福之捷徑乎. 若夫江山風景之雄, 宴席酒食之豊, 不復記焉."

452 獜: '麟'의 오기이다.

『幽閒堂謝氏言行錄』 해제

1. 『유한당사씨언행록』의 개요

『幽閒堂謝氏言行錄』은 계명대학교 동산도서관에 소장된 한문 필사본 자료이다. 현재 동산도서관에는 4종의 한글본과 1종의 한문본이 소장되어 있는데, 이 중에서 한문본은 국내 유일의 한문본 자료이다.

『유한당사씨언행록』은 허구의 여성 인물 유한당(幽閒堂) 사 씨(謝氏)를 주인공으로 삼아 유한당의 출생으로부터 유년기와 중년기, 노년기의 일화들을 차례로 나열하면서 조선 시대의 이상적인 여성상을 그려 놓은 작품이다. 전국 주요 기관 및 개인이 소장된 이본의 수만 약 30여 종이 넘는 것으로 알려져 있다.

이 자료의 개요, 구성과 내용, 의의에 대해서는 앞서 발간된 총서의 세 번째 책에서 이미 다룬 바 있다. 따라서 이 글에서는 한문본과 한글본의 차이에 초점을 맞추어 해제를 작성하도록 하겠다.

지금까지 학계에 보고된 『유한당사씨언행록』의 이본 수는 30여 종에 달한다. 이 중에서 계명대학교 동산도서관에 소장된 1권 1책의 한문 필사본(이하 한문본)은 유일한 한문본이다. 한문본은 전체 80장, 매면 8행 24자로 전체 글자 수는 약 29,200여 자다. 본문 이외의 필사기는 없고, 맨 앞 장의 여백에 '丙申臘', 맨 뒤표지의 이면에 '丙申蠟倩手'라는 글자가 적혀 있을 뿐이다. '병신년 납월'은 책의 상태로 미루어 볼 때 1836년이나 1896년의 음력 12월로 생각되지만 확실하지는 않다. 대필한 필사자에 관한 정보 역시 남아있지 않아 알 수가 없다.

1) 번역본으로서의 한문본

한문본에는 한글본을 필사하는 과정에서 발생한 것으로 생긴 한자 표기의 오류가 있다. 『유한당사씨언행록』에는 정엽(鄭燁)의 「호심정주명(湖心亭柱銘)」을 인용한 대목이 있다. 아래는 한문본의 표기와 정엽의 원작을 차례로 적은 것이다.

원작

亭立湖心, 儼西子載扁舟, 雅稱雨奇晴好.

席開水面, 恍東坡遊赤壁, 偏宜月白風清.[453]

453 張岱, 『陶庵夢憶·西湖夢尋』, 北京: 作家出版社, 1995, p.269.

한문본

亭立湖中, 儼若西子載扁舟, 易致雨奇晴好.

石開水面, 怳如東坡遊赤避, 偏宜月白風淸.(강조-인용자)

원작의 '아칭(雅稱)', '석개(席開)'를 한문본에서는 각각 '이치(易致)', '석개(石開)'로 표기했다. 이는 한문본의 저본이 한글본이라는 심증을 하게 만드는 대목이다. 한문본을 저본으로 삼았다면 글자 모양이 전혀 다른 '아칭(雅稱)'과 '이치(易致)' 사이에 오류가 생긴 이유를 설명하기 어렵다. 그러나 한문본의 필자 앞에 한자가 병기되어 있지 않은 한글 필사본이 놓여 있었다고 가정하면 이 문제는 쉽게 설명이 된다. 아마도 한문본의 필사자는 정엽의 원작을 완벽하게 알지 못하는 상태에서 한글 표기만을 참고하여 올바른 한자를 추정해야 했던 상황으로 보인다. 그 과정에서 독음은 비슷하지만 모양과 뜻은 전혀 다른 한자들이 들어가게 된 것이다.

그 외에도 유한당이 서호의 풍경을 이야기하는 대목에서 한문본의 몇몇 지명에 분명한 오류가 눈에 띈다.

실제지명	동산도서관 소장 3권 3책의 한글본	한문본
석함교(石函橋)	셕함교	石含橋
간송대(看松臺)	관송되	觀松坮
검문관(劍門關)	금문관	金門壇
금고동(金鼓洞)	금고동	琴鼓洞
연지령(臙脂嶺)	연지녕	延眞嶺
금대교(錦帶橋)	금대교	金臺橋
청파문(淸波門)	쳥하문	靑霞門

석함교(石函橋), 금고동(金鼓洞)을 독음은 같지만 한자는 다른 '석함교(石含橋)', '금고동(琴鼓洞)'로 입력하고 한 부분도 있고, 간송대(看松臺), 청파문(淸波門)은 한글본의 오류를 그대로 따라서 '관송대(觀松坮)', '청하문(靑霞門)'으로 잘못 표기했다. 검문관(劍門關)을 '금문단(金門壇)', 연지령(臙脂嶺)을 '연진령(延眞嶺)'으로 잘못 적은 부분에서 특히 한문본이 한글본을 잘못 보고 필사했으리라는 의심이 더해진다. 한글 필사본에서 '검'과 '금', '관'과 '단'은 숙련된 필사본 독자도 헷갈리기 쉬운 글자들이다. 세로로 필사되는 고서의 특성 상 한글본의 '연지녕'이 한문본에서 '연진녕'으로 혼동이 발생한 것도 충분히 이해가 가는 부분이다.

이처럼 한문본에 나타난 오류, 즉 원래의 한자를 동음이의(同音異義)의 다른 한자로 잘못 표기해 의미가 잘 통하지 않는 오류는 '한글->한문'의 번역 과정에서 나타나기 쉬우며, '한문->한문' 또는 '한문->한글'의 번역 과정에서는 좀처럼 발생하기 어려운 유형의 오류이다.

이러한 점을 고려해 본다면, 『유한당사씨언행록』 한문본은 한글본을 저본으로 삼아 번역한 번역본일 가능성이 매우 높다. 물론 이는 계명대학교에 소장된 한문본에만 국한된 것으로, 또 다른 한문본이 나타날 경우 새로운 논의가 필요해질 것이다. 현재까지 계명대학교에 소장된 한문본 1종 외 30여 종의 이본이 모두 한글본이고, 『유한당사씨언행록』이 여성을 중심으로 향유되었고 여성의 생활문화를 밀접하게 다루고 있는 작품이라는 점까지 고려하면 한문본이 원작일 가능성은 아무래도 낮다고 할 수 있다.

2) 초현실적 일화의 삭제

앞서 언급했듯이 한문본은 한글본에 비해 전체적으로 내용이 간략한 편이다. 특히 한글본의 일화들 중에서 현실성이 떨어지는 일화는 거의가 한문본에는 없거나 축약된 형태로 있다.

일례로 혼례 날짜를 정하는 다음 장면을 들 수 있다. 유한당의 혼인이 결정된 후 마침 처사의 집에 시어사 유황이 찾아온다. 유황은 성의백 유기의 후손으로 집안에 대대로 내려오는 방서를 갖고 있어 술업이 정묘한 인물이다.[454] 이 대목에서 유황은 유한당과 두효자의 혼인 날짜를 상등의 날짜로 택일해 주고 간다. 한문본에는 유황이 유한당의 혼인 날짜를 택일하는 대목이 아예 삭제되었다.

한문본에서는 유한당의 남편 두효자가 꿈속에서 옥황상제를 만나는 대목도 존재하지 않는다. 이 내용은 유한당이 임신한 대목과 자녀 교육 사이에 있으며, 내용상 후손들의 숫자와 운수를 암시했다는 점에서 태몽에 해당된다고 할 수 있다.

> 하루는 두효자 꿈에 옥황상제가 붉은 옷을 입은 동자 한 쌍을 보내어 효자를 맞이해 가니, 효자가 당황하여 동자를 따라갔다. …… 상제께서 또 하교하시었다.
>
> "네 일곱 아들은 북두칠성을 응하였거니와, 네 손자는 이십팔수(二十八宿)를 응하게 하노라."

---

454 김동욱 옮김, 『역주 유한당사씨언행록』, 계명대학교출판부, 2021, 35~36쪽.

그리고 선동을 명하여 붉은 계수나무 꽃을 꺾어오라 하여 네다섯 묶음을 안겨주셨다.

"네 자손을 나눠주어라."

효자가 나오려 하니 상제께서 말씀하셨다.

"계수나무 꽃을 많이 주었지만 아직도 부족하구나. 계수나무 꽃 씨앗을 주니 가져다가 네 집에 심어 대대로 피워 네 아비와 자손이 다 나눠가지게 하여라."

동자가 오색의 꽃무늬가 있는 비단 보자기로 계수나무 씨앗을 누대 위로부터 받들어 전하니, 두효자가 일어나 꿇어 앉아 받들어 모두 안고 일어섰다. …… 두효자가 동자를 따라 집에 돌아와 집에 돌아와 부모와 형제, 내외 남녀 모두 다 마루에 모여 안고 자랑하다가 깨니 꿈이었다.[455]

두효자는 꿈속에서 옥황상제를 알현한다. 옥황상제는 두효자가 부모를 극진히 모실 뿐 아니라 유한당이 의고를 설립해 선행을 하는 점을 칭찬하며 술을 내리고, 북두칠성을 응한 일곱 명의 아들과 이십팔수를 응한 스물여덟 명의 손자를 태어나게 해준다고 말한다. 또한 계화와 계화씨를 많이 주는데, 이는 여러 후손들이 높은 벼슬자리에 오를 것이라는 암시이다. 두효자는 집에 돌아와 이를 자랑하다가 정신을 차려 보니 꿈이었다. 이후 두효자와 유한당 부부 사이에는 일곱 아들과 스물여덟 손자

---

455 위의 책, 54~57쪽.

가 태어난다. 특히 스물여덟 명의 손자 이름은 이십팔수에 응해서 지어졌다는 점에서, 초현실적이지만 이후 내용과도 부합하는 중요한 일화인데 한문본에는 없다.

한문본에서는 사주에 관해 유한당과 손자 규성이 문답을 주고받은 일화도 보이지 않는다.[456] 앞의 일화에서 장도사는 유한당의 일곱 아들 이름을 일봉에서 칠봉까지 지으라고 한 적이 있었는데, 이번에는 장도사의 아들이 찾아와서 그들의 사주를 봐 준다. 이를 곁에서 본 규성이 할머니인 유한당에게 질문을 하자, 유한당은 여러 아들의 사주인 천간일기격, 지지상등격, 천기비화격, 쌍비호접격, 격간삼봉격 등 다양한 명칭을 거론하고 그 뜻도 설명해 준다. 이 대목 또한 한문본에는 없다.

한문본에는 필사기 등 별도의 기록이 없어서, 필사자의 의도를 추정할 수 있는 다른 단서는 없다. 어쨌든 『유한당사씨언행록』의 일화들 중에서 택일, 태몽, 사주를 다룬 세 일화는 초현실적인 성격이 특히 강한 일화에 속한다. 아마도 한문본은 '괴력난신'을 언급하지 않는 유교의 원칙을 엄격히 지켜 택일과 태몽, 사주 일화를 의도적으로 생략한 것으로 보인다.

3) 한시의 수록

한식 날 두효자와 유한당 부부가 만수원과 앙관대를 둘러보는데 두효자가 유한당에게 함께 시를 짓자고 권한다. 유한당은 시 짓는 것이 부녀자의 소임이 아니라고 여겨 열 살 이후로는 시를 짓지 않았는데, 남편

---

456 위의 책, 111~113쪽.

의 거듭된 권유에 시를 짓는다. 한글본에서는 이 대목이 아래와 같이 짧게 서술되어 있다.

> 두효자가 드디어 붓을 잡아 한 구를 쓰니 유한당이 한 구를 쓰고, 두효자가 한 구를 또 쓰니 유한당이 또 한 구를 써 율시를 이루었다. 두효자가 시를 읊어 보고 말하였다.
>
> "부인이 폐하였던 시라도 내 시구보다 낫습니다."[457]

이처럼 한글본에서는 두효자와 유한당이 율시를 지었다는 언급만 있을 뿐, 어떠한 시를 지었는지는 생략되어 있다. 따라서 두효자보다 유한당의 시가 더 뛰어나다는 두효자의 칭찬이 과연 어떠한 맥락에서 나온 것인지 전혀 짐작할 수가 없다. 그런데 한문본에서는 두효자와 유한당의 시 본문이 실려 있어 두 사람이 어떤 시를 지었는지 알 수 있다.

> 두효자가 시를 지었다.
>
> 佳日高樓坐　좋은 날 높은 누대에 앉으니
> 乾坤氣色新　천지 경치가 새롭구나

457 위의 책, 149~150쪽.

유한당이 지었다.

千花爭向日　　천 송이 꽃은 다투어 해를 향하고
萬柳各成春　　만 가지 버드나무는 제각기 봄을 이루었네

또 두효자가 지었다.

魚鳥含至樂　　물고기와 새는 지극한 즐거움을 머금었고
琴樽不染塵　　거문고와 술동이는 티끌에 물들지 않았네

또 유한당이 지었다.

願將三月景　　바라나니 삼월의 경치처럼
養得一家仁　　온 집안의 인(仁) 길러 이루기를

시가 완성되니, 두효자가 한 번 읊어보고 부인에게 말하였다.

"오래 시를 안 지었다더니, 나보다 더 잘 짓는구려."

이처럼 한문본에서는 다른 부분은 한글본에 비해 서술이 간략하고 초현실적인 성격이 강한 몇몇 일화는 생략되었지만, 한시가 나오는 부분은 시 구절을 빼놓지 않고 수록해 놓아 좋은 참고가 된다.

3. 의의

『유한당사씨언행록』은 그 성격을 한 마디로 정의하기 어려운 자료이다. 선행 연구에서 윤리서,[458] 문답식 백과사전,[459] 규훈소설[460] 등의 정의가 이루어지기는 하였으나, 아직 연구자들의 의견이 어느 한 쪽으로 모이지는 않은 상황이다. 필자도 『유한당사씨언행록』 한글본 역주서를 출간하고 논문을 집필했으면서도 좀처럼 이 자료의 장르적 성격을 결론 내리지 못했었다. 다만 성자전과 소설의 두 장르에서 실마리를 찾아야 하지 않을까 하는 점만 언급해 두고자 한다.

성자전(聖者傳, hagiography)이란 종교 수행이 뛰어난 인물의 전기를 일컫는 말이다. 조동일에 의하면 이러한 성자전은 주로 중세 후기에 성행하였다고 한다. 일반적으로 보편 종교는 종교를 창건한 사람인 '교조'의 전기인 '교조전'이 있고, 교조의 제자인 성자의 전기 '성자전'이 있다. 불교의 교조인 석가의 내력을 말한 '본생담(本生譚)'이 교조전이라면 고승들의 전기는 성자전이다. 유교에서는 『논어』와 『맹자』가 교조전이 포함된 경전이고, 후대 유학자들의 전기는 성자전이 된다. 중세 전기에는 문명권의 중

---

458 서울대학교 규장각 소장 『幽閒堂言行錄』(청구기호 一蓑古 920.7-Y95e)에 대한 김호의 해제에서는 '소설식 윤리서'라고 했고, 국립중앙도서관 소장 『유한당사시언행록』(일모古3636-124)에 대한 양승민의 해제에서는 '일종의 여성 (생활) 윤리서'라고 했다.

459 이 한문본의 존재는 이지영의 선행연구에서 처음 보고된 것이다. 이지영, 「『유한당사씨언행록』을 통해 본 조선시대 여성지성의 의식과 지향」, 『한국고전여성문학연구』 28, 2014, 75쪽.

460 서경희, 「규훈소설의 성립 배경과 특성에 관한 연구」, 『온지논총』 47, 2016, 71쪽. "이 작품들은 '규훈소설(閨訓小說)로 유형화할 수 있는데, 규훈소설은 전통적으로 여성들에게 강조되었던 부덕(婦德)의 내용이나 실천 양상을 허구적 인물과 상황 설정을 통해 전면적으로 구체화한 작품이라 정의할 수 있다."

심부로부터 교조전을 받아들이는 데 힘썼던 문명권의 중간부나 주변부에서, 중세 후기에는 성자전을 만들어 중세 보편주의를 독자적으로 구현했다는 것이 조동일의 지적이다.[461]

『유한당사씨언행록』은 비록 허구의 인물을 대상으로 삼았지만 유교의 추상적인 가르침을 현실 속에서 구체화하는데 커다란 구실을 했다는 점에서는 다른 성자전과 같다. 오히려 『유한당사씨언행록』은 허구의 인물을 주인공으로 삼았기에 『열녀전』, 『내훈』에 등장하는 실제 여성 성자들보다 더욱 생활에 밀접한 인물의 모습을 창조해 낼 수 있었다. 즉 『유한당사씨언행록』은 조선 후기에 흥행하기 시작했던 소설의 방식을 차용해 허구의 성자를 대상으로 한 전기를 만들어냈다. 이는 『유한당사씨언행록』의 한 성취로서 인정할 수 있을 것이다.

461 조동일, 『문명권의 동질성과 이질성』, 지식산업사, 1999, 325~410쪽.

참고 문헌

『幽閒堂謝氏言行錄』 1책(고 811.35 유한당사), 계명대학교 동산도서관

『유한당샤시언힝녹』 3권 3책(이 811.35 유한량), 계명대학교 동산도서관

김동욱, 「〈유한당사씨언행록〉 연구」, 『진단학보』 134, 진단학회, 2020, 309-329쪽.

서경희, 「규훈소설의 성립 배경과 특성에 관한 연구」, 『온지논총』 47, 온지학회, 2016, 69-101쪽.

이지영, 「『유한당사씨언행록』을 통해 본 조선시대 여성지성의 의식과 지향」, 『한국고전여성문학연구』 28, 한국고전여성문학연구, 2014, 63-93쪽.

조동일, 『문명권의 동질성과 이질성』, 지식산업사, 1999.

張岱, 『陶庵夢憶·西湖夢尋』, 北京: 作家出版社, 1995.

찾아보기

ㅂ

ㅅ

ㅇ

옮긴이 소개

김동욱

계명대학교 인문국제학대학 국어국문학전공 조교수. 군담소설과 한글장편소설을 중심으로 연구하고 있다. 역서로 『흥보만보록』(문학동네, 2020), 논문으로 「유한당사씨언행록 연구」(2020) 등이 있다.

감수자 소개

이종한

계명대학교 인문국제학대학 중국어문학전공 교수, 동산도서관장. 한유를 위시한 중국 산문 연구와 고전 번역에 관심을 두고 있다. 『한유산문역주』(전5권, 2013년 대한민국학술원 우수도서) 등을 출간하였다.

계명대학교 동산도서관 소개

계명대학교 동산도서관은 『용비어천가』 등 22종 96책의 국가지정문화재(보물)와 『대구읍지』 등 8종 18책의 대구시 유형문화재를 포함하여 78,000여 점의 고문헌을 소장한 우리나라의 대표적인 고문헌 소장 기관으로, 전시회 개최, 목록과 해제집, 번역서 발간 등을 통하여 전통문화 유산의 체계적 관리와 한국학 연구의 증진에 기여하고 있다.